# 王卫与顺丰

（汉英双语）

周锡冰 著

常远 李佳婧 译

李晖 刘丹 审校

中国出版集团

中译出版社

图书在版编目（CIP）数据

王卫与顺丰 = WANG WEI & SF EXPRESS : 汉英对照 / 周锡冰著 ; 常远, 李佳婧译. -- 北京 : 中译出版社, 2021.9

（“中国著名企业家与企业”丛书. 第二辑）

ISBN 978-7-5001-6749-5

Ⅰ. ①王… Ⅱ. ①周… ②常… ③李… Ⅲ. ①王卫－生平事迹－汉、英②快递－企业经营管理－经验－中国－汉、英 Ⅳ. ① K825.38 ② F632.3

中国版本图书馆 CIP 数据核字（2021）第 188741 号

---

出版发行：中译出版社
地　　址：北京市西城区车公庄大街甲4号物华大厦6层
电　　话：（010）68005858，68358224（编辑部）
传　　真：（010）68357870
邮　　编：100044
电子邮箱：book@ctph.com.cn
网　　址：http://www.ctph.com.cn

策划编辑：刘永淳　范　伟
责任编辑：范　伟　郑　南
封面设计：潘　峰

排　　版：孙艳武
印　　刷：山东华立印务有限公司
经　　销：新华书店

规　　格：710毫米×1000毫米　1/16
印　　张：24.75
字　　数：350千字
版　　次：2021年9月第1版
印　　次：2021年9月第1次

ISBN 978-7-5001-6749-5　　　定价：89.00元

---

# 目 录

# 第一章

# 顺丰顺丰，一路顺风

我们说追赶国际快递大企业，追赶的是什么？我想，首先，不是规模，而应该是服务质量和声誉，追求像他们一样受到消费者的认可和社会尊重。其次，是要评估好自己有没有实力去实现这个目标。基础不稳的话，你在上面盖的房子很容易变危楼，如果塌了，影响更大。我们要对自己有一个清楚的评估，要脚踏实地，一步步走。至于能走多快、走多远，并不需要苛求。最后，是要看国家的产业政策是否稳定。

—— 顺丰创始人 王卫

## 爱拼才会赢

在中国数千年的悠久文明中，每个时代都因为在各行各业涌现出为数众多的卓越人才，共同谱写了伟大而灿烂的中华文明。

“江山代有才人出，各领风骚数百年。”清代诗人赵翼的诗高度地概括了历代长江后浪推前浪不断续写的英雄之歌。

实行改革开放后，第三产业如雨后春笋般茁壮成长起来，同时也培养了一批比肩世界 500 强的企业家。在中国本土的快递行业，顺丰快递创始人王卫就是这样一位企业家。他不仅创建了属于自己的顺丰快递，带领团队在与世界快递巨头、本土快递企业的较量中异军突起，将顺丰做成一家名副其实的隐形冠军企业。

当顺丰借壳上市后，这家企业的神秘面纱才被媒体和公众揭开。此后，通过各种报道中，我们才开始了解到关于顺丰和王卫不为人知的往事，同时也成为我们窥其全貌的发端。

2017 年 2 月 23 日，顺丰成功借壳上市，市值超过千亿元。王卫的个人财富一度飙升至中国第三名，超过了腾讯创始人马化腾，仅次于万达创始人王健林和阿里巴巴创始人马云。

王卫从一个不知名的创业者，尤其是一个从底层开始的不知名创业者完成了千亿富翁的华丽转身；顺丰从当初顺德区街边的一个名不见经传的小创业公司发展成如今领军中国快递行业的巨头。创始人王卫用什么样的经营策略，走出了一条与众不同的创业之路？一路上虽然充满艰辛和坎坷，但是其中的传奇色彩也令我们好奇。

让我们把时钟拨回到 1978 年，去了解一个 7 岁儿童的生活经历。当然，

1978年这一年，不论是对于中国，还是对于其后崛起的顺丰，以及年仅7岁的王卫而言，都是一个不得不提及的转折之年。

## 转折之年

1978年5月11日，《光明日报》在头版刊发了一篇名为《实践是检验真理的唯一标准》的文章。

该文指出，检验真理的标准只能是社会实践，理论与实践的统一是马克思主义的一个最基本的原则，任何理论都要不断接受实践的检验。正因如此，该文的发表被誉为中国理论界炸响的一声“春雷”，由此引发了一场关于“真理标准问题”的大讨论。

1978年12月18—22日，十一届三中全会在北京举行。全会的中心议题是讨论把全党工作重点转移到社会主义现代化建设上来。

全会作出了从1979年起，把全党工作重点转移到社会主义现代化建设上来的战略决策。在经济建设问题上，从纠正急于求成的错误倾向和全党要注意解决好国民经济重大比例严重失调等问题出发，必须采取一系列新的重大措施，对陷于失调的国民经济比例关系进行调整，对过分集中的经济管理体制着手认真的改革。

全会重新确定了中国共产党的正确的思想路线，批判了“两个凡是”的错误方针，充分肯定了必须完整、准确地掌握和运用毛泽东思想的科学体系，高度评价了关于真理标准问题的讨论，确定了解放思想、开动脑筋、实事求是、团结一致向前看的指导方针。[1]

如此结论从理论上根本否定了“两个凡是”。中国轰轰烈烈的改革开放由此拉开序幕。

与北京剧烈的社会变革迥然不同的是，相距 1000 公里的一对上海高知夫妇，却没有觉察到中国变革时代的到来。他们经过慎重考虑，决定迁居香港。

这对夫妇，就是王卫的父母。父母的决定是不可能与一个年仅 7 岁的孩子商量的。1978 年，王卫的父母带着年仅 7 岁的他开始了他们的香港生活。就这样，王卫父母的迁居决定，由此改变了王卫的人生轨迹。

与其他“赴港潮”一样，定居香港的王卫和家人不得不面对全新的、有别于内地的别样生活。

客观地讲，内地居民的迁入，加速了香港的繁荣，同时也书写了成千上万个可歌可泣的、底层人民打拼的、“狮子山”精神的创业故事。

这样的结论，源于我们研究了 20 世纪四五十年代到七八十年代，中国内地的几次移民潮。当大量移民进入香港后，解决了香港当时急缺的劳动力、技术以及所需的资金，尤其是对高素质人才的需求。

正因为如此，在潮起潮落的、远离政治中心的香港，在天时地利人和的背景下，香港经济由此开始腾飞。每当夜幕降临的时候，闪烁的霓虹灯绚烂亮起，真切地勾勒出繁华香港夜景的盛况。

在内地，这样的盛景通常是在留声机里淌出周璇婉转的歌声——“夜

1 人民网．中国共产党十一届三中全会简介 [EB/OL].2019-03-12.http://cpc.people.com.cn/GB/64162/64168/64563/65371/4441896.html.

上海，夜上海，你是个不夜城；华灯起，乐声响，歌舞升平”。

每当歌声响起，不禁让我们追忆起那个灯红酒绿、纸醉金迷的上海。然而，由于历史的原因，内地的人才、资金等南下，进入香港后，香港开始繁荣起来。

在当时，许多香港电影都习惯性地把霓虹灯植入镜头中。在这些电影导演看来，霓虹灯不仅作为电影观众的一个视觉符号，同时也把香港的繁荣和可歌可泣的家国情怀故事整合在一起，其后英雄的故事传播到世界各地。例如，在韩剧《请回答1988》中，更是把香港电影《英雄本色Ⅱ》植入电视剧的开篇，足以说明香港电影的影响力。

此刻的香港，被誉为世界的“东方明珠”，与中国台湾、新加坡和韩国合称“亚洲四小龙”（即“新兴工业经济体”）。

在这样的背景下，被誉为香港经济晴雨表的霓虹灯也因此迎来了自己的黄金时期。此刻的香港人，哼唱着《狮子山下》，不管是顺境，还是逆境，其信念是只要肯拼，就肯定会赢。

## 狮子山精神

查阅“狮子山”的相关资料发现，与其相关的故事有很多，甚至有人把此段历史写成了“狮子山下”的传奇人生。

原因是，从狮子山创业到电视剧，再到流行华夏大地，“狮子山精神”已经成为香港人民艰苦打拼的化身。

20世纪40年代，20岁出头的广东潮阳人刘锦木离开家乡，沿着海岸线向前走，一直走到了深圳。

不可否认的是，刘锦木独闯世界，源于其自身的经历。刘锦木 7 岁丧父、9 岁丧母，跟着一群乡亲离开家乡，前往香港，目的就是逃避战乱。

经过长途跋涉，刘锦木与乡亲们一起渡过深圳河、跨越九龙半岛，继续向前进。

当刘锦木一行人来到一座山下时，先抵达的人已经搭起很多参差不齐的木屋。由于该山像一头威武的狮子，因此称之为“狮子山”。

据了解，狮子山海拔只有 495 米，由于其不够高大，香港旅游手册都没有介绍。关于狮子山，流传的版本很多，也有人称，之前此处有九条龙，经常肆虐百姓，玉皇大帝委派一头狮子前往镇压，其后遂成山水。

与其他乡亲一样，刘锦木不得不从山上砍伐树木，搭建一座属于自己的木屋。刘锦木有了一个稳定的落脚点，然后跑到西环的码头去做苦力。经过努力，刘锦木在香港站稳了脚跟。

20 世纪 70 年代，一首名为《狮子山下》的歌曲流行开来。刘锦木的四儿子经常哼唱这首歌。在他看来，《狮子山下》的歌词里说的就是自己一家的悲欢离合的打拼故事。

人生中有欢喜

难免亦常有泪

我哋大家

在狮子山下相遇上

总算是欢笑多于唏嘘

人生不免崎岖

难以绝无挂虑

既是同舟

在狮子山下且共济

抛弃区分求共对

放开彼此心中矛盾

理想一起去追

同舟人誓相随

无畏更无惧

同处海角天边

携手踏平崎岖

我哋大家

用艰辛努力写下那

不朽香江名句[2]

2002 年，由于香港经济遭遇萧条，时任财政司司长的梁锦松在宣读他的首份预算案后，朗诵起《狮子山下》歌词，勉励香港市民续写“狮子山下”精神。

2002 年 11 月 19 日，时任中华人民共和国总理的朱镕基也朗诵了《狮子山下》，呼吁港人进行第二次创业。

这足以说明，《狮子山下》这首歌，不仅描写了 20 世纪 70 年代香港经济腾飞时，底层创业者们的努力与挣扎，以及他们顽强不息的奋斗精神，同时也是千百个像顺丰创始人王卫一样，内地赴港潮中“新香港人”艰苦打拼的真实写照。因为“狮子山精神”已经成为香港艰苦奋斗的化身。作

2 黄沾 . 狮子山下 [EB/OL].2019.https://baike.baidu.com/item/ 狮子山 /6241560?fr=aladdin.

为企业老板的林振华更是坦言："经济最低时，大家互相打气，经常会说到它（狮子山），并相信只要勇敢面对，明天会更好。"

正因为如此，王卫今天的成功，一方面源于自身的努力和坚守，另一方面离不开艰苦奋斗的"狮子山精神"。

## 被改变的创业人生

当我们回顾20世纪四五十年代至七八十年代的这段香港历史时，尤其是这个阶段的赴港潮中，我们陡然发现，成千上万人的命运因此被改变，其中就包括年仅7岁的王卫。

1971年，王卫出生在上海一个较为优渥的知识分子家庭。王卫的父亲是一名空军的俄语翻译，母亲则是江西省一所大学的教师。即使是在今天，王卫父母这样的工作，也是十分体面的，在20世纪70年代更是如此。

众所周知，上海自从1843年开埠以来，从当年的小渔村，一度蜕变成为集金融、贸易等于一体的远东第一大城市。

清末著名改良派思想家王韬在《瀛壖杂志》一书中详细地描述上海开埠后的巨大变化，他引用印江词客一首《竹枝词》写道："万里通商海禁开，千年荒冢幻楼台。可怜酒地花天里，夜有青燐泣草菜。连云楼阁压江头，缥缈仙居接上游。十里洋泾开眼界，恍疑身作泰西游。"

其后，经过上百年的发展，上海成为中国的金融中心，即使在抗日战争的岁月里，上海的金融作用也非同小可。

中华人民共和国成立后，上海的金融地位仍未改变。20世纪70年代末期，上海依然是中国经济最为发达的地区。1978年十大城市GDP排名数据显示，上海位居首位，是首都北京的两倍多。详情如下：（1）上海为272.81亿元；（2）北京为108.8亿元；（3）天津为82.65亿元；（4）重庆为67.32亿元；（5）长春为51.2亿元；（6）哈尔滨为45.7亿元；（7）沈阳为44亿元；（8）广州为43.09亿元；（9）大连为42亿元；（10）武汉为39.91亿元。

2018年，上海市GDP达到32,679.87亿元，比2017年增长6.6%，比1978年增长了120倍。

虽然如此，但是王卫的父母却决定移居香港。按照中国传统观念，出生在书香门第家庭的孩子，必然是以学业为重，考上著名的国内外大学，学成归来，谋得更加体面的工作，继承父辈的衣钵。

然而，让王卫父母没有想到的是，迁移香港的王卫一家，并没有获得更好的生活境遇，更为严重的是，赤贫的生活影响了王卫的求学之路。原因是，当时在英国殖民统治下的香港，既不承认王卫父母的学历，也不认可其工作资质。因此，迁居香港后，王卫一家的生活境况一落千丈。

不得已，王卫的父母只能从事一些较为低端的工作，家庭收入顿时骤减，甚至一家人的生活开销都面临困难，这和内地优渥的生活相比，可谓天壤之别。

懂事的王卫，在读完高中后，为了减轻父母的负担，放弃求学。其后，王卫先在叔叔的工厂里，谋得一个小工的职位。

20世纪七八十年代的香港，像王卫这样给叔叔做小工的现象异常普遍。据了解，高昂的学费与不确定的未来相比，一般人会选择提前步入社会，慢慢积累财富。

在这部分人群看来，先赚钱，再求学，这是再正常不过的事情。1973年，香港电视台播出了影视剧《狮子山下》。该剧讲述了香港普通市民在逆境中凭借自强、勤劳发家致富的创业故事。

时隔多年，在接受媒体采访时，王卫回忆道：

我们全家移居香港，当时面临的境况是一穷二白，一切都要重新开始。我父母之前在内地都是知识分子，但是到香港学历不被承认，就只能去当工人，收入微薄。所以我穷过，相当清楚贫穷和被人歧视的滋味。

从王卫的话中不难看出其中的巨大变化，这样的变化让在内地拥有优越感的王卫明白了自己的落差。在香港，父母没有了曾经的光鲜教育背景和殷实的家境，王卫的起点由此一落千丈，几乎从零起步。

高中毕业后，王卫放弃继续升学进入大学的梦想，开始自己的另外一种求生之路。

此刻，在叔叔的工厂里做小工的王卫，无数次穿梭在喧嚣的、处于镀金时代的香港街头，期待属于自己的锦衣玉食和花样年华。

他那颗不安分的心开始躁动起来，与那些被时代裹挟向前的人不一样的是，王卫清楚，只有懂得顺势而为的人，才能赢得机会；只有爱拼，才会赢。

## 顺德起点

蜗居香港的王卫清楚，要想成功，必须抓住机遇，必须艰苦奋斗，必须敢于闯荡，必须敢于打拼，否则永远也无出头之日。这样的念头以星火燎原之势，冲击着王卫那颗不安分、力争出人头地的心。

就像电影《英雄本色》中的小马哥说的那样："我不想一辈子让人踩到脚下！你以为我是臭要饭的？我倒霉了三年，就是要等一个机会！我要争一口气，不是要证明我比别人了不起，我只是要告诉人家，我失去的东西我一定要亲手拿回来！"

当很多"新香港人"在整天抱怨时，王卫却毅然选择北上顺德创业。因为王卫觉察到了中国内地市场蕴藏的机会，以及逐步深入的改革开放大潮。

1992年，中国改革开放总设计师邓小平视察深圳，开启新一轮的招商引资热潮。其后，邓小平发表"南方谈话"：

在这短短的十几年内，我们国家发展得这么快，使人民高兴、世界瞩目，这就足以证明三中全会以来路线、方针、政策的正确性，谁想变也变不了。说过去说过来，就是一句话，坚持这个路线、方针、政策不变。改革开放以来，我们立的章程并不少，而且是全方位的。经济、政治、科技、教育、文化、军事、外交等各个方面都有明确的方针和政策，而且有准确的表述语言。这次十三届八中全会开得好，肯定农村家庭联产承包责任制不变。一变就人心不安，人们就会说中央的政策变了。农村改革初期，安徽出了个"傻子瓜子"问题。当时许多人不舒服，说他赚了一百万，主张动他。我说不能动，一动人们就会说政策变了，得不偿失。像这一类的问题还有不少，如果处理不当，就很容易动摇我们的方针，影响改革的全局。城乡改革的基本政策，一定要长期保持稳定。当然，随着实践的发展，该完善的完善，该修补的修补，但总得要坚定不移。即使没有新的主意也可以，就是不要变，不要使人们感到政策变了。有了这一条，中国就大有希望。[3]

在邓小平看来，只有继续改革开放，才能保持中国的繁荣和稳定。“南方谈话”后，中国开启了前所未有的创业热潮。在此轮创业大潮中，王卫北上顺德，开始自己的创业人生。

## 机会只留给有准备的人

前几日，笔者在讲课时介绍了顺丰的王卫。当时，有一位企业家抱怨当下的经营环境恶化，尤其是美国“去全球化”的单边主义。他列举了美国围堵华为事件。

笔者曾写过一篇文章——《灯塔在守候，晚舟早归航》，华为的国际化征途是否就此转向，在文中表明了一些观点。美国的围堵，不可能改变华为既有的国际化路线，只是微调。

面对企业家的抱怨，笔者以改革开放以来的企业家——老干妈创始人陶华碧、华为创始人任正非、娃哈哈创始人宗庆后、谭木匠创始人谭传华，以及顺丰创始人王卫为例，告诉这位企业家，对于企业经营来说，遭遇糟糕的市场环境是常态，尤其是那些存活百年的老店更是如此。正如狄更斯在《双城记》一书中所言：

这是一个最好的时代，这是一个最坏的时代；

---

3　人民网广东频道 .1992 年邓小平南方谈话（全文）[EB/OL].2014-08-11.http://gd.people.com.cn/n/2014/0811/c123932-21952148.html.

这是一个智慧的年代，这是一个愚蠢的年代；

这是一个信任的时期，这是一个怀疑的时期；

这是一个光明的季节，这是一个黑暗的季节；

这是希望之春，这是失望之冬；

人们面前应有尽有，人们面前一无所有；

人们正踏上天堂之路，人们正走向地狱之门。

究其原因，面对机遇，只有那些敢想敢干的创业者，才能迈出创业的第一步，其后是给客户提供极致的产品和服务。

回顾 20 世纪 90 年代，邓小平“南方谈话”后，王卫敢于北上顺德，在那里创建印染企业，其后发现快递的商机。

不可否认的是，面对这样的商机，看到的创业者成百上千，为什么只有王卫能抓住？原因是，在任何一个时代，即使在天赐良机面前，机会也只留给有准备的人。20 世纪 90 年代，拥有资金和技术的香港制造工厂开始北移，大部分集中在广东的珠三角地区。

香港制造工厂大多采用“前店后厂”模式，广东的“厂”和香港的“店”之间，信件、货物等往来业务较为繁忙。这样的业务就催生了一批帮忙夹带货物的“水客”，王卫也是其中一员。

与其他“水客”不同的是，王卫看到其中潜在的商业价值。王卫由此断定，快递业务将成为一条生财之路。

对于这个问题，《中国商界》记者李红霞曾写道：“树之大，不在乎枝叶茂盛，而在于根之深远。对于机会的认识，也是仁者见仁，智者见智。如果只乘一时之机，带来的也只能是短暂的辉煌。但事业也好，人生也罢，其实是一场马拉松，真正的角逐，靠的是实力和内功。当然了，就算在天赐良机面前，机会也只留给有准备的人。”

在李红霞看来，王卫的成功必须是建立在“打铁还需自身硬”基础上的。李红霞的理由是，“硬”的不该只是摆在人们眼前的现代化设施、装备和漂亮的财务数据，还要有适合自身的管理体系以及凝聚人心的企业文化。[4]

## “水客”王卫

在邓小平“南方谈话”发表后，王卫与众多淘金者一样，只身来到广东省佛山市顺德区，并在那里做起印染生意。

王卫之所以选择顺德，是因为其毗邻广州、中山、江门三市，加上顺德又是敢为人先的改革先锋。20 世纪 80 年代，顺德就创立了全国首家来料加工、来样加工、来件装配和补偿贸易的“三来一补”企业，支持和大力发展乡镇企业，由此成为“广东四小虎”之一。

佛山市顺德区人民政府网介绍，顺德作为以制造业为主的民营经济大区，民营工业总产值占全区工业总产值的 77%，是全国最大的空调器、电冰箱、热水器、消毒碗柜生产基地之一，全球最大的电饭煲、微波炉供应基地，拥有“中国家电之都”“中国燃气具之都”“中国涂料之乡”等 28 个国家级品牌。经过多年发展，顺德培育了家电、机械装备两个产值超两千亿的产业集群，崛起了美的、碧桂园两家世界 500 强企业，培育了 39 家规模超 10 亿元的民营骨干企业，涌现出一批在全国乃至世界都有影响力的“隐形冠军”企业。

4　李红霞 . 谁给了顺丰机会 [J]. 中国商界 .2017（03）.

不仅如此，顺德自古以来就物华天宝、经济发达。在明清时期，顺德曾以基塘农业、缫丝工业、金融商贸业的兴旺发达被誉为“岭南壮县”“南国丝都”和“广东银行”。

众所周知，富庶之地往往孕育杰出的人才。顺德的名人有：文状元张镇孙、黄士俊、梁耀枢 3 名，武状元 1 名（朱可贞）；文武进士 762 人、文武举人 2397 人（北宋至清末）；清代诗书画三绝的黎简和画坛怪杰苏仁山，以及李小龙、李兆基、郑裕彤、罗定邦、伍宜孙、梁銶琚、陈冯富珍等杰出人物。[5]

正因为顺德拥有便利的交通，商贸发达，以及名人辈出，王卫毅然地选择了顺德。创业初始，王卫与其他创业者一样，在开始做印染生意时，没有赚到多少钱。不过，正是这个不怎么赚钱的项目，让王卫发现了一个巨大的商机，由此也彻底地改变了他的创业路径。

在经营印染业务的过程中，王卫发现，在印染产品的生产过程中，厂家都需要把相关的产品样品交给客户确认。样品经客户检验合格后，才能开始批量生产。

作为印染业务，王卫的印染厂同样需要遵守该流程。每次交样品，转递交的周期都很长，即使是急件，也需几天时间。

这样的样品检验流程极大地影响了印染订单的完成进度，同时也影响了产品生产的效率和成本。

“哪里有抱怨，哪里就有商机。”在老板们抱怨样品检验周期过长的同时，一些人看到了潜在的商机，于是纷纷开启一项业务——专门解决在

5 佛山市顺德区人民政府网 . 顺德基本概况 [EB/OL].2019.http://www.shunde.gov.cn/zjsd/jbgk/1.

广东设厂的香港商人把样品从码头带去香港的问题。王卫发现，如此操作的确提高了效率。

企业老板们把帮他们捎货的人称为“水货佬”。在当时，这些“水货佬”每天都往返于内地和香港之间，主要是以私人挟带的方式，把货件运往香港或者从香港运往内地。

作为赴内地投资兴业的王卫，自然要与这些“水货佬”打交道，甚至有时候他自己也做 “水货佬”，帮生意圈的合作者把货件带到香港。

开始，作为“水货佬”的王卫，并不收取任何费用。有时候，委托带货的合作者认为，给王卫添加了不少麻烦，心里很过意不去，于是主动要给王卫一些报酬，但是王卫都拒绝了。

## 顺丰诞生

20 世纪 90 年代初期，香港企业家看到内地改革开放的巨大市场和生产力，8 万多个制造企业迁移到内地，其中珠三角就达到 5 万多个。

正因为如此，催生了香港与珠三角之间的信件、货运量激增的商业机会。在当时，由于受到政策和经济环境的影响，香港与内地之间依然存在关税壁垒等诸多问题，使得两地间的货运、物流难题横亘在这些企业老板面前。

为了解决这个问题，王卫结合自身的一些经历和看到的情况，开始自己的战略转型。经过慎重考虑之后，王卫果断地放弃了当时很流行的印染行业，决定转型做专业快递。

回到香港，王卫征询了父亲的意见，父亲非常认同专业做快递的想法，并且为王卫提供 10 万元港币的创业资金。

王卫得到父亲的支持，带着10万港币的启动资金，即刻返回顺德，办完了顺丰快递企业注册手续。

接着，王卫火速回到香港，在香港旺角和太子间的砵兰街租了一个只有十几平方米的小门店。在当时，顺丰主营业务是替香港企业传递信件到珠三角。在市场需求的推动下，顺丰快递由此诞生。

## 创始人、船长、快递员

20世纪90年代，作为初创阶段创始人的王卫与其他创业者一样，必须诸事亲力亲为。初创的顺丰加上王卫自己一共就六个人。

为了更好地把货件迅速地送到客户手中，王卫与其他五位员工一样每天都是起早贪黑地收送货件。

寒来暑往，王卫与其他员工穿梭在顺德这座城市的每一个角落，摔倒了，爬起来继续收送货件。

如今的王卫，很少再亲自背着背包、拉着拉杆箱去收送货件，他有时也会亲自收送货件，以此纪念那时在他腿上留下的深浅不一的疤痕。

多年后，与王卫一起打拼的员工回忆道："那时候，大家围在王卫身边，同吃同住，每天唯一的任务就是跑市场。我们的业务员像疯了一样，每天早出晚归，骑着摩托车在大街小巷穿梭。"

正是这样的创业经历，让王卫清楚底层快递员的生存状况。也正是因为如此，王卫会替自己的快递员强硬维权。

2016年4月17日下午，"顺丰快递小哥被扇耳光"的视频在各大互联网平台传播。据了解，该事件发生在富贵园小区。一位顺丰快递员在收件途中，与一辆机动车剐蹭。

其后，身穿黑色 T 恤的机动车司机一边爆粗口辱骂，一边甩手殴打该快递员。视频显示，机动车司机一共打了该快递员六巴掌。在整个过程中，该快递员都没有还手，且一直忍受机动车司机的辱骂，同时还主动上前向机动车司机道歉。

当该快递员道歉后，机动车司机仍不满意地说道：“对不起就完了？”其后，机动车司机用威胁的口气要求该快递员拿钱修车。

当天，顺丰快递员被机动车司机殴打的视频在互联网平台上被大量转发。在新浪微博页面中搜索“顺丰快递员被打”“快递小哥”等关键词时，显示的相关帖子就达到上百条，转发数和评论数达到了上万条。

汽车之家创始人李想评论道：“我出修车的钱，包含他开出租车（京 B 牌照）的时间损失费，一分钱也不少他的。附带一个合理的要求，把他打快递小哥的每一巴掌都打回去。这是我的真实想法。”

面对快递员被打，顺丰官方微博回应道：“我们的快递小哥大多是二十几岁的孩子，他们不论风雨寒暑穿梭在大街小巷，再苦再累也要做到微笑服务，真心希望发生意外时大家能互相理解，首先是尊重！我们已找到这个受委屈的小哥，顺丰会照顾好这个孩子，请大家放心！”

顺丰相关工作人员在接受媒体采访时称，被打的快递员小冯，28 岁，河北人，在顺丰工作半年有余。其后，顺丰工作人员带着小冯到医院做了相关身体检查。检查结果是软组织挫伤。随后，顺丰工作人员又陪小冯到东花市派出所报警。

当晚 21 时 49 分，王卫在朋友圈发文说道：“如果我对这事不追究到底！我不再配做顺丰总裁！”

当顺丰创始人王卫强势回应后，顺丰集团也发表严正声明："以后如发生类似事件，顺丰仍将依法维权，对员工的合法权益保护到底；服务行业十分辛苦，需要彼此理解和尊重，希望大家以此为鉴，共同维护社会公平正义。"

这样的维权力度，在当代中国企业史，无疑留下浓重的一笔，给当下的企业家们在员工维权上做了一个划时代的榜样。当然，王卫之所以强势维权，与自己曾经是创始人、船长、快递员的奋斗经历有关。尽管今日远离一线，王卫却没有忘记当年爱拼才会赢的艰难岁月和创业维艰的困难历程。

据媒体披露，作为创始人的王卫，定期骑着电瓶车跟随快递员派送和接收快件，按照一线员工的岗位职责执行工作并发现其存在的问题。

在王卫看来，要想了解顺丰存在的问题，必须亲赴一线。王卫说道："如果一线、二线的问题都解决了，客户的问题也就迎刃而解，发展的问题也就解决了大半。这是要用心来经营的行业，绝对不是仅仅有钱就可以搞定的。"

## 速度和服务至上

在任何一个时代，同样的机遇，必然会有很多人看到，也有很多人来争抢。在快递行业也是如此，当王卫看到快递商机的同时，其他的人同样也看到了。当年的"水客"们既然先于王卫，必然也会参与其中。

正因为如此，要想击败"水客"，只有比"水客"做得更好、更快，否则，自己就会被"水客"击垮。

王卫清楚，要想杀出一条血路，必须打破竞争，在丛林中实现优胜劣汰法则。王卫的顺丰打了大量的“水货佬”的饭碗时，他们之间必然会进行更加激烈的竞争，即使在 2015 年，“水客”依然存在。

《广州日报》报道，2015 年 1 月 11 日 20 时许，在深圳福田口岸旅检入境大厅内，正值通关高峰时段，海关关员注意到一名身穿红色运动衫和黑色运动长裤的男性旅客。该旅客携带的行李非常简单，仅有两个塑料购物袋。该旅客随通关人流进入海关通道时，步伐不紧不慢，看起来并没有什么异常的状况发生。海关关员发现，该旅客走路的姿势有些怪异，关节十分僵硬，肌肉好像都被拉紧了一样，走的每一步都很沉重，像背负重物一般。不仅如此，该旅客的脸部表情也不自然，甚至还有意地回避海关关员的目光。

面对异样，海关关员截停该旅客，对其例行检查。该旅客配合海关的检查，脱去外套后，胸部、腹部、胯部、大腿、小腿等部位密密麻麻缠裹着数十部苹果手机。

海关人员经过查验和清点，该旅客以人身绑藏的方式走私苹果手机的数量高达 94 台，总价值超过 30 万元。

其后，海关官员特地调取该旅客的出入境记录，结果显示，他有过多次违规携带物品被海关查获的记录。

虽然“水客”很多，但是其不合规的操作，以及无法高效准时送达，“水客”们自然被王卫击败，退出历史舞台。然而，有需求就有从业者，新的“水客”依然在重复当年旧有的私下操作。对于此刻的顺丰而言，这些已经不能构成威胁了。

与此同时，成百上千的快递公司犹如“雨后春笋”般地涌现在珠三角地区。在此阶段，王卫必须扩张，同时行业内也在进行此上彼下的生死较量。此刻，活下去才是顺丰面临的第一问题。

在王卫看来，顺丰要想生存下来，就必须拼速度、比服务，建立市场壁垒，重建市场核心优势。

据王卫介绍，在当时，对手70元带一件货，自己只收40元。低价格的竞争策略，起到了一定的作用。在短短一段时间内，顺丰拿到了海量的快递订单，甚至让顺丰的业务范围延伸至整个珠三角地区。

王卫开辟的快递蓝海市场，也激活了曾经冷清的砵兰街。这里出现了前所未有的繁忙景象。多年后，王卫的邻居对此记忆犹新："那时候这条街基本上没什么人，他来了之后，一直有车来拉货，慢慢地，这里开始有别的公司，还有其他店。他带旺了整条街。"

## 阶段性胜利

1996年，王卫领导的顺丰团队取得阶段性胜利，不仅在与众多快递企业的竞争中脱颖而出，同时还垄断了整个"深港"货运，甚至在当时拿下"深港"两地陆路上70%的快递业务。

顺丰的快速发展，给对手造成压制性威胁，对手甚至还贬称顺丰为"老鼠会"。之所以如此贬称是因为顺丰业务繁忙，包括王卫在内的团队，不得不每天都打包到深夜。在广东省顺德区街边的夜晚，王卫那间小屋里整夜都有昏黄的光亮透出来，犹如深夜离开巢穴、外出觅食的"老鼠"。

另外，当时的顺丰，由于处于初创阶段，没有统一的标识，没有整齐划一的着装。在当时，快递员的服装五花八门、千奇百怪，收、发快件的交通工具也同样如此，货车、摩托车，甚至是人力步行。

在此阶段，杂乱无章的顺丰由于没有一个完善企业管理制度，被竞争者比喻为一窝没有章法、各行其是的“老鼠”。

这是处于草莽创业阶段的顺丰的缩影，同时也是当时整个快递行业的缩影。面临危境，王卫顺势而为，抓住快递业务中的几个关键点，顺利地把快递业务带上规范化的轨道。

为了打破顺丰的发展瓶颈，王卫建立了正常的通关途径，加上政策的逐步开放和完善，给顺丰如虎添翼的同时，更多的是带给顺丰无数的机会。

此刻的王卫，已经不满足零散的“挟带”生意，而是将其集合起来，包装成统一的快件，逐渐地形成了系统化的快递运作模式。

在探索和运筹下，在短短几年时间里，不足 25 岁的王卫，从当初的印染企业老板、水货佬、挟带客，华丽转身为“深港”快运的龙头企业家，其财富达到百万元。然而，此刻的王卫，并不满足于此，他正在谋划顺丰未来的战略格局。

## 专注中高端市场

对于任何一个创业者来说，要想取得成功，不管是产品还是服务都必须超出客户的预期，尤其是对待竞争问题。王卫认为，在与对手竞争时，其撒手锏绝不是低价格和不惜一切代价的争抢客户，而是更好地提升客户的满意度。一旦客户认可顺丰的服务，从竞争中脱颖而出也就水到渠成。

对此，王卫就曾说：“我们说追赶国际快递先进企业，追赶的是什么？我想，首先，不是规模，而应该是服务质量和声誉，追求像他们一样受到消费者的认可和社会尊重。其次，是要评估好自己有没有实力去实现这个目标。基础不稳的话，你在上面盖的房子很容易变危楼，如果塌了，影响更大。我们要对自己有一个清楚的评估，要脚踏实地，一步步走。至于能走多快、走多远，并不需要苛求。最后，是要看国家的产业政策是否稳定。”

基于此，王卫从当初的印染业务转型做快递，正是凭借自己的服务态度和“以客户为中心”的经营理念脱颖而出。

顺丰发展到一定规模后，王卫开始把目光投向行业巨头、总部设于美国田纳西州、隶属于美国的联邦快递集团（FedEx Corp）。

众所周知，联邦快递是一家名副其实的跨国企业，不仅拥有充裕的资金，还有完善的管理。作为国际性速递集团，为客户提供隔夜快递、地面快递、重型货物运送、文件复印及物流服务。正因为如此，王卫把联邦快递视为自己企业发展的榜样。

确定目标后，王卫开始深入研究。然后，他发现联邦快递最初并不是涉足所有业务，而是有针对性的，把重点放在小包裹业务。例如，运送血浆、器官、药品，以及重要文件等。之所以选择这些较特殊快件，是因为其不仅要求速度，同时也要求一定的辐射范围。在当时，联邦快递只选择了5个离得相对较近的城市。

正是因为联邦快递切入一小部分市场，为自己建立较大的服务优势，积累了关键性的声誉，同时也为其后的规模发展打下了坚实的基础。

顺丰发展到一定规模后，联邦快递的蓝海市场开拓让王卫醍醐灌顶，当其他快递企业来者不拒、见件就收时，顺丰却开始选择性地揽件，还适当地限制每个包裹的重量。

在王卫看来，顺丰定位的是中高端快递市场，需要的是给客户提供极致的服务。

以淘宝交易平台为核心的电子商务兴起，为快递行业的崛起带来了前所未有的机遇。在中国，网购客户的群体异常庞大。

据了解，仅淘宝的发件量每天就达到几百万件。数据显示，2018 年天猫“双十一”全球狂欢节全天成交额突破 2,000 亿元，达到 2,135 亿元。同时，全天物流订单量达到 10.42 亿，再创新纪录，进入 1 天 10 亿包裹的时代。[6]

面对电商快递市场这块巨大的蛋糕，一些快递企业，包括“四通一达”在内纷纷开始涉足电商快递业务。行业竞争的硝烟由此燃起，价格战也就不可避免。数据显示，淘宝快递业务在“四通一达”全部业务中的占比一度达到 70% 左右。

顺丰之所以没有拓展淘宝快递业务，是因为王卫毅然专注中高端市场。在中高端市场，提供高质量的服务赢得客户的口碑才是关键。

王卫在接受中央电视台财经频道采访时坦言：

我认为，未来的“快”，首先是要满足客户体验，再去快，并不是以前理解的不断追求无限度的快，而没有去体会我们客户的体验。

我认为，现在我们是完全要根据客户的体验而重新定义何为“快”。就是我们在客户还没有提出更高的要求，或者已经要开始提出更高要求的时候，我们已经规划，把整个的服务跟我们的管控重新升级，升级到跟客户有紧密的互动。同时这种互动并不是后台的人在管，全部都是人工智能在按既定程序操作，控制所有的资源。一个指令下来，怎么让所有的这些服务单元都串联在一起，为一个客户、一个指令去服务，而中间是不经过

6 赵小燕 . 2018 天猫“双十一”成交额 2135 亿 . 中新社，2018-11-12.

人手的，因为人手会是影响“快”的未来一个瓶颈，我认为这才是下一个时代的快递公司所具备的一种能力。

这与王卫的经营理念有关。王卫认为，对于顺丰来说，企业竞争的本质不是为了与对手争抢客户，而是提升自己的服务，更好地服务好客户。

服务好客户，在行业竞争的较量中赢得胜利也只是时间问题。随着顺丰的口碑越来越好，“顺丰”也成为招揽生意的金字招牌，成千上万的电商店主积极寻求合作，甚至在店铺显眼处写明“顺丰包邮”。

时机成熟时，王卫决定顺丰涉足电商快递市场。2013 年，王卫在内部讲话中说：“顺丰能一直走到今天，就是因为我们采取了差异化的竞争策略。我们提供的是不同于其他快递公司的快递服务和市场定位，并且能让消费者清楚地知道，顺丰提供的速运服务和其他快递公司有着本质的不同。”

# 第二章

# 脚踏实地，
# 坚持不懈稳扎稳打

未来跨行业的竞争中，面对的竞争对手是 IT 公司。科技的竞争重点是技术的竞争，核心是人才的竞争，你没有人才就不可能跟这些科技公司竞争。

——顺丰创始人　王卫

## 加盟到直营

1996年，顺丰垄断了通港快件业务，成为名副其实的隐形冠军。王卫领导的顺丰由此坐上了通港快件的头把交椅，此刻的顺丰俯瞰整个华南市场，其业务量已经无人能及。

面对既得的市场，一个问题摆在王卫面前。这一道坎关乎王卫和顺丰的前途和命运。这就是，稳坐广东市场头把交椅的顺丰，是偏安一方，继续当好自己的诸侯王，还是向其他地区拓展自己的企业边界？

对于快递业来讲，尤其是“四通一达”，都坚持加盟模式来扩张，原因是加盟模式在快递扩张阶段，利大于弊。

此刻的顺丰，作为势头迅猛的华南虎，在王卫慎重思考后，启动扩展自己版图的引擎。其后，顺丰也开始了自己的加盟模式。但是直到后来的一个投诉电话，让王卫惊醒，过度的加盟可能引发顺丰难以想象的危机事件，于是开始战略转型，从加盟模式变革到直营的漫漫长路上来。

## 加盟扩张

在顺丰的扩张中，拓展企业边界就意味着拓展全国快递市场。在当时，顺丰内部对此问题进行了各自立场的辩论。

稳健的观点认为，顺丰应该继续夯实和稳固华南快递市场。这样的战略，既可以给顺丰提供充足的快件业务量和较高的盈利水平，同时也可以避免顺丰到更激烈的快递市场去与对手较量，与其在竞争中冒险，不如稳健地发展。

扩张还是坚守是中国诸多企业发展中都会遇到的问题。大多数创始人认为，当初创企业发展到一定的规模后，采取激进的财务扩张更符合创业公司的战略，其理由是，中国庞大的利基市场和蓝海市场就是未来现金流的利润池。

王卫也认同类似的观点。在王卫看来，虽然顺丰是一个刚刚成立三年的初创企业，人才和充足的资金是顺丰急缺的战略资源，中国巨大的蓝海市场让王卫看到了希望。

20 世纪 90 年代，尤其是邓小平发表“南方谈话”后，中国正处于一片创业热潮中。谁先下手，谁就有可能获得这巨大的机会，风险与利益共存。

当时，由于资本行业并不发达，风投更是凤毛麟角。基于此，任何一个快运企业获得风险投资，其可能性近乎为零，甚至连银行贷款都是小概率事件。

王卫认为，既然顺丰没有外部资金的支持，那么对手也同样如此。同时，王卫也清楚，仅靠顺丰当时的积累，很难拥有足够的现金支撑如此大规模的全国扩张战略。

面对巨大的蓝海市场，王卫决定，小规模地拓展企业边界。其后，王卫宣称，既然无法获得外部资金的支持，那么就自己“造血”。

面对市场机遇，无论面临什么样的困难，都必须走出广东市场，拓展全国市场。在王卫的通盘战略中，与其全盘突击，不如先拿下长三角经济带（包括上海市、江苏省、浙江省）的快递市场。

王卫之所以选择长三角经济带市场，是因为长三角经济带是中国改革开放后，经济发展速度最快、经济总量规模最大、最具有发展潜力的一个经济板块。

在当时的快递市场盛传“得华东者得天下”的顺口溜。虽然该顺口溜没有足够的证据证明只要快递企业拿下华东板块就可以称王，但是也足以说明，长三角经济带快递市场在各家快递企业内的全国战略市场中都占据重要的位置。

既然“得华东者得天下”是快递业公开的秘密，那么就意味着，王卫也会加注拓展长三角经济带的快递业务。要想虎口拔牙，其难度也非常大，其竞争格局不仅远比珠三角经济带复杂得多，同时也是顺丰在客场作战。

究其原因，1993 年，当顺丰在香港砵兰街开业的同时，浙江桐庐人聂腾飞和詹际盛在杭州创立了申通货运代理有限公司，主要的业务是解决杭州贸易公司的报关单在第二天送达上海的问题。1995 年，申通快递经过两年的高速发展后，相继拓展了浙江杭州周边的宁波、金华和东阳等地。1996 年，申通把触角伸到江苏省的南京和苏州。1997 年，申通经过几年的积累，企业发展由此进入上升通道，开始拓展北京、广州、武汉、成都和青岛等城市的快递业务。1998 年，经过五年发展的申通，已经拥有了 50 多个网点，主要集中在长三角地区。

此刻的顺丰，拓展华东市场的最大障碍就是必须与申通为首的“桐庐帮”直面竞争。经过调研发现，在长三角经济带，其快运企业尽管很多，但是其市场竞争主要以低价为手段，整个快递市场异常混乱，毫无章法。

面对乱局，王卫将广东市场的低价和优质服务模式复制到华东市场。当时，在广东市场，顺丰主要以直营网点为主，如此模式复制到华东市场后，很快就出现问题了。

相比广东市场，华东市场的规模更大，顺丰必须拿出足够的资金，在短时间内大量布点。此时，顺丰没有其他办法，不得不采用“四通一达”

的加盟模式。

当时，顺丰在长三角经济带每设立一个网点，就成立一个公司，这些遍布长三角经济带的网点与之前珠三角的网点不同，但是却构建了顺丰早期的快递网络。

在企业边界扩展中，加盟的渠道方式虽然简单，其存在的弊端也很明显。

在创业初期，加盟的模式帮助顺丰迅速地敲开了华东快递市场。其后，顺丰凭借加盟这种滚雪球式的经营模式，敲开了华中、华北等快递市场，由此进入顺丰发展的高速扩张阶段。

当顺丰完成了华南、华东、华中、华北市场布局后，一张覆盖中国大部分地区的快递网络已经完成。对于此刻的王卫来说，顺丰之所以能够迎来新一次的高速发展机遇，是因为当初果敢的采取激进的财务扩张战略。

经过多次调整，尤其是 1999 年后，顺丰的发展顺利地进入稳定增长期，成为中国民营快递企业中的隐形冠军。

## 转向直营模式

1999 年，对于王卫而言，顺丰虽然高速发展，但是却面临向左还是向右发展的问题，对此，研究者将 1999 年视为顺丰的转折之年。

与此同时在中国的互联网领域，一些电子商务企业先后创立起来。

1999 年年初，王峻涛创办了电子商务网站——8848，标志着中国第一家电子商务网站由此诞生，王峻涛被誉为“中国电子商务第一人”。

1999 年 9 月，阿里巴巴创始人马云从北京回到杭州湖畔花园一间仅有 150 平方米的住宅里，与他的十八罗汉创办阿里巴巴。

1999 年 11 月，当当网创始人李国庆与俞渝创立当当网，在互联网上销售图书。

……

对于诸多初创企业而言，当初遭遇的种种不利条件依然存在。与之不同的是，王卫领导的顺丰偏安广东，成为当地的隐形冠军。不仅如此，顺丰更是凭借加盟制度，不断地建立新的网点。

经过五六年的发展，顺丰占据广东市场，开始布局全国市场。正当顺丰有条不紊地进行加盟模式时，王卫却接到一个投诉电话，加盟制度才戛然而止。

在电话中，顺丰加盟的负面信息浮出水面。此刻，王卫意识到顺丰加盟制度的诸多问题，其严重程度让他警醒。

在此之前，关于顺丰的诸多负面信息，王卫虽然有所耳闻，但是并没有引起他的重视。正是这个投诉电话，让王卫意识到，是时候加强公司的制度管理了。

于是，王卫制定了一系列新的规范和措施，但是都没有解决根本问题。不得已，王卫重新思考顺丰的管理模式。

经过慎重考虑，王卫认为，要想解决顺丰遇到的问题，必须进行彻底改革，将之前的加盟模式过渡到直营模式。

究其原因，在顺丰的发展过程中，加盟模式存在诸多弊端，例如，在加盟模式中，总部与加盟网点间的隶属关系相对松散，总部制定的诸多管理制度在执行过程中遭遇加盟网点的抵制，甚至拒绝执行。

由于管理制度贯彻不到位，甚至是不到底，很难保证顺丰的服务质量，甚至有些加盟网点追逐个人利益，擅自在正常的业务过程中夹带私货，延揽其自身的其他业务。当有些加盟网点各自为政时，无疑就形成了“诸侯割据局面”。

在王卫看来，面对如此困局，必须“王佐断臂”，尤其是顺丰有志于成为一家优秀的国际快递企业，那么，必须保证管理制度的彻底执行。

基于此，直营模式就成为顺丰可以选择的路径，原因是直营能彻底地解决遍布全国各地的加盟网点得以标准化管理的问题。

在王卫看来，只有直营模式才能提高顺丰整体的服务水准。顺丰如果从加盟模式向直营模式转型，无疑需要花费一番工夫。

时隔多年后，王卫回忆道：“当顺丰提出差异化经营后，承包网点改直营便遇到了很多的麻烦。当时一个承包网点就是一个小王国，根治这些问题，压力非常大。”

在王卫看来，加盟模式的弊端已经影响到顺丰的做强做大，尤其是小王国一样的承包网点就容易形成孤岛，听不到来自总部的声音。通过直营模式，掌握网点的管理权是非常明智的，也是顺丰做大的一个关键。

要想打破僵局，就必须废除加盟模式。当此战略决策被提上日程后，遭到加盟网点的纷纷反对。王卫此时决心已下，不仅力排众议，依旧坚持既定的直营模式。

在此轮变革中，王卫大刀阔斧，砍掉诸多冗长的加盟模式。由于此次变革触及加盟网点的个人利益，有些网点的加盟商联合起来，共同抵制王卫的直营模式变革，希望以此让王卫“知难而退”。

当时，在王卫主持的此次战略转型中，其阻力相当大，传言称，王卫甚至还遭受过人身安全威胁，其激烈程度可见一斑。

面对威胁，王卫果断地聘请保镖。一方面可以保护自己，另一方面也可以顺利地保证直营模式的推进。时至今日，每当王卫出行，总会安排随行保镖负责安保。

面对威胁，王卫毫不畏惧，果断地出手，坚持直营模式转型。直到2002年，王卫成功收权，顺丰因此从加盟模式转型为直营模式。

可以说，加盟到直营模式的战略转变，成为顺丰发展历史上一个较为重要的转折点。当变革完成后，王卫就牢牢地掌控了顺丰旗下全部网点的主导权和话语权，即从总部发出的任何指令，其网点都必须高效地贯彻执行。

## 考核机制

对于任何一个企业来讲，当企业发展到一定规模后，规范化的管理模式也就随之而来。在员工管理的过程中，每个创业者都有自己的方法和手段，有的创业者通过罚款来激励员工。

对此，王卫却有自己的看法，尤其是作为从一线做起的管理者，深知快递员的艰难和不易，王卫特此制定了一个扣分机制来替代罚款，虽然目前争议较多，但是员工却很认可。

## 顺丰快递标准

在有关快递业的新闻中，有一条信息引发关注，那就是王卫花费1亿元为员工定制耐克（Nike）牌工作服。

据了解，此款顺丰工作服装价值2,000多元，属于耐克SHIELD系列，其“黑科技”不少。例如，工作服两肩都配置反光贴条，让机动车司机和其他行人能够有效地识别，提高快递员的安全性；又如，该工装具有防风、防水、透气，以及轻量化等功效，能够适应恶劣天气，提升员工工作时的舒适感。

当工装发给员工后，立即引发轰动，多家媒体都争相报道。《南方都市报》报道如下：

不久前，顺丰联合Nike推出联名快递服，这套服装具有防风、防水以及轻量化的功能。当然，如果采购能置换Nike厂家的快递物流服务，也未尝不是个好合作。

在顺丰的换装顺序中，上海及华东地区率先换装，其他地区陆续换装。对于换装的理由，王卫的解释是，此前工服透气性差，尤其是炎热的夏季，不透气的工装贴在快递员身上，看起来相对“邋遢”，影响顺丰高端快递的形象。

此外，换装还有一个更深层次的原因：当顺丰转为直营模式后，制度落地才是王卫看中的，此次换装就是一次尝试。

在王卫看来，就职顺丰意味着自豪感、荣誉感。查阅媒体报道显示，作为一名出生于20世纪90年代的快递员，W就是顺丰众多快递员中的一员。

在W看来，入职顺丰是看中顺丰的高额薪资、正规管理和企业的影响力。让W没有想到的是，作为顺丰的一名合格快递员，不仅需要严格遵守顺丰公司的各项制度，同时还需要接受顺丰的会员注册、保价等各项业务指标的考核。

好的管理加速员工的成长。入职不久W签订了一个大单，公司因此奖励了 W，W 感到非常高兴。

的确，像 W 这样的快递员举不胜举，只要工作努力，收入和个人能力都能不断提升。正是因为如此，顺丰员工的流失率还不到 30%。反观整个快递业，员工流动率平均高达 70%。当然，顺丰之所以能够留住员工，除高额薪资外，就是顺丰基于直营模式下的管理机制。这是支撑顺丰成为快递行业标杆的一个重要原因。

## “扣分”比罚款更有效

作为管理制度，自然会约束员工的行为，T 对此感触颇深。在货物的挑拣中，T 的“野蛮操作”被站点监控完整地记录了下来。

其后，T 接受了扣三分行政分的处罚。作为快递员的 T 深知，但凡“野蛮操作”，一旦被发现，其处罚力度是相当严重的，因此一向较为注意。

然而，T 一个不恰当的操作，结果还是被处罚了。T 在接受《中外管理》记者采访时介绍称，他放快递的高度当时最多也就到脚踝（普通快件离接触面之间的距离不超过 30 厘米），然而，这样的操作被视为违规。

其后，T 找到站点负责人澄清情况，同时站点负责人调阅了监控记录。对此结果，站点负责人也很无奈。

此次扣罚行政分是很严重的。在 T 看来，此次扣罚的三分行政分也不知道什么时候能贴补回来，为此闷闷不乐。

可能读者好奇的是，顺丰快递员为何把“扣分”看得如此之重？究其原因，当快递员违反制度时，一旦被扣行政分，那是顶格处罚，比罚款还要严重得多。

在此次处罚中，T 接受的处罚就是扣行政分。据了解，入职顺丰的每个员工，都拥有 20 分行政分，一旦违反顺丰的企业制度，就会被扣分，一旦扣分，就意味着失去晋升机会。

在内部提拔中，行政分作为一名员工内部晋升的考核标准，同时也是一个必备条件。如果某员工的行政分低于 10 分时，那么该员工将会面临被劝退的危险。一旦行政分被全部扣完，顺丰就会与该员工协商双方提前结束聘用合同事宜。

按照惯例，行政分一旦被扣掉，就很难再增补回来。在顺丰，增补行政分也有一些途径，例如，收到国际快件。

像 T 被处罚的事例为数不少。在顺丰，但凡涉及服务态度的员工，其处罚的结果是，扣掉五分行政分。甚至客户由于自己心情不好，而投诉了快递员，那么快递员也只能接受处罚。

在王卫看来，任何人，包括王卫自己，三条红线绝对不能触碰：服务态度差、丢件、违背规章制度。

基于此，对于任何一名顺丰员工，只要谁敢触碰这三项，轻则会根据相关规定分别给予扣罚行政分等处罚，屡犯不改者则被直接开除。

当然，顺丰处罚基层快递员时，也会相应地处罚管理层，因为管理人员也负有相关连带责任。例如：如果没有按照要求，给客户实名注册寄件，处罚如下：扣行政分、直接停工、没收手持终端（巴枪）。

当处罚快递员后，顺丰也会处罚点部主管、分部主管和分部经理，同样也要相应地扣除行政分。

与“四通一达”的“以罚代管”不同的是，顺丰在处理员工时，几乎不使用罚款的手段。

据王卫介绍，对违反制度的员工不罚款，原因如下。

第一，王卫当年既是快递员，又是老板，深知一线快递员的艰辛和不易。

第二，王卫认为，罚款不是最好的激励员工的方案，有效的激励措施还有很多。相比罚款，有效激励措施更能解决员工的违反企业制度问题。

第三，除了扣除违反企业制度员工的行政分外，还为其提供相应的培训，或者站点调整等激励措施。

据《中外管理》报道，圆通快递员小北总是和顺丰的快递员在一个地方派件，两人混着混着就熟了。他开玩笑说："有好几次见不着他（顺丰快递员），没想到过几天来了，说收了违禁品，被公司叫去培训了。结果没过几天又去培训了。"

针对此问题，T在接受《中外管理》采访时介绍道："只要有投诉，员工就不用上班，直接去顺义接受培训了。"

为了更有效地培训员工，顺丰曾为此收购与培训相关的企业。经过培训后，一旦快递员还是意识不到其问题的严重性，甚至屡屡地触碰顺丰企业制度的红线，或者其业绩不佳，那么该快递员极有可能被调离，甚至被调到快件量少的区块。

当然，顺丰此举就意味着变相地降低了该快递员的工资，该快递员只有两种选择：第一，将岗位任务执行到位，争取内部提升；第二，离开。

正因为如此，顺丰的考核机制备受争议。顺丰的一位前高管Z先生在接受《中外管理》采访时对其评价称，顺丰服务效率和服务质量控制的核心，就是近乎"无情"的考核机制，即使有不可抗力的因素，也仍然要求员工只对结果负责。[7]

---

7　谢丹丹．在流动率70%的快递业．顺丰小哥为何如此拼命？[J]．中外管理，2017（07）．

## 公平与高收入并重

顺丰虽然坚持严厉的考核机制，但是支付给员工的薪水远高于同行业。《中外管理》曾报道称，早在几年前，一名就职于北京国贸区域的顺丰快递员，其高额的薪水引起广泛的关注，因为该快递员连续两个月挣到了12万元。

由于快件太多，该快递员每天都送不完，为此叫其亲戚帮忙送达。可能此类薪水较为特殊，原因是，顺丰快递员的收入通常分为如下几类：A类、B类、C类。

在北京、上海、广州、深圳四个城市，将其视为A类区域。一般地，普通快递员月薪达到1.5万元以上。

在A类区域，在确保快递员高收入的同时，顺丰也在寻求其他办法。顺丰的具体做法是，凭借其敏捷的调整体系，保证快递员收入的公平性。

比如像上述月薪12万元的快递员，显然只是少数。顺丰发现此问题后，很快就调整了该快递员所在地区的作业体系。

据顺丰前高管Z先生介绍，在顺丰的末端收派件作业体系中，分为三种：第一，直派。第二，接力式。在一个区域内，此类方式一共由3～4个收派员负责收派件，当然也共享该区域内的收派利益分成。第三，两端式。在某个区域内，往往有几个较为固定的收派员收派快件，与中转场一个直接往来的班车进行传递作业。

为了平衡快递员的月薪收入，某快递员在某区域内的业务计件提成达到一定数额后，顺丰的该区域和点部会根据具体的情况改变该区域内的收派方式，增派快递员，多个快递员一起负责送货。

在某个区域，当快递员增多时，快递员为了增加自己的薪酬，在收派件时会想尽各种办法，深挖作业区域内的用户群，从而增加业务量。为此，快递员除了日常的收派件外，还肩负业务拓展的任务。

据了解，区域间快递员调节，通常是站点经理负责。当一个站点拥有6～8个收派区时，新入职的快递员就会被分配到快件量相对较少的区域，那些老快递员会逐步地被调到件量相对较多的商务区。

面对如此调动，在顺丰前高管Z看来，调换区域是点部经理的本职工作，通常权衡利弊，尤其是面临用一个低营收的快递员，接替一个高营收的快递员，是否值得就需要点部经理的判断。

究其原因，各个点部的主要考核指标任务就是营业收入。顺丰前高管Z先生说道："用结构导向的方式去屏蔽掉一些可能恣意妄为的行为，在对目标负责的基础上，任何管理行为都是正确的。"

## 内部提拔管理层

在顺丰流传一个故事，那就是顺丰的一部分快递员当上了飞行员。这样的案例是真实存在的。

T在接受《中外管理》记者采访时说道："在顺丰，管理层都是内部提拔的，就连飞行员都会从基层快递员中选拔。"

很多研究者由此推定，如此逆袭故事，或许只可能发生在顺丰。

究其原因，在顺丰所有岗位招聘中，都是内部优先招聘。即只要顺丰公司有岗位需求，该招聘信息会辐射上到高管，下到基层员工。

其后，在所有顺丰员工中，只要具备相应资历，都可以应聘任何一个岗位。顺丰凭借内部选拔，让一线员工从最基层的收派员一步步地成长成为副总裁。

与此同时，一线快递员通过内部选拔，成长为点部主管和分部经理的概率大增，占比达到 90% 以上，甚至成为总监的也能占到 60% ~ 70%。

虽然快递行业的流失率很高，但是在顺丰工作十几年的老快递员却较为常见。在顺丰，一个又一个的励志故事，激励着顺丰的快递员。

例如，一个连小学都没念完的顺丰快递员，通过认真工作和不断提升能力，通过内部选拔，最后升为总监级别的高管（在顺丰属于高管），与顺丰创始人王卫直接对话。

## 人生轨迹清晰

在顺丰，王卫热衷内部提拔，源于内部晋升的几个优势。

（1）内部选拔更为有效和可信。在骨干员工引进中，当我们研究和分析选拔的有效性和可信性后发现，从内部选拔更为客观，究其原因，内部员工曾经的工作能力考核、业绩评价资料更容易获得，直接从人力资源部调取即可。再加上企业管理者对内部员工的性格、工作动机以及发展潜能等方面都有所了解。因此，从内部选拔更为有效和可信。

（2）认同企业的价值观。在人才引进中，很难融入的就是企业文化。由于内部员工在本企业中工作过较长一段时间，认同企业的价值观，与企业的契合度更高，因此更有利于开展工作。

（3）了解企业及其运作模式。分析企业的运作模式发现，由于内部员工在本企业中就职，更了解企业及其运作方式，因此比从外部引进的新员工更快地进入角色。

(4) 骨干员工为企业工作的动机更高。我们研究发现，内部选拔给员工提供了一个难得的晋升机会，这不仅强化了骨干员工为企业工作的动机，同时也提高了其对企业的忠诚度。尤其是高层管理人员的选拔，这种晋升往往会带动一批人的一系列晋升，从而能鼓舞员工士气。同时，这会在企业内部树立榜样。通过这样的相互影响，可以在企业中形成积极进取、追求成功的气氛。

(5) 节约高昂费用。从企业成本的角度分析，通过“内部晋升”制度可以降低吸引人才加入的费用，如广告费、招聘人员和应聘人员的差旅费等，同时还可节约一些不必要的入职工作技能培训费用。

(6) 更认可企业现有的薪酬体系。通过内部晋升，其工资待遇要求会更符合企业的现状，因为内部候选人更认可企业现有的薪酬体系。

由此，在王卫看来，虽然内部提拔的管理者文化水平不高，尤其是很多管理者是基层收派员出身，甚至第一份工作就在顺丰，可能面临专业知识薄弱、经验缺乏、视野不开阔等问题，但是顺丰能够根据具体情况给予员工管理线和专业线两条晋升通道。

在顺丰的管理线，其高管几乎都是从内部提拔的。专业线的职业经理人大多数是外聘，原因是，外聘的职业经理人是在快递领域拥有资深专业背景的从业人士。

王卫的意图很明显，招聘专业线的职业经理人，旨在辅佐管理线的顺丰老员工，不仅如此，专业线的职业经理人把其专业知识和经验传递给顺丰老员工，帮助顺丰老员工进步。

在管理线方面，北京地区一些点部的经理，领导一二百名员工。这些管理者都是通过内部提拔起来的，他们在顺丰拥有丰富的经验和广泛的职业社交网络。基于此，这些通过内部提拔的管理者管理员工时比空降兵更容易沟通。

顺丰正是因为通过内部选拔机制，向基层快递员不断地传递着只要辛苦地工作，就可以通过顺丰明确、公平的考核体系、晋升机制，成为顺丰的管理人员。不仅如此，顺丰同时也为快递员展示了一条极为清晰、明确的人生规划。在诸多快递员身边，其直接领导者就是一个个鲜活的案例。

作为底层的一名普通的快递员，或许没有其他更好的途径晋升。一旦从顺丰离职，未来的晋升存在诸多不确定性。

不可否认的事实是，顺丰能够取得今日的业绩，在较大程度上得益于员工较高的忠诚度。而该忠诚度的提升，来自于员工对顺丰企业文化的较高认可度。

在顺丰，除定期培训员工外，点部经理会定期进行调换，通常周期是几个月，即A站点的点部经理被调换到B站点，B站点的点部经理被换到C站点，C站点的点部经理被换到D站点，依此类推。

顺丰定期调换点部经理的好处是，基层员工的价值体系，已经不再是对某个基层管理者个人的认知，而是对企业整体价值观的认知。与“四通一达”相比，这种细致且严格的管理体系，正是建立在顺丰的直营模式之上的。[8]

## 一半高管都是从基层选拔

在顺丰的薪酬中，计件工资占比很大，一方面是保证一线员工的高收入，

8 谢丹丹.在流动率70%的快递业，顺丰小哥为何如此拼命？[J].中外管理，2017(07).

另一方面让高额收入支撑顺丰以快为核心的高服务质量。

据了解，顺丰收派员的基本工资其实并不是很高，但是通过计件工资，计入工作业绩提成中，保证了快递员每月可预期的工资收入，同时也保证了顺丰高服务质量。究其原因，顺丰收派员的报酬体系是建立在勤奋和客户认同基础之上的。正因为如此，月薪上万的收派员在顺丰早已不是特例。

对此，原宅急送总裁陈平说："顺丰的收派员和企业是分配关系，不是劳务上下级关系。这就是王卫聪明的地方，当年收权，他没有全收。"

陈平的说法得到了一名曾在顺丰就职五年的司机的印证。据该司机介绍，通过晋升机制，他刚成为一名真正的顺丰管理人员。

当然，在薪酬这块，除了保证员工收入，顺丰还给其员工的家属各项补贴和福利。

## 提升员工忠诚度，更好地为客户服务

在中国快递行业中，顺丰的口碑较高，尤其是一线员工的快递员的薪资和待遇，始终被媒体和研究者关注，尽管这已是公开的秘密，但是却依然有较多的研究者前仆后继地研究顺丰的人力资源管理。

为此，针对外界好奇的目光，研究者也试图探究王卫的战略。王卫说道："这样我们的销售价格才有说服力，客户才会更放心地使用我们的产品，按照这样的良性循环，我坚信，利润肯定会回来的。"

在王卫看来，顺丰只有努力地提高员工，尤其是一线快递员的薪资待遇；只有不断地改善员工，尤其是一线快递员的作业环境，员工，尤其是一线快递员才会真诚地对待客户，为客户提供更好的服务。

这样的思维与华为创始人任正非有着惊人的相似。任正非说道：“华为之所以崇尚‘以客户为中心’的核心价值观，就是因为客户在养活华为、在为华为提供发展前进的基础，其他任何第三方（包括政府）都不可能为华为提供资金用于生存和发展，所以，也只有服务好客户，让客户把兜里的钱心甘情愿拿给我们，华为才有可以发展下去的基础。”

虽然顺丰与华为在经营内容存在巨大差异，但是其业绩却同华为一样耀眼。2018 年 8 月 23 日，顺丰控股发布 2018 年半年报，该财报显示，2018 年上半年，顺丰控股实现营收 425.03 亿元，同比增长 32.1%，完成全年业绩承诺的 60%；归属上市公司股东净利润 22.33 亿元，同比增长 18.59%；快件量 18.58 亿票，同比增长 35.29%。

在王卫看来，多年投资“人才”，才是顺丰取得成功的关键。例如，为了更好地引导客服人员的情绪，顺丰创建了发泄室。又如，为了降低员工的分拣压力，顺丰早在多年前就耗资上亿元购买国外自动化分拣设备。

在对待员工上，尤其是一线快递员，王卫一点儿都不含糊。王卫常常介绍说：“快递员才是顺丰最可爱的人，我不要用‘投递员’去称呼他们，而是用‘孩子’。”

在王卫看来，员工就是企业的一切。2016 年 4 月，一名快递员在派件过程中与一辆黑色小轿车发生轻微碰撞，其后，小轿车车主连抽快递员耳光，同时伴有侮辱性语言。

此次事件发生后，整个互联网都在转发顺丰快递员被打信息。王卫得知后发朋友圈表明自己的态度：“我王卫向着所有的朋友声明！如果我这事不追究到底！我不再配做顺丰总裁！”

2016 年，王卫在朋友圈一共发了两个主题，其中一条就是顺丰快递员被打事件。事后，多位顺丰员工在接受媒体采访时说：“在顺丰的日子，虽然很累，但也很快乐。”员工的理由是，“有这样的老板，精神上重视你，物质上不亏待你，你能不好好干吗？”

当员工的忠诚度提升时，王卫也在通过顺丰这个平台让员工更有尊严地工作。为此，王卫每年专门安排一周时间去派送。其间，王卫骑着电瓶车边收边送，同时还了解巴枪、背包等物料使用和员工劳动强度，以及快递员的待遇情况。

王卫的理由是：“我们很多管理层都说在研究市场，我经常跟他们说，不要研究这个，你应该研究的是如何帮助一线、二线员工做好收派工作，了解他们在自己的岗位上有什么需求和困难。他们都处在市场竞争的最前沿，对于市场最有发言权。如果你把一线、二线的问题都解决了，客户的问题也就迎刃而解，发展的问题也就解决了大半。这是要用心来经营的行业，绝对不是仅仅有钱就可以搞定的。”2017 年 2 月 24 日，王卫把那位被打的快递员邀请到上市现场，与他一起敲钟。

# 第三章

# 天下货运，唯快不破

如果按照国际的标准看，这 2,000 多公里用 24 小时送达并不是什么特有挑战的事情，只是在国内好像是，很少有人用飞机直运的一些快件，我用了。但是这在国际上实属正常，用飞机运快件，甚至用货运专机运快件，我认为这在国际上是很常见的做法，所以我并不认为我做的很超前很牛，我只是（做了）人家做到的。

—— 顺丰创始人 王卫

## 快递不快，不叫快递

王卫曾经直言，在快递行业，要想赢得顾客的满意度，极致的服务尤为重要，其中就包括快。对此，王卫在接受中央电视台财经频道采访时坦言：“我认为，取决于你是用国内的标准看，还是用国际的标准看。如果按照国际的标准看，这 2,000 多公里用 24 小时送达并不是什么特有挑战的事情，只是在国内好像是，很少有人用飞机直运的一些快件，我用了。但是这在国际上实属正常，用飞机运快件，甚至用货运专机运快件，我认为这在国际上是很常见的做法，所以我并不认为我做的很超前很牛，我只是（做了）人家做到的。在中国，按照国内，再按照我自己的一些理想追求去把这些东西实现而已。对我来讲，我认为，自己相对满意的服务才愿意拿出来给客户，有一些东西是我不断在追求体现我自己对快的一种理念，所以我自己不断在追求一些更科学的方式，或者更不同的交通模式来实现一种所谓的快。从我认知的快，跟我追求的快，跟我今天做到的快还有差距，可能大家认为，我快是因为其他人慢，但是我自己不认为顺丰有多快。”

在王卫看来，快递不快，那自然就不叫快递，而叫慢递。顾客的认可度就极低。

## 快递不快，不叫快递，而叫慢递

2002 年，王卫完成了各个加盟网点的收权，顺丰由此进入直营模式。不仅如此，王卫为了更好地执行直营模式，在深圳设立总部。

顺丰完成阶段性变革后，王卫同时也在细分自己的市场，将顺丰的快递业务细分到高端快递。

2003年，“非典”事件爆发后，大家都闭门不出，大街上空空荡荡。对于危机来说，如果处理得当，危中有机。正如老子在《道德经》中所言：“祸兮，福之所倚；福兮，祸之所伏。”

面对“非典”事件，企业家的果断处置必然赢得机会。例如，京东创始人刘强东，曾经在一次媒体采访中谈到，京东第一次遭遇巨大危机事件，就是2003年“非典”。

为了员工的安全，刘强东下令关闭京东所有的线下门店，其影响非常大。刘强东经营的中关村店在短短的一个月内，就亏损百万元。

在实体门店没有任何收入的境况下，京东不得不从零开始做电商，结果“无心插柳柳成荫”，今日京东的成功离不开当年的“非典”事件。

除了刘强东，顺丰创始人王卫也同样在此次危机中发现了巨大的商机，甚至让顺丰迎来更大的发展机遇。

据了解，在“非典”疫情期间，由于出差和旅客的锐减，航空公司的生意因此一落千丈。航空公司不得不通过调低售价等促销手段来拉升旅客出行的热情。

当航空公司下调运费时，王卫却看到了其中的商业机会。2003年年初，王卫顺势与扬子江快运签订协议，包下5架飞机。王卫由此创造了中国首个民营快递企业“上天”的纪录，为顺丰快递实现的“快”打下坚实的基础，奠定了顺丰在快递行业中的江湖地位。

为了保证顺丰的快，王卫不仅采用直营模式，同时还巨额投入，满足客户的需求。回顾王卫的创业历程，在创业初期，王卫只做小件的快递业务。

王卫认为，顺丰快递的业务选择在1千克内，收取不超过20元的快递费。

王卫这样做的理由很清楚，尽可能地将竞争者区隔开来。由此，王卫给自己立了规矩——重货快递业务不做，但凡与四大国际快递重叠的高端快递业务不做，同城低端五六元的快递业务也不做，甚至拒绝了跨国企业摩托罗拉的海量订单。

## “现在我们竞争的，绝对不是同行的快递公司”

面对中国竞争者的快速崛起，联邦快递把顺丰视为即将威胁自己的对手。于是，启动并购顺丰的战略。

2004 年，联邦快递打算以 50 亿元的价格并购顺丰快递。当联邦快递的并购意向送达王卫手里时，王卫断然拒绝了。

当时，顺丰销售额仅为 13 亿元，足以说明联邦快递的战略眼光。在很长一段时间内，王卫拒绝资本，因此被视为“不见 PE、VC 的人”的企业家。

查阅王卫的融资记录发现，王卫不是不缺资金，而是他明白资本的“两面性”。为此，王卫为了 420 万元的贷款，曾将顺丰抵押给中国银行。

当然，王卫此举并不意味着保守，反而显示出其企业家的冒险特质。为此，有人这样评价王卫：“王卫很勇，他有胆子不断扩张，赚 10 块再拿 8 块去开新商铺。”

从上述两方面的解读可以看出，面对漫漫长路，王卫有着自己的战略判断，既有审慎，同时更有梦想——做“中国的联邦快递”。

为了打造更快的顺丰，公司不仅投入科技手段，还把人工智能引入顺丰的工作流程中来。对此，当中央电视台财经频道在以“从这一点上看，我们怎么做就能够更好地提升顺丰的速度”提纲采访王卫时，王卫的回答务实而理性：

其实你说大数据，人工智能不是对物流行业，是对全世界所有行业都有颠覆性的变化。这个颠覆性的变化，是在于我们不能去预计五年以后，有些公司还在，有些公司已经不在，或者有一些公司会突然出来统治这个世界。

其实我一直在强调科技。现在我们真正所要面对的竞争，绝对不是同行的快递公司或者是物流公司。我认为，我们未来要面对的绝对是科技含量很高的公司，而在这个里面，你说互联网的速度，科技的速度，今天跟传统行业比，所有的传统行业都比不上这种互联网迭代的速度。

在王卫看来，在未来快递竞争中，提升快递速度的动力，不是与同行的竞争，而是像谷歌一样的高科技公司。王卫坦言：“科技的核心是人才，顺丰拿什么吸引最顶尖的人才？”王卫的忧虑是有道理的，对于顶尖人才来讲，在一个优秀的科技公司和一个优秀公司的 IT 部中做出选择，答案肯定是前者。

对此,《南方日报》以“顺丰如何以科技创新和人才发展推动高质量发展，为用户提供更好的服务”为提纲采访了王卫。

王卫答道：

顺丰发展最大的挑战之一，是物流和科技两种文化的融合。未来跨行业的竞争中，面对的竞争对手是 IT 公司。科技的竞争重点是技术的竞争，核心是人才的竞争，你没有人才就不可能跟这些科技公司竞争。

什么样的顺丰能够建立起吸引人才的环境？这个问题很重要。你想象顶尖人才会去像谷歌、百度一样的 IT 公司，还是企业 IT 部呢？他们可能首先会考虑去前者。

传统的物流企业中，基本上只有一个 IT 部门，这样的结构，就决定了企业没有和科技公司竞争的可能性。因此，从管理布局上搭建科技环境非常重要，这是我们成立顺丰科技的初衷。

2015 年，我们又做了另一个动作，将顺丰科技与集团合并，科技管理顺丰速运，科技成了速运的“老板”。

这个决策带来的最大改变是，集团有一套科技激励机制、管理机制和科技文化，我们请懂科技的人来管理企业。

坦白地说，我有物流的基因，但一讲很多 IT 的东西就讲不通，我会追求科技创新，但我不会讲科技圈的语言。所以我们要做这个很大的变化，用科技引领集团。

通过科技对系统的优化，我们可以将过往的操作模式进行重构，从结构上降低成本。举个例子，通过人工智能下单系统对呼叫中心进行改革，2017 年顺丰就节省了 2 万名人力。[9]

在王卫看来，顺丰从管理架构入手搭建科技环境，目的就是让科技有效地提升顺丰的速度。

在科技投入上，王卫可是毫不吝啬。早在 2009 年年底，中国民航总局发布一条公告，虽然没有引起很多用户的关注，但是这个不起眼的公告却

9 戴晓晓 . 胡良光 . 鲁力 . 对话王卫：顺丰科技是速运的“老板”[N]. 南方日报，2018-05-27.

对外展示了一个新高度的快递行业入局者。究其原因，此公告意味着顺丰航空正式获准运营——顺丰申请建立航空公司并一次性购买两架属于自己的快运飞机。

王卫此举，使顺丰迎来了中国民营快递企业首次拥有自己快运飞机的时代。截至 2011 年，顺丰快递销售额已经达到 150 亿元，拥有 15 万名员工，年平均增长率 50%、利润率 30%。

经过二十多年的发展，王卫布局的顺丰快递获得高速发展，离不开其三驾马车（直营模式、高端定位以及航空运输）。

## 顺丰标准作业服务

在王卫看来，快递不快，就不叫快递。为此，如何快就成为顺丰亟须解决的难题。

随着顺丰整体服务水平的提升，尤其是质的飞跃，此刻的王卫，目标不再局限为只做中国民营快递业巨头，而是将顺丰打造成为中国的“联邦快递”。

要想成为中国的“联邦快递”，不仅需要较好的服务质量，同时还需要一个硬要求——“快”。为了让顺丰“快”起来，王卫给顺丰的发展划定了一个较为明确的基调，在专攻中高端快递市场的过程中，以商务件为主，进行差异化切割。

时隔多年，王卫解释了当时的做法：“我们研究电商的供应链特点、价格特点，对照我们现有的资源，研究怎么样做一个更好的匹配。对于电商，我们也在研究如何提高它们的产品附加值和客户满意度。”

在当时，由于快递行业普遍缺乏规范化的管理，王卫反其道行之。为了让顺丰更快，王卫制定了一系列的标准。

王卫说道："顺丰能够走到今天，有一处和其他快递公司不一样的地方，那就是差异化的竞争策略。我们所提供的快递服务和自身的市场定位，与其他快递公司是不太一样的……在快递行业，赢得口碑和市场满意度是相当重要的。"

研究专家刘志则和张吕清曾撰文称："顺丰的服务做到了标准作业，比如 1 小时内上门取件、全国联网 36 小时送达。顺丰对一线收派员服务进行严格管理，严格履行'限时送达'的服务承诺，重塑了整个快递行业形象。"

在刘志则和张吕清看来，顺丰标准作业服务重树了快递行业形象，尤其是随着中国经济的整体升级和电子商务的持续繁荣，顺丰的业绩突飞猛进。

在王卫的指导下，顺丰标准作业服务举措开花结果，效果非常明显。数据显示，此刻的顺丰，已是国内首屈一指的快递巨头，牢牢地占据了中国快递市场 18% 的市场份额，而且占据的是利润丰厚的中高端快递市场。

数据显示，截至 2006 年，顺丰在国内就已经拥有了两个分拨中心、52 个中转场，拥有 2,000 多台干线中转车辆以及 1,100 多个营业网点，成为一家拥有通达国内外的庞大物流网络。顺丰不仅提供配送端的高质量物流服务，还延伸至价值链前端的产、供、销、配等环节，以客户需求出发，利用大数据分析和云计算技术，为客户提供仓储管理、销售预测、大数据分析、结算管理等一体化的综合物流服务。同时还是一家具有网络规模优势的智能物流运营商，一家具有"天网 + 地网 + 信息网"三网合一、可覆盖国内外的综合物流服务运营商。

2018年年初，中国国家邮政局就全程时限、运输时限、投递时限、72小时准时率等6个维度对国内10家快递服务品牌在2017年的表现进行排名，其中顺丰综合排名第一。

顺丰之所以能够取得如此好的业绩，离不开顺丰标准作业服务，尤其是顺丰的差异化。就是因为如此，顺丰快递在快递行业中脱颖而出。

## 构建直营物流

为了让快递更快，王卫通过重资产模式扩张，其中包括构建直营物流，因此引发媒体关于高资产负债率的质疑。

2018年1月，针对顺丰的高资产负债率问题，尤其是顺丰负债达到300亿元，资产负债率已经提高至46%时，媒体和研究者对此颇为关注。

这一数值比韵达股份（33%）、申通快递（19%）和圆通速递（31%）等A股同行的资产负债率高出许多，再加上很多人也不了解顺丰的重资产模式，于是质疑顺丰高负债的声音就产生了。

对此，顺丰控股董事会秘书甘玲在接受媒体采访时解释称，直营模式的重资产与加盟模式的轻资产不同，其经营的财务数据也不可同日而语。

## 直营重资产模式必然提升高资产负债率

对于任何一个企业来讲，资产负债率都不是一个陌生的概念。所谓资产负债率是指企业在期末负债总额除以资产总额的百分比。

其计算公式如下：

$$资产负债率=\frac{负债总额}{资产总额}\times 100\%$$

通俗地讲，企业资产负债率作为一个经营指标，反映的是债权人所提供的资本占全部资本的比例，也往往被称为举债经营比率。当资产负债率达到了 100% 或者超过 100% 时，这就说明，某企业已没有净资产或者资不抵债了。

在这里，需要搞清楚两个概念，第一，企业资产负债总额。所谓企业资产负债总额，是指企业承担的各项负债的总和，包括流动负债和长期负债。

第二，企业资产总额。所谓企业资产总额，是指企业拥有的各项资产的总和，包括流动资产和长期资产。

从企业资产负债率的定义中不难看出，当资产负债率低于 100% 时，就意味着企业相对安全。由于顺丰采用的是重资产自营模式，无疑会拉升其高资产负债率。

面对媒体的质疑，顺丰控股董事会秘书甘玲解释道："作为国内唯一上市的直营快递物流企业，顺丰 2018 年三季度末的资产规模高达 660 亿元，目前的负债率和全球著名的直营快递企业相比，仍属较低水平，德国邮政 DHL、联邦快递、UPS 全球前三大快递公司资产负债率在 70% 左右。"

据甘玲介绍，顺丰致力于长远发展，持续提升自己的竞争力，为股东创造价值，无疑需要不惧未来。

数据显示，2017 年年底，顺丰资产负债率为 43%，而 2019 年 1 月的资产负债率为 46%，相比上升三个百分点，但是顺丰的财务状况依然很健康。

与此同时，顺丰公告称，为满足公司境内外业务发展需求，降低融资成本，优化债务结构，公司董事会会议审议通过议案，同意公司通过下属全资子公司深圳顺丰泰森控股（集团）有限公司及 SF Holding Investment Limited 在境内外发行不超过等值人民币 160 亿元（含 160 亿元）债务融资产品，具体发行以相应监管机构备案、核准、注册结果以及市场情况为准。[10]

## 着重长远规划

众所周知，重资产模式就意味着负债相对较高，但是在可控的范围内。为此，甘玲说道：“从目前来看，顺丰控股资金流动性非常健康。”

据《证券时报》报道，截至 2018 年 9 月 30 日，顺丰持有的货币资金高达 105 亿元。在 2017 年全年，顺丰的经营活动现金流超过 1,200 亿元、经营活动现金流净额达到 61 亿元，利息覆盖率达到 18.1 倍，目前有超过 600 亿元银行授信额度尚未使用。[11]

从《证券时报》报道的数据可以看出，顺丰获取资金的能力依然较强，不仅如此，由于顺丰的财务表现不俗，标普把顺丰 2018 年评为 A-、穆迪把顺丰 2018 年评为 A3、惠誉把顺丰 2018 年评为 A-。

在接受《证券时报》采访时，甘玲介绍道：“公司着重长远的战略规划，积极布局未来，不断加强企业的竞争力，财务数据的变化是公司短期战略调整所需，从长期来看，公司的财务状况会更为积极、健康，公司也会给各类股东以更好的回报。”

之前一些股东，例如嘉强顺风等减持顺丰股份，在甘玲看来，顺丰虽

---

10 骆民 . 顺丰控股子公司拟在境内外发行不超等值人民币 160 亿元债务融资产品 [N]. 上海证券报，2019-01-03.

11 王小伟 . 顺丰控股释疑“300 亿负债”：与直营物流模式有关 低于国际对标巨头 [N]. 证券时报，2019-01-18.

然负债率较高，但是其资金较为充裕，财务也很稳健。甘玲说道："公司上市之前引入的股东均较为关注长期投资价值，过去五年来，这些股东为公司引入不少优质业务，引荐核心人才。他们也高度认可顺丰的长远战略规划。顺丰的愿景是通过加强科技和供应链行业解决方案能力，成为一家科技驱动的综合物流服务企业。2018 年通过一系列的投资项目，公司整合了不少境内外物流行业一流的科技和供应链公司，在短短一年间获取了需要多年才能建立的行业解决方案能力，为公司成为科技驱动的行业解决方案服务公司迈进一大步。"

正是顺丰制订了较为完整的中长期规划，其做法得到一些长线基金的认可。甘玲介绍道："根据公开信息，许多知名投资基金也已经开始悄悄布局顺丰，除了国内著名私募股权基金，更有来自欧美、东南亚、中东等地的主权基金或者顶级投资机构。"

## 投资机场枢纽

在王卫看来，"快"是顺丰火箭发展速度的关键之一。为了高效支撑"快"，顺丰因此拥有自己的快运飞机。据了解，目前顺丰航空全货机拥有 39 架。

航空货运业务，是顺丰的优势之一。不仅如此，顺丰机场也将有序开建。2019 年 1 月，中国国家发改委发布关于新建湖北鄂州民用机场工程可行性研究报告的批复，其内容如下。[12]

---

12 国家发改委发布关于新建湖北鄂州民用机场工程可行性研究报的批复 [EB/OL].2018. http://www.ndrc.gov.cn/gzdt/201901/t20190116_925677.html.

国家发展改革委关于新建湖北鄂州

民用机场工程可行性研究报告的批复

发改基础〔2019〕53号

湖北省发展改革委：

你委《关于审批新建鄂州民用机场工程可行性研究报告的请示》（鄂发改交通〔2018〕428号）及有关材料均悉。经研究，现批复如下。

一、为贯彻推动长江经济带发展等国家战略，促进区域经济社会协调发展，完善区域综合交通运输体系，适应航空货运发展需求，提升应急救援保障能力，同意新建鄂州民用机场。

二、主要建设内容及规模

本期工程飞行区跑道和滑行道系统按满足2030年旅客吞吐量150万人次、货邮吞吐量330万吨的目标设计，航站区、转运中心等设施按满足2025年旅客吞吐量100万人次、货邮吞吐量245万吨的目标设计，飞行区等级指标4E。主要建设内容包括：

（一）机场工程：建设东、西2条远距平行跑道及滑行道系统，跑道长3,600米、宽45米，跑道间距1,900米，主降方向均设置II类精密进近系统，次降方向均设置I类精密进近系统，建设1.5万平方米的航站楼、2.4万平方米的货运用房、124个机位的站坪，配套建设空管、消防救援、供电、供水等设施。

（二）转运中心及顺丰航空公司基地工程：转运中心工程，建设67.8万平方米的分拣中心以及分拣转运系统设备等，建设4.1万平方米的海关、安检、顺丰公司办公业务用房及配套设施设备用房。顺丰航空公司基地工程，建设15.5万平方米的机务维修设施，3.1万平方米的地面及勤务设施，19.8万平方米的综合保障用房等。

（三）供油工程：建设4万立方米的机场油库，1个5,000吨级的码头泊位，以及航空加油站、输油管线等。

三、项目总投资及资金来源

项目总投资为320.63亿元，由机场工程、转运中心及顺丰航空公司基地工程、供油工程三部分组成，各部分出资如下：

（一）机场工程投资158.57亿元。项目资本金占总投资的50%，约79.29亿元，其中：我委安排中央预算内投资8.2亿元，民航局安排民航发展基金16.4亿元。其余资本金54.69亿元由湖北省人民政府、深圳市农银空港投资有限公司、深圳顺丰泰森控股（集团）有限公司按49:5:46的比例出资，分别为26.8亿元、2.73亿元和25.16亿元。湖北省人民政府安排财政资金，深圳市农银空港投资有限公司安排自有资金，深圳顺丰泰森控股（集团）有限公司安排自有资金承担。资本金以外的资金由三方成立的机场合资公司湖北国际物流机场有限公司申请银行贷款解决。

（二）转运中心工程投资115.29亿元，顺丰航空公司基地工程投资37.52亿元，共计152.81亿元，均由深圳顺丰泰森控股（集团）有限公司负责筹措。

（三）供油工程投资9.25亿元，由中国航空油料有限责任公司负责筹措。

四、湖北国际物流机场有限公司作为机场工程项目法人，深圳顺丰泰森控股（集团）有限公司作为转运中心及顺丰航空公司基地工程项目法人，中国航空油料有限责任公司作为供油工程项目法人，负责各自项目的组织实施与管理。

五、本项目勘察、设计、施工、监理和重要设备材料采购等均采用公开招标，招标组织形式除转运中心及顺丰航空公司基地工程为自行招标以外，其他工程均为委托招标。

六、在后续阶段，重点做好以下工作：

（一）会同军民航相关单位，深入研究、优化地区空域结构，加快推进军民航武汉管制区和航路网调整工作，优化本场进离场程序。

（二）积极开展环境影响评价的报批工作，结合本机场运行特点，统筹研究飞机运行模式与噪声影响控制等工作。

（三）进一步优化机场总平面布置，严格控制项目用地规模，并按照国家和地方相关文件，落实耕地占补平衡方案及林地恢复措施，切实做好移民安置工作。

（四）根据机场周边综合交通规划，进一步优化机场地面交通集疏运建设方案；抓紧落实场外配套工程的建设方案和资金来源，确保与机场工程同步建成投入使用。

（五）将机场总体规划纳入城市总体规划和土地利用总体规划，切实严格控制机场周边用地的规划与建设，做好机场净空条件与电磁环境的保护，确保机场的安全运行。

国家发展改革委

2019 年 1 月 11 日

此批复意味着顺丰已经致力于提升“快”战略。甘玲曾分析称，专业物流枢纽是顺丰提升国际物流优势的关键点，对于顺丰意义重大。

究其原因，作为全球第四个、亚洲第一个专业货运机场的湖北鄂州民用机场，对于顺丰来说，其战略意义非同小可。

第一，战略位置重要。据了解，鄂州位于湖北省东部、长江中游南岸，是湖北省省辖市，武汉城市圈和长江中游城市群重要成员，鄂东水陆交通枢纽之一。

正因为如此，王卫看中了该机场非常重要的战略位置，两小时航程可送达中国 90% 的地区，满足中高端客户精准时效的物流服务需求。

另外，鄂州拥有便利的交通条件，尤其拥有公路、铁路、水路、航空的优势，打造空铁陆水多式联运的核心优势，顺丰的布局就是为率先抢占多式联运蓝海市场打下基础。

第二，网络覆盖能力增强。顺丰通过鄂州枢纽机场，将提升顺丰覆盖广、成本低、效率高的轮辐式航空网络，有效地发挥快、稳、广的功能优势，甚至未来在中国可实现超过 250 个国内城市互寄次日可达的网络覆盖能力。

第三，降低单件运输成本。轴辐射式的枢纽可大幅减少对开的航线需求，降低航空运输成本。另外，其中转功能可助推极强的集货效应，允许公司采用更大型的宽体飞机（空客 A350/A380 及波音 757/767 等）运输货物，降低单件运输成本。

第四，既推动鄂州当地经济发展，也为顺丰业务未来发展提供稳定的物流需求。在投资该项目中，顺丰积极打造鄂州机场和口岸，尤其是以航空与物流作为契合点，与鄂州政府一起聚焦发展医疗、汽车 / 电子零配件、生鲜等高端产业和仓储中心，不仅促进鄂州当地的经济发展，同时为顺丰业务未来发展提供稳定的物流需求。[13]

---

13　王小伟 . 顺丰控股释疑“300 亿负债”：与直营物流模式有关 低于国际对标巨头 [N]. 证券时报，2019-01-18.

第五，提供综合物流解决方案。当机场项目完成后，顺丰增加快速集散、仓储、供应链服务、综合保税、进出口、多式联运等一系列服务项目。此刻的顺丰，不再是单一的快递企业，而是一个能够为客户提供全方位、多样化的综合物流解决方案的全渠道的整合者。与此同时，也保证了顺丰的时效、经济、重货、冷运等板块的业务的正常开展。

# 第四章

# 夯实 B2B，<br>敢于创新

顺丰长久以来一直积极拓展企业服务领域的能力，向着成为客户心目中最佳的一体化综合物流解决方案服务商方向迈进。与 DPDHL 集团的合作将增强顺丰在各个行业领域供应链服务的实力，同时，使我们得以将领先的管理经验注入供应链业务运营中，成为更懂客户的供应链解决方案服务商。

——顺丰创始人 王卫

## B 端话语权

2018年10月26日晚间，顺丰控股披露了一则重磅公告。据该公告显示，为了进一步提升综合物流解决方案能力、完善供应链及合同物流领域的战略布局，2018年10月26日，顺丰控股股份有限公司（以下简称“顺丰控股”或“公司”“上市公司”）与 Deutsche Post DHL Group（以下简称“DPDHL”或“德国邮政敦豪集团”）达成战略合作，顺丰控股将整合 DPDHL 在中国内地、香港和澳门地区的供应链业务。

这意味着此交易并不牵涉 DPDHL 集团在中华区的其他业务，诸如国际快递、货运及电子商务物流解决方案等。

根据此项调整，尤其是顺丰与 DPDHL 达成战略合作，主要是通过并购的方式整合 DPDHL 在中国内地、香港及澳门地区的供应链管理业务、管理团队和相关科技技术，旨在提升自身的 B2B（企业对企业）竞争力。

## 夯实 B2B

在王卫看来，只有给客户提供极致的服务，才是提升竞争力的关键所在，这也是顺丰成为隐形冠军的撒手锏。正是因为顺丰给客户提供极致的服务，所以才赢得众多客户的认可，不仅如此，顺丰还赢得国家邮政局的“官方认可”。

2018年年初，国家邮政局就全程时限、寄出地处理时限、运输时限、寄达地处理时限、投递时限、72小时准时率6个维度对中国境内2016年国内快递业务总量排名靠前且服务水平较好的10家全网型快递服务品牌在

2017年的表现进行排名，快递企业总体满意度排名和得分依次为：顺丰速运（83.4分）、邮政EMS（79.9分）、中通快递（76.8分）、韵达快递（76.5分）、圆通速递（75.0分）、申通快递（74.1分）、百世快递（74.0分）、宅急送快运（71.9分）、天天快递（70.9分）和快捷快递（67.3分），其中顺丰综合排名第一。

另外，国家邮政局发布的“邮政局关于2017年快递服务满意度调查结果的通告”还显示：

在受理环节，普通电话受理、统一客服受理、网络下单满意度得分分别为86.7分、82.8分、83.9分，与2016年相比均有改善。各快递企业在普通电话受理服务方面差异较小，服务均达到较高水平；各快递企业在统一客服受理方面差异较大；网络受理作为一种新型受理方式得到用户认可，但仍有进一步提升空间。在受理环节表现较好的企业有：顺丰速运、中通快递和韵达快递。

…………

在投递环节，签收信息反馈满意度得分为79.6分，较2016年上升2.4分，进步明显；时限感知、送达质量、送达范围感知以及派件员服务满意度得分分别为78.2分、83.3分、79.0分、83.1分。投递环节表现较好的企业有：顺丰速运、中通快递和邮政EMS。

在售后环节，查询服务表现最好，满意度得分为86.5分，相较2016年上升0.4分；投诉服务满意度得分较低，为50.3分，较2016年下降1.1分。售后环节表现较好的企业有：顺丰速运、韵达快递和中通快递。

这份通告足以说明，顺丰的快递时效异常突出，其表现非常强劲，客户对此十分满意。因此，顺丰在 2017 年交出了一份不错的财报。

根据“2017 年顺丰控股股份有限公司年度报告”显示，2017 年度，顺丰控股实现营业收入 710.94 亿元，增幅 23.68%；归属上市公司净利润 47.71 亿元，同比增长 14.12%。

此次年报还披露了新业务的收入占比。年报显示，重货、冷运、同城配送、国际等新业务占收入比从 2016 年的 9.9% 上升至 2017 年的 13.5%。

通过研读财报顺丰公司发现，虽然新业务收入的提升异常明显，但是其潜力依然可挖，尤其是在 B2B 业务这块。

为了更好地拓展 B2B 业务，顺丰激进的做法就在情理之中。这也是顺丰耗资 55 亿元人民币并购 DPDHL 在华供应链业务的一个关键原因。

根据顺丰公开的文件显示，上市公司的全资子公司顺丰控股有限公司（SF Holding Limited，以下简称“顺丰香港”）与 DPDHL 下属子公司 Deutsche Post Beteiligungen Holding Gmbh（以下简称“德邮控股”）、Ocean Overseas Holdings Limited（以下简称“海洋控股”）以及 Dhl Global Forwarding (Hongkong) Ltd.［敦豪全球货运物流（香港）有限公司，以下简称“敦豪货运”］于 2018 年 10 月 26 日签署了《股份出售与购买总协议》，各方一致同意顺丰香港以现金方式收购德邮控股与海洋控股所持有的 DHL Supply Chain (Hongkong) Limited［敦豪供应链(香港)有限公司，以下简称“敦豪香港”］的 100% 股权和敦豪货运持有的敦豪物流（北京）有限公司（以下简称“敦豪北京”）的 100% 股权（“本次交易”）［敦豪供应链（香港）有限公司、敦豪物流（北京）有限公司及其下属公司合称“标的公司”］，敦豪北京和敦豪香港为 DPDHL 在中国内地、香港和澳门地区的供应链业务板块经营主体。本次交易总对价为人民币 55 亿元。交易完成后，顺丰香港或其指定的全资子公司（以下简称“顺丰香港子公司”）将成为敦豪香港和敦豪北京的唯一股东。

当此次交易完成后，意味着顺丰向 B2B 业务的一次探索和尝试。对于供应链和 B2B 业务，美团创始人王兴坦言：“最近一段时间里，我的判断是下一波中国互联网如果想回暖的话，一个非常重要的方向是由供应链和 B2B 行业的创新来驱动的，所以这是供给侧。回到我说他们过去存在的问题以及可能有的解决方案，如果要做改革的话，有哪些变化可能实现他们的创新，实现效率成本改变？”

在 B2B 业务的拓展中，王卫同样有着自己的盘算，与业务量份额相比，顺丰不仅注重其营业收入的总体质量，同时更注重为中高端客户提供极致的服务。

在未来的战略调整中，顺丰致力于提供综合物流服务，在拓展 4,000 亿传统快件配送市场的同时，更是 12 万亿大物流的蓝海市场。尤其是在如今的“互联网 +”时代，顺丰在持续深耕这两个蓝海市场时，通过大数据分析和云计算技术在了解客户需求、解决客户痛点、成就客户发展的同时，精准地为客户提供仓储管理、销售预测、大数据分析、物流配送、金融管理等一揽子解决方案。

当顺丰收购 B2B 业务见长的 DPDHL 供应链业务后，更是如虎添翼。在升级自身产业链的过程中，加速自己的战略转型，一方面凸显王卫的未雨绸缪的商业逻辑，另一方面也说明 B2B 业务在顺丰中的战略意义。

## 为客户打造一站式的综合物流解决方案

在丛林法则中，只有强强合作，才能起到“马太效应”。回顾王卫的合作，不管是 UPS 快递（United Parcel Service）、美国夏晖集团（HAVI Group），还是 DPDHL，王卫更倾向于与行业强者合作。

在此次并购 DPDHL 的业务中，研究者对此异常看好。

之所以能够赢得研究者的高度认可，是因为王卫在 B2B 业务的布局，尤其是 B2B 业务为顺丰未来提供源源不断的现金流。对此，王卫宣称，顺丰做 B2B 业务尽管没有充足的经验，但是不能错过其机会，甚至是必须现在去做，原因是一些大型集团客户需求发生了很大的变化。

为了更好地打通整个供应链，顺丰甚至还希望把自己所有的物流服务都外包给一家物流公司。基于此，此次并购，源于顺丰的底层逻辑——为客户打造一站式的综合物流解决方案。

王卫对外坦言：“国际四大快递巨头今天的组织架构和商业模式，就可以作为顺丰未来中长期发展的参考，国内目前那种分散招商，大宗物流给一个供应商，快递给一个供应商，仓储、电商配送等又给一个供应商的操作模式，在不久的将来就可能会有所调整，因此，现在就必须投入资源去做好。”

在王卫看来，DPDHL 之所以能够做成全球最大的国际快递和供应链公司，一定有很多制度和技术需要借鉴和学习，尤其是 DPDHL 的供应业务更是如此。

在 DPDHL 的中国官网显示，其核心业务有三个：快递业务（DPDHL Express）、全球货运（DPDHL Global Forwarding）和供应链（DPDHL

Supply Chain）。

凭借三大核心业务服务，DPDHL的业务覆盖全球100多个国家和地区。在供应链业务中，DPDHL作为全球最大的合同物流服务商，向全球50多个国家和地区的大企业客户提供全价值链的定制外包物流解决方案。

根据DPDHL中国官网显示，当笔者点击“解决方案和专业知识”后显示：

我们提供广泛的解决方案和定制化服务以满足您的特定业务需求。我们的目标是优化和改善您的供应链，帮助您获得竞争优势。

使用我们如下提供的解决方案查找器，为您的业务找到合适的解决方案。

王卫正因为看到DPDHL供应链业务的优势，尤其是中国区是DPDHL的成熟业务之一，其销售业绩较为稳定。数据显示，DPDHL供应链业务在2017年全年收入达35亿元人民币。

正因为如此，王卫的战略目标十分明晰——全球标准的一体化综合物流解决方案服务商。根据“2017年顺丰控股股份有限公司年度报告”显示：

顺丰控股是国内领先的快递物流综合服务商，经过多年发展，已初步建立为客户提供一体化综合物流解决方案的能力，不仅提供配送端的高质量物流服务，还延伸至价值链前端的产、供、销、配等环节，以客户需求出发，利用大数据分析和云计算技术，为客户提供仓储管理、销售预测、大数据分析、金融管理等一揽子解决方案。公司的物流产品主要包含：时效快递、经济快递、同城配送、仓储服务、国际快递等多种快递服务，物流普运、重货快运等重货运输服务，以及为食品和医药领域的客户提供冷链运输服务。此外，顺丰控股还提供保价、代收货款等增值服务，以满足客户个性化需求。

基于不同行业、客户群、场景的需求多样化，顺丰及时升级到“以用户为中心，以需求为导向”的产品设计思维，聚焦行业特性，深挖不同场景端到端全流程客户需求，设计适合行业细分客户群的有质量的差异化产品和服务，再由产品设计牵引内部资源配置，优化产品体系。

为此，王卫结合客户的需求，为客户提供多品类、全方位的物流服务。

从“2017 年顺丰控股股份有限公司年度报告”可以看到，王卫在该领域已经布局。对此，媒体报道称，顺丰在提供配送端的高质量物流服务的同时，将服务延伸至价值链前端的产、供、销、配等环节。而这些基于顺丰在物流、科技、商业、金融等方面的资源能力，都是为了一个目的：为有需求的客户提供端到端的综合物流解决方案。

这才是王卫并购的战略逻辑。在王卫看来，并购必须是 1+1>2 的资本逻辑。理由是，2017 年 5 月，UPS 宣布，UPS 与顺丰在香港特别行政区创建合资企业；2018 年 8 月，顺丰与美国夏晖成立合资公司——“新夏晖”；2018 年 10 月，顺丰收购 DPDHL 在华供应链业务。不管是创建合资企业，还是收购，顺丰的目的是围绕产业发展重心，选择与各个专业领域的领先者强势合作，最终实现品牌的优势结合，有效地实现市场和技术互补，同时还通过投资的方式获得稀缺性战略资源。

对于顺丰的“重资产模式”来说，与 DPDHL 的轻资产运营模式不同的是，顺丰可以借鉴 DPDHL 完善的现代企业管理、技术等。对于 DPDHL 来说，也可以通过借助顺丰储备的土地、仓储设施、交通运输设备等基础性资源，有效地降低 DPDHL 的诸多成本。

对此，DPDHL 集团全球首席执行官弗兰克·阿佩尔（Frank Appel）坦言：“DPDHL 集团和顺丰强强联合，将打造一个独一无二的平台，满足中国市场对优质端到供应链服务的需求。顺丰在中国市场拥有丰富的经验，可以为我们各行各业诸如科技、医疗保健、零售、汽车及电子商务等领域的客户创造优势。配合我们卓越的全球运营标准和广大网络支持，将令我们的供应链业务如虎添翼，同时夯实一个坚实的基础，使得我们今后在中国市场可以继续大步发展，寻觅更多的机遇。”

## 敢于创新

收入质量和业务量份额相比，王卫更注重前者，尤其是更注重为中高端客户提供优质的服务。

对此，王卫曾倡导一系列的变革。2014 年，为了更好地提供优质的服务，顺丰大刀阔斧地进行了一系列变革，提出“嘿客”经营模式，同时还收购了全国各地优质的落地配企业……

在风起云涌的变革中，王卫始终保持理性，面对变革后的顺丰，王卫反思失败的原因并积极寻求解决办法。

2014 年是顺丰成立 20 多年以来创新变革最多的一年，成立了很多事业部，开创了很多新业务，同时业务总量也是爆发式的增长。不过，虽然创新很多，但是在我看来，差不多有一半是不成功的。不成功的原因主要是我们的前期准备、规划不够充分，表现在：

一是人才准备不足。我们进入一个全新的领域，必须对这个领域方方面面的人才做好准备，而在这方面是有所欠缺的。

二是承接落地出现偏差。我们都是统一用大网来承接新业务落地，这样就出现一个两难的尴尬局面——一方面，新业务对于原来的人员来说，难度太大，需要改变的太多；另一方面，花大力气推广新业务，又会影响到传统业务的服务质量。

在王卫看来，当下的企业竞争，其重点是提升运营效率以及新业务的卡位布局。要想取得新业务卡位布局的胜利，就必须更加注重“运营、资本和创新”三驾马车。为了让这三驾马车跑得更快，通过并购和合资的方式来加速顺丰的自我创新和转型。

对于与 DPDHL 集团合作，王卫介绍道：“顺丰长久以来一直积极拓展企业服务领域的能力，向着成为客户心目中最佳的一体化综合物流解决方案服务商方向迈进。与 DPDHL 集团的合作将能增强顺丰在各个行业领域供应链服务的实力，同时，使得我们将领先的管理经验注入供应链业务运营中，成为更懂客户的供应链解决方案服务商。……通过与全球领先的 DPDHL 公司合作，将会帮助我们达成全球发展的愿景。”

## 在之前不合理的地方，重新再打造新的链条

在公司的内部发言中，王卫曾多次强调，具有“冒险精神”“敢于创新”“敢于承担”的工作态度，是一个合格员工的硬素质，同时这才是顺丰文化和

顺丰精神所推崇的。

在王卫看来，“冒险精神”和“敢于创新”是不能分开的。在顺丰的创新当中，王卫不惜重金投入，依靠科技的力量推动顺丰的创新，从而完成顺丰速度的提升。对此，王卫在接受中央电视台财经频道采访时说道：

其实我不断地强调科技的投入。我认为要依靠科技把所有的资源重新集成为数据去计算，然后系统去管理，同时利用人工智能在后台去调控，全部集合起来才行。因为未来人工智能与大数据会把各行各业全部重新塑造，打造新的链条。而这种新的链条里面对一部分企业是机会，但是对另一部分企业来讲是一个很大的风险，可能会被淘汰掉。所以我们是这样看的，看未来科技所带来的行业变化。

可能你抓得住是东风，抓不住是台风。所以在这个里面怎么跟互联网、怎么跟高科技联动这是东风，联动不上就是台风，我还是强调这一点。

所以这个里面对我们的定义来讲，我们要更快的思维不是说我们所谓的这种速度，反映在时效当中速度要怎么快。我认为首要的是，我们要快速响应客户的需求。其次，我们要跟上科技发展的速度。

如果没有这两个速度，那个所谓的速度价值不大，你理解我这个，因为后面这两个速度做到了，那个速度本就不是问题，或者我们所讲的那个速度比我们想象中还要快，更容易去实现，或者更能够符合我们客户的需要而去实现它所谓的，我要快要慢，要什么都可以。

王卫清楚，在提升顺丰速度的问题上，不能过于激进，即不能大规模地颠覆性创新，而是要根据顺丰的实际情况进行持续的创新。

大量的事实证明，对于大型企业来说，不太可能大规模地颠覆性创新，这样的可能性非常小。通常都会采取持续地创新。

基于此，像顺丰这样的大型企业，要想基业长青和永续经营，只能小规模地颠覆性创新，这或许能够成为支撑企业长盛不衰的一个路径。

与大型公司相反的是，在创新过程中，初创企业往往较为激进。为了打破大型企业的封锁，一般采用颠覆性创新，使得初创企业脱颖而出。

所谓颠覆性创新，其理论是由 Innosight 公司创始人、哈佛大学商学院商业管理教授克莱顿·克里斯坦森（Clayton Christensen）在哈佛大学所做的研究工作而总结提出的。

在克莱顿·克里斯坦森看来，颠覆性创新理论旨在描述新技术（革命性变革）对企业生存与发展的影响。

1997 年，在《创新者的困境：当新技术使大公司破产》（*The Innovator's Dilemma: When New Technologies Cause Great Firms to Fail*）一书中，克莱顿·克里斯坦森首次提出了“颠覆性技术”（Disruptive Technologies）这个词语。

在书中，克莱顿·克里斯坦森写道：“反复的事实让我们看到，那些由于新的消费供给范式的出现而‘亡’的企业，本应该对颠覆性技术有所预见，但却无动于衷，直至为时已晚。”

克莱顿·克里斯坦森的理由是：“只专注于他们认为该做的事情，如服务于最有利可图的顾客，聚焦边际利润最诱人的产品项目，那些大公司的领导者一直在走一条持续创新的道路，而恰是这一经营路线，为颠覆性新技术埋葬他们敞开了大门。这一悲剧之所以发生，是因为现有公司资源配置流程的设计总是以可持续创新、实现利润最大化为导向的，这一设计思想最为关注的是现有顾客以及被证明了的市场面。然而，一旦颠覆性创新出现（它是市场上现有产品更为便宜、更为方便的替代品，它直接锁定低端消费者或者产生全然一新的消费群体），现有企业便立即瘫痪”。[14]

为此，克莱顿·克里斯坦森告诫企业经营者：“他们采取的应对措施往往是转向高端市场，而不是积极防御这些新技术、固守低端市场，然而，颠覆性创新不断发展进步，一步步蚕食传统企业的市场份额，最终取代传统产品的统治地位。”

基于此，对于任何一个企业来说，在寻求新的增长业务时，通常会选择两种创新方法：第一，通过持续创新，从市场领导者手中抢夺现有市场；第二，通过破坏性创新——颠覆性创新或者开辟新的市场，或者扎根于那些现有产品的最差顾客群。

## 创新容错机制

在“互联网 +”时代，王卫忧虑的是，作为传统的快递企业，必须保持高强度的创新，特别是防范颠覆式创新对传统快递行业的冲击。其原因往往有如下两个。

第一，在技术创新引领的趋势下，不管企业经营者愿不愿意相信，其竞争者肯定会越来越关注技术创新，其结果是，竞争者关注创新使得其竞争优势增强。对于那些不投入，或者低投入创新的企业来说，无疑是不利的。

第二，随着颠覆式新技术的创新，使得行业进入的门槛变低。一些跨行业的小企业可能凭借自身的颠覆性技术涉足，从某一细分市场着手，迅

14 【美】克莱顿·克里斯坦森 . 胡建桥译 . 创新者的窘境 [M]. 北京：中信出版社，2010.

速成为某个区域的隐形冠军，进而威胁到整个行业的生存。

基于此，要想保持顺丰的竞争力，就必须洞察未来技术创新的发展方向。在王卫看来，保证顺丰创新最有效的就是满足客户需求，以及建立一套与之相对应的管理体系。

多名接受媒体采访的顺丰管理层介绍，在顺丰内部，不管是组织架构，还是业务板块，变化都很快。他们坦言："主要是有比较好的容错机制，王总（指顺丰总裁王卫）对新业务的创新还是鼓励的，这两年在公司内部谈转型的次数也比以往多了不少。"

顺丰的创新是试图打破自身的业务瓶颈。2012 年 6 月，寄予厚望的"顺丰优选"上马。此举标志着王卫开始涉足电商领域，尤其是发力中高端食品，得到媒体和研究者的广泛关注。

2013 年，在王卫的督导下，顺丰又涉足布局全国各地的社区店——"嘿客"。据了解，在顺丰内部，几年前就陆续设立了电子商务、供应链等事业部，并推出快递物流、电商物流、汽配物流、食品医药服务、金融保险服务、国际电商服务等综合服务，希望为客户打造一站式的综合物流解决方案。[15]

王卫的这些创新尝试，并不是全部得到了相应的业绩回报，有的业务板块甚至还交了不少学费。例如，为了解决物流终端最后 100 米收寄的"痛点"难题并由此创建的"嘿客"，试图解决线上与线下业务问题，结果不尽如人意，不得不更名为"顺丰优选"，与线上的电子商务业务板块合并，纳入顺丰商业事业群。

此举意味着从 2013 年开始布局全国的"嘿客"，经过两年的发展，不得不在 2015 年更名为"顺丰家"，其后，"顺丰家"也不得不再次在 2016

15　陈姗姗 . 民营快递转型　顺丰每年砸数亿做科研 [N]. 第一财经日报，2017-10-30.

年9月更名，说明了王卫在新板块业务探索过程中遭遇的不为人知的艰难。

在《“顺丰速运”转型“顺丰服务”的创新与变革》一文中，王卫写道：

1993年，我在广东顺德创立顺丰速运公司，那时我才22岁。记得当时的工作很辛苦，每天都要背着装满合同、信函、样品和报关资料的大包往返于顺德到香港的陆路通道。那时的我根本就没有想到，顺丰会发展到如今的规模，年销售额已经突破了200亿元，估值320亿元，成为可以与中国邮政EMS抗衡的民营企业。

尽管公司取得飞速的发展，但只要三个月没有创新和变革，我就会有危机四伏的感觉。很多人说，一家快递公司，需要那么多的创新吗？

我曾多次在公司的内部发言中强调，具有冒险精神、敢于创新、敢于承担，这才是顺丰文化和顺丰精神所推崇的。从1993年成立到现在已经21年了，顺丰年年都有变化，唯一不变的就是改变。比如，我们敢于打破加盟制的模式，力推直营；再比如，我们从2009年就开始筹建自有货运航空公司，并在2009年成为首家用自已的飞机运包裹的快递公司。

2013年，不管是对于我个人还是顺丰公司来说，都经历了非常大的变化。在这短短一年的时间内，我们做了好几件过去20年顺丰从来没有尝试过的大事，其中最重要的就是推动战略转型。

2013年8月19日，顺丰与元禾控股、招商局集团、中信资本签署协议，后三者总体投资不超过顺丰25%的股份，总额80亿元。这是顺丰20年来第一次引进外部股东，也让顺丰在购置土地扩张中转场和航空枢纽，以及自动化系统和自动化设备方面有了更丰厚的资金支持。

顺丰发展到今天，员工规模已经超过了20万人，如果没有这批优秀的管理人员，单靠我个人，是没有办法驾驭整个公司的局面的，而要想推动转型，最关键的就是员工思维和整个公司文化层面的改变。[16]

王卫试图探索未来的竞争力，在他看来，尽管顺丰的变革遭遇诸多挑战，但是依然要重回巅峰时刻。

王卫倡导的顺丰变革给中国企业经营者的启示是，任何时代、任何行业，中国企业经营者都必须主动地变革，主动地颠覆旧有优势，方能在与竞争者的较量中获胜。

16 王卫．“顺丰速运”转型“顺丰服务”的创新与变革 [J]. 中关村 . 2014（12）.

# 第五章

# 重货更名，顺丰上市

在国内快递行业面临着国际上四大快递巨头的竞争，一旦上市的话，就要信息披露，企业就要变得透明……所以，作为企业的老板，你一定要知道你为了什么而上市。否则，就会陷入佛语说的“背心关法，为法所困”。

——顺丰创始人 王卫

## 重货护城河

在中国快递行业，面对残酷的市场竞争，王卫不得不调整自己的战略市场，将“顺丰重货”更名为“顺丰快运”。

2018 年 8 月，顺丰启动战略调整，对旗下重货业务正式更名为快运业务，并对组织架构进行了较大调整，虽然看似一个小小的改动，却透露出顺丰战略市场的调整，以及王卫对重货业务的认可与肯定。王卫如此重视这样的布局，足以说明顺丰重货在王卫心中的分量。

## “顺丰重货”改名“顺丰快运”

根据顺丰的内部公告显示，顺丰发布了“关于发布速运事业群重货业务更名为快运业务及架构调整的通知”，正式将重货业务更名为快运业务，此次通知如下：

> 为适应市场及行业的变化，满足快运业务战略发展需要，进一步整合优化资源，提升快运业务品牌价值及市场竞争力，经公司研究决定，速运事业群重货业务更名为速运事业群快运业务，并对组织架构进行调整。

为了更好地推动重货业务的竞争力，顺丰还单独对其快运品牌进行全方位、一体化的战略调整。

根据此次顺丰发布的“关于发布速运事业群重货业务更名为快运业务及架构调整的通知”内部公告显示，为了更好地适应市场的需求，进一步整合优化资源，提升快运业务品牌价值和市场竞争力，调整组织架构，同时对重货业务的发展带来了颠覆性影响。即此次顺丰重货更名顺丰快运的战略调整预期是提升快运业务的品牌价值，以及市场竞争力。因此，王卫如此重视顺丰快运业务，并对重货业务进行更名。

据顺丰官网介绍，顺丰的重货业务分为两块：第一，中国内地地区。第二，顺丰国际重货。

纵观顺丰重货业务，从 2014 年开始，重货业务的产品体系经历了四个阶段：第一阶段，2014 年，顺丰推出物流普运；第二阶段，2015 ~ 2016 年，顺丰陆续推出重货专运（整车）和重货快运（空运）；第三阶段，2017 年 6 月，顺丰推出针对专业市场直发的专线普运；第四阶段，2018 年 1 月，顺丰推出 20 ~ 100 kg 的重货包裹和 100 ~ 500 kg 的小票零担。

从顺丰重货的发展阶段可以看出，顺丰重货的前期三个阶段不能视为真正的快运业务。其理由是，当时的顺丰重货物流普运长时间经营较低公斤段业务。

回顾顺丰的重货业务不难发现，顺丰在第二阶段才开始有所增强，虽然推出整车和空运两种运输方式，但是并非公斤段业务的延伸；在第三阶段，顺丰开始拓展专线普运，核心优势是专业市场直发，不足的是该业务产品 100 kg 以上的货量仅仅占比 10% 左右。因此，顺丰重货在前三阶段充其量是大包裹产品。

这样的境况直到 2017 年年底才有所改变。据了解，2017 年年底，顺丰重货的物流普运 100 kg 以上的货量占比 25%。

与安能物流、百世快运等 100 kg 以上货占比达到了 70% ~ 80% 相比，顺丰重货的差距依然较大。数据显示，2018 年前，顺丰在重货产品物流普运及专线普运 100 kg 以上货源与传统零担公司差距较大。

当顺丰发展到第四阶段，由此推出了 100 ~ 500 kg 的小票零担，打破 100 kg 瓶颈，真正地迈入快运范畴。在小票零担发展半年后，成立“顺丰快运”。

补齐了短板之后，顺丰相继着手提升自己的重货业务竞争力。

（1）操作能力的提升

对于之前的顺丰来说，由于自身的大件操作能力不足，同时破损率较高，自然无法有效地解决大件客户的刚性需求。

为了给客户提供极致的服务，顺丰较长时间没有做公斤段业务延伸。其后虽然推出小票零担业务，但是仍然需要解决大件的操作问题。

为了解决大件操作问题，顺丰与新邦物流合作。新邦物流作为传统的零担企业，拥有较强的大件操作能力。2018 年 4 月，顺丰与新邦物流合作成立顺心，其目的就是承接小票零担及物流普运中 100 kg 以上货物业务。因此，由新邦物流承接顺丰小票零担业务及物流普运。

（2）网络覆盖的提升

众所周知，对于任何一个快运企业来说，涉足重货业务，必须拥有覆盖较广的网络。在顺丰重货的初期阶段，通过与快递隔日达合网运营。

经过几年的发展，顺丰重货繁多的业务量无疑需要更多的网点和场地。遇到如此瓶颈后，很难再支撑顺丰重货业务的发展，于是开始了分网运营。

截至 2018 年 6 月，顺丰共计开设了 899 个重货网点，集中分布在华东、华南和西南地区，顺丰与德邦、安能、百世等网点数相比，仍有不小差距。

面对差距，顺丰急于打破自己的瓶颈，与新邦结盟，成立顺心。新邦拥有 1,150 多个网点，主要集中在华东、华南地区。顺心的成立，无疑提升了顺丰重货在华东、华南的网点密度。按照顺心的战略规划，到 2020 年，预期达到 12,000 家网点。

对于顺丰来说，网点的增加，同时也是激活零售板块的一把钥匙，顺丰最终形成类似直营 + 加盟的模式。究其原因，顺丰通过顺心加盟的方式有效地补充了网点。数据显示，当前，顺丰直营与顺心加盟网点的数量达到近 2,300 家（目前顺心出货网点为 1,300 多家）的规模，超过天地华宇的网点数量。

## 顺丰重货的贡献率占比上升

数据显示，2018 年上半年，顺丰重货的贡献率占顺丰集团总收入的 8.1%，其销售收入已经成为顺丰业务增收的主力军之一。

其主要原因是王卫将“顺丰重货”更名“顺丰快运”，调整了对组织架构，标志着顺丰向重货快运市场的转变。

作为追赶者，由于在网点、分拨、设备投入，尤其是大件操作经验的欠缺，赶超德邦零担业务，顺丰快运仍需时日。

对于任何一个企业来说，涉足新的战略点，必须果断而决绝，不能来回摇摆，否则将失去最佳的转折机会，因为机遇稍纵即逝，毕竟时不我待，尤其是中通快递和韵达快递，他们如同火箭一般的快速生长，凭借价格优势，促使王卫必须敢于做出“风萧萧兮易水寒，壮士一去兮不复还”的悲壮决策，对于此刻的重货业务也是如此。被动走出去，还不如主动迎接朝阳。

正如电视剧《亮剑》中李云龙团长理解的亮剑精神。李云龙说道：“同志们，我先来解释一下什么叫亮剑。古代剑客们在与对手狭路相逢时，无论对手有多么强大，就算对方是天下第一剑客，明知不敌，也要亮出自己的宝剑。即使倒在对手的剑下也虽败犹荣，这就是亮剑精神。任何一支部队都有自己的传统。传统是什么？传统是一种性格，是一种气质。纵然是敌众我寡，纵然是深陷重围，但是我们敢于亮剑！我们敢于战斗到最后一个人！一句话，狭路相逢勇者胜！亮剑精神就是我们这支军队的军魂！剑锋所指，所向披靡！”[17]

在王卫的指导下，顺丰取得不错的成绩。根据财报显示，2018 年上半年，顺丰控股实现营收 425.03 亿元，同比增长 32.1%，完成全年业绩承诺的 60%；归属上市公司股东净利润 22.33 亿元，同比增长 18.59%；快件量 18.58 亿票，同比增长 35.29%。

从这组数据分析，顺丰的业务板块分为两块：传统业务（时效产品、经济产品）和新业务（重货、冷运、同城配送和国际）。

在传统业务板块，作为顺丰优势业务的时效产品，一直都是顺丰营业收入的重要贡献点，超过总营业收入的 60%。2018 年，此业务上半年营业收入增长达到 18.17%。不仅如此，早在 2018 年上半年，顺丰整合板块相对趋同的产品，优化其流程，由此赢得了 53.71% 的营业收入增长。

调整后，顺丰转型的效应非常明显。根据顺丰发布的半年财报数据显示，其整体营业收入占比由 2017 年同期的 12.3% 上升为 16.2%。其中，同城配送同比增长高达 158.79%，重货同比增长 95.82%，冷运同比增长 47.71%，国际同比增长 40.78%。[18]

---

17　都梁 . 亮剑 [M]. 北京：解放军文艺出版社，2006.

18　李华清 . 顺丰控股 2018 年上半年营收超 425 亿元　新业务增长迅速 [N]. 经济观察报，2018-08-24.

在取得优异业绩同时，顺丰也在拓展新业务。例如，同城配送，顺丰与网红咖啡瑞幸外卖展开战略联合；在重货业务上，2018 年 3 月，顺丰收购新邦物流业务，成立“顺心捷达”；冷运方面，2018 年 8 月，顺丰成立新夏晖合资公司，与夏晖公司展开战略合作；在国际市场拓展上，2018 年 4 月，顺丰投资美国物流服务平台 Flexport。

值得一提的是，在顺丰新业务板块中，王卫特别看中的重货营业收入已大有起色，2018 年前 8 个月营业收入已经超过 2017 年全年 44 亿元的规模。

## 顺丰上市

顺丰上市，一个重要的原因就是融资。与圆通、中通、申通、韵达不同的是，顺丰作为直营模式的忠实信徒，其资产负债率无疑高于行业平均水平。

根据万得信息技术股份有限公司（Wind）提供的数据显示，截至 2015 年 12 月 31 日，速运物流行业资产负债率平均值 58.59%，顺丰资产负债率为 60.27%。

顺丰之所以有如此高的资产负债率，是因为拓展其自身的业务规模，在中转场建设、航材购置、冷运车辆以及温控设备购置、信息化建设等方面加大资本投入。

面对巨额的投资，尤其是在航空、仓储、冷链方面的投资，无疑对顺丰现金流产生巨大压力，仅仅凭借顺丰自有资金和银行贷款，自然很难维持大规模的资本投入。

王卫无法回避的持续的投资需要资金现实问题。据 2015 年的一份报告数据显示，截至2015年12月31日，顺丰控股拥有货币资金36.2亿元、理财产品余额67.06亿元，短期内可用于支付的款项合集为141.53亿元。负债方面，短期借款65.85亿元、应付票据1.9亿元、应付账款30.95亿元、应付职工薪酬26.65亿元、应交税费5.75亿元、应付利息1,483.68万元、一年内到期的非流动负债6.73亿元，短期内需支付款项合计137.89亿元。

## 上市的光鲜面

在中国快递行业，顺丰创始人王卫虽然之前拒绝资本，但是其自身的重资产模式和竞争对手的相继上市，他也不得不接纳资本市场，直接跳过IPO（首次公开募股），借壳上市。

王卫接纳资本市场的一个好处很快显现出来。其仅仅用6天时间就将自己的财富提升到身价1,800亿元，位列全国第三，直接超越马化腾，仅次于万达创始人王健林、阿里巴巴创始人马云。

难以置信的是，在一个月前，王卫却是一个名不见经传的企业家，低调的他，不接受媒体的采访，甚至连报纸、电视都没有他的半点踪迹。即使在媒体和研究者经常查阅的“2016年中国富豪榜”里也没有王卫的踪影。

然而，资本的力量是巨大的，这也是王卫推动顺丰上市的原因所在。2017年，上市后的顺丰直接把王卫送进中国富豪榜前四，其后王卫和顺丰密集地占据各大媒体的头条。

数据显示，顺丰上市6天以来已经连续6个涨停板，市值高达2,800亿元，沪深两市市值排名第十五。股价的推高，也提升了王卫的身价，从130亿元暴涨至上市6天后的1,800亿元，超过腾讯创始人马化腾的1,670亿元，仅次于王健林和马云。

这种变化让中国传统企业企业家们悲喜交加，喜的是，自己遇上一个好时代，在神奇的A股市场见证了6日上涨66%以上的奇迹，而这样的神话也铸就了王卫财富值坐火箭飞涨的壮丽盛景；悲的是，当初为什么不早点进入资本市场，让自己的融资和管理早点得到媒体和资本市场的认可？

究其原因，从300亿元到1,800亿元的跃升，作为创始人的王卫，仅用了短短几个月的时间，其中的关键在于，王卫接纳了资本，并且成功借壳登陆A股。

新浪网报道称，相比A股其他民营快递类上市企业，顺丰在其基本面的优势较为明显。2017年2月22日晚间，根据顺丰业绩快报显示，顺丰控股2016年的净利润为41.80亿元。该业绩是此前重组时相应年度承诺的1.92倍。

顺丰交出其高预期的业绩，给予资本市场充分信心，但是由于顺丰当时的市盈率较高，导致顺丰其后股值缩水。以2016年公布的业绩为参考，顺丰控股当前的市盈率为90.9倍，是圆通速递的1.73倍、韵达股份的2.1倍、申通快递的2.45倍。与在美国上市的中通快递相比，顺丰控股的市盈率是其2.47倍。此外，顺丰控股的市盈率显著高于深市的市盈率，截至2017年2月27日，深市的市盈率为30.4倍。[19]

## 拒绝并购

对于任何一个发展中的企业来说，并购是一个绕不过去的话题。当企

19 新浪综合．王卫距离马化腾还差7000万　顺丰控股拿出4亿给股东分红[EB/OL].2017-02-28.http://finance.sina.com.cn/stock/s/2017-02-28/doc-ifyavrsx5367625.shtml.

业做到一定规模时，不是并购别人，就是被别人并购。

基于此，当顺丰做到一定规模后，联邦快递、UPS 等海外巨头多次抛出橄榄枝，面对这些跨国企业的并购意向，王卫多次都拒绝了。

在镀金时代，部分快递企业力求赚到快钱，于是纷纷转型。与之相反的是，王卫却拒绝诱惑，旨在提升顺丰专业化、标准化管理，有效地提高了顺丰的效率，提升了用户的收寄件体验。

正因为如此，顺丰优选前总裁刘淼在接受媒体采访时称，王卫是他见过的最有钱的工作狂，这源于王卫在创业初期既是老板，又是快递员。二十多年来，王卫每天的工作时间都超过 14 个小时，甚至还定期亲赴一线，为顾客收发快递。

当然，王卫之所以亲赴一线，是因为王卫时刻感到危机感。曾有高管称，王卫很有危机感，但凡三个月没有创新和变革，王卫就感到危机四伏。

顺丰高管徐勇认为，王卫最难能可贵的是，始终坚持专业化，不被其他利益所诱惑。专业化战略无疑提升了顺丰在创业初期的资本积累阶段的核心竞争力。把有限的资金和人才集中地投入信息化、标准化的流程中，使得顺丰成为隐形冠军。

虽如此，但王卫依然异常低调，几乎不接受媒体的采访，其次数也屈指可数。就连顺丰的企业内刊《沟通》杂志，也从来没有刊发过王卫的专访照片。

虽然王卫很低调，但是却关注员工的发展，即使在金融危机最难的时刻，王卫也没有裁掉一名员工。

查阅相关资料，不管是在公司内部的讲话，还是在公开会议场合，王卫都称“收派员才是顺丰最可爱的人”。

在重资产模式的经营中，顺丰的成本虽然高昂，但是王卫却对 PE、VC 机构投资很少接触，甚至拒绝了快递行业巨头的橄榄枝。

## 上市融资，可以解决顺丰资金短缺问题

对于上市与否，本应该不是一个具有多大争议的话题。然而，在中国企业界，似乎争议较大。

在坊间，流传一句顺口溜——“永不上市老四家，顺丰、华为、老干妈，还有一个娃哈哈！”

然而，随着顺丰的上市，此顺口溜已成为历史。2017 年 2 月 24 日顺丰正式上市。上市之前，王卫对顺丰上市热情度不高。对此，王卫曾经说道：“上市无非是获得企业发展所需的资金。顺丰也缺钱，但顺丰不能为了钱而上市。上市后，企业将变成一个赚钱机器，每天股价的变动都牵动企业的神经，对企业管理层的管理极为不利。”

很长时间内，王卫抵触相关注资、上市话题，坊间甚至还流传王卫拒绝投资人的各种版本：

2004 年，美国联邦快递有意拓展中国市场，打算出资以 40 亿～ 50 亿元的价格并购顺丰。面对橄榄枝，王卫果断地拒绝了。同年，顺丰销售额也就 13 亿元。

作为快递行业的龙头企业，风险投资者自然不会漠视这样的潜力股，有意投资顺丰。面对资本，王卫始终没有答应，也不见面。

面对王卫的拒绝，该风投开出 50 万元的中介费用，只为与王卫吃个饭，聊聊。

曾经有一位咨询企业董事长私下透露称，包括花旗银行在内的很多美国投资商曾找到他，试图让他说服王卫，投资顺丰，一旦投资成功，该董事长可获得 1,000 万美元佣金。

面对资本，从当初的抗拒，到接纳，王卫肯定是经历了一段痛苦的挣扎。尤其是随着韵达、圆通和申通的接连上市，用融资获得的资金武装了自己的队伍。不仅如此，经过 20 多年的发展，快递行业也触及坡顶，以及越发不景气的趋势，尤其是市场的急剧变化，让强悍的顺丰也不得不低下高昂的头。

为了快速地融资，顺丰跳过 IPO，直接借壳上市。与当年拒资本于千里之外的顺丰相比，无疑是风水轮流转。原因如下。

第一，布局多个业务事业群时，亟待解决巨额运营资金问题。

顺丰的经营范围集中在速运、物流、仓配、商业四个方面，由此打造了一条成熟的供应链体系。

在其后的组织变革中，其原有业务板块却被重新划分，将其分为：速运事业群、商业事业群（嘿客、优选）、供应链事业群（普运、冷运）、仓配物流事业群（电商、海淘）、金融服务事业群（顺手付），业务涉及速递、生鲜电商、跨境电商、金融支付、无人机等。

根据顺丰组织的调整不难看出，为了顺应提升自身的竞争力，其生态建设需要投入更多的资金和资源，顺丰的边界范围也就越铺越大。

第二，拒绝加盟模式，面临凭借自有资金发展带来前所未有的重压。

回顾快递行业，“通达系”凭借自身的加盟模式，以低价格竞争来获取足够多的市场，成功上市后，也开始进行自营布局，尤其是加盟模式的竞争者先后登陆资本市场后，给王卫带来的竞争威胁也就越来越明显。

面对兵临城下的竞争，尤其是面对“通达系”的大兵压境，顺丰不得不凭借自有资金布局来应对。

第三，上市融资可以缓解顺丰的高资产负债率。

顺丰的资产负债率一直保持在50%左右（截至2012年年底），相比国际物流巨头，优于UPS，与美国联邦快递、EMS相当，顺丰流动比率和速动比率甚至优于EMS。一个不容忽视的问题是，顺丰自身的重资产模式必须在解决资金的基础上，才能打通其稳步发展的路径。

## 是否上市，原因就两个

回顾中国企业界，以“不上市”著称的企业家有四位：任正非、陶华碧、宗庆后和王卫。如今的王卫已经离开这个“不上市”联盟。

在一片被催上市风潮中，一直声称“不差钱不上市” 的娃哈哈创始人宗庆后，也开始松口改变之前的决绝态度，称在适当的时候会考虑上市。于是，有媒体撰文称，娃哈哈已经准备上市。

在“四不上市联盟”中，上市的传言继续四起。2018年7月25日，深交所副总经理王红一行，联合贵州证监局、贵州省金融办，赴贵州货车帮科技有限公司、贵阳南明老干妈风味食品有限公司、贵州一树连锁药业有限公司调研。

既然深交所派员去贵州调研，给三家公司做上市培训，那当然就是为上市做准备的。其后，老干妈上市的传闻也就在市场上不胫而走。

2018年8月8日，陶华碧的秘书刘涛回应道：“深交所就是来看看，老干妈不会上市，未来也没有上市的计划。”

按照一般的公关，此次事件尘埃落定，但是机构眼中的肥肉怎么能被放到眼皮下，甚至再次放出“老干妈”上市的风声，其后上市被舆论再次提起。不得已，2018年11月12日，陶华碧在接受贵州广播电视台专访时辟谣称：“老干妈不考虑贷款、参股、融资和上市，坚持有多少钱就做多少。”

客观地讲，在如今这个镀金年代，“上市”早已成了很多企业融资圈钱的手段。而老干妈坚持有多少钱就做多少事，无疑是商界的一股清流。

与很多企业家急于上市的做法不同，陶华碧没有上市的打算。在接受媒体采访时，陶华碧说出不上市的理由：“我教育儿子，就好生做人，好生经商。千万不要入股、控股、上市、贷款，这四样要保证，保证子子孙孙做下去。所以一有政府人员跟我谈上市，我跟他说：谈都不要谈！免谈！你问我要钱，我没得，要命一条。”

在上市这条路上，陶华碧的做法相对比较慎重，因为其始终坚持“不贷款、不融资、不上市”的三不政策。正如陶华碧所言，即使政府官员来谈，也敢于拒绝。

对于任何一个企业来说，是否上市，通常有内部原因和外部原因：内部原因一般包括股权结构、是否缺乏拓展业务所需要的资金，以及社会化，等等；外部原因，在中国，一些企业上市的外部原因包括政府某些官员的政绩工程、市场因素，等等。

众所周知，在中国的企业界中，华为创始人任正非和老干妈创始人陶华碧从2014年以来被实业界推崇，因为这两位成功的企业家提出了不上市的共同理念。尽管他们理念相同，但是其理由却刚好相反，陶华碧的理由是：“我坚决不上市，一上市，就可能倾家荡产。上市那是欺骗人家的钱，有钱你就拿，把钱圈了，喊他来入股，到时候把钱吸走了，我来还债，我才不干呢。”

媒体大篇幅地报道了贵州老干妈辣酱创始人陶华碧坚决不上市，甚至认为是骗人家的钱的行为，从而把这位企业家推向了媒体的浪尖。

反观陶华碧的创业历程不难发现，陶华碧在1996年创办了贵阳南明老干妈风味食品有限责任公司，经过20多年的发展，这家企业将不足10元的辣椒酱锻造成登上美国奢侈品销售网站的国际品牌，而陶华碧也成为中国最大辣椒酱企业的掌门人。

英国《每日电讯报》报道称，任正非在伦敦的一个新闻发布会上对媒体表示：“事实上，公众股东是贪婪的，他们希望尽早榨干公司的每一滴利润。而拥有这家公司的人则不会那么贪婪……我们之所以能超越同业竞争对手，原因之一就是没有上市。”

如果分析华为拒绝上市的内部原因，公开数据资料显示，由于华为的股权不集中，通常企业上市无疑就意味着管理层控制权可能被剥夺，尽管这样的可能性非常小，但是这样的事件屡屡发生，以及持有原始股股东众多，一旦企业上市成功，众多的亿万富翁员工的工作激情就可能丧失。

不可否认，不管是老干妈，还是华为，不上市的一个最最重要的原因就是老干妈和华为流动资金雄厚，不缺钱。众所周知，一旦某个企业不缺乏扩张或者运营的资金，也就没有上市融资的动力。因为一旦企业上市之后，企业的战略决策和投资动向，以及诸多的企业信息必须公开，同时还得接受股东和媒体的监督。当这些企业信息被透明化之后，对一个默默崛起的民营企业而言，这显然是不利的。因此，老干妈和华为上市时间依然是个未知数。

的确，在如今许多企业家都争着上市圈钱的氛围下，陶华碧居然拒绝上市，这种“另类”做法使其能够在金融危机中安然度过，同时也让那些财务造假上市、业绩变脸、急着变现的企业家们汗颜，因为在如今的商业时代下，能够拒绝浮躁是一种修炼。

当然，媒体认为，老干妈不上市，与陶华碧自身的经历和企业模式有关，尤其是老干妈创始人陶华碧小富即安的心态。

在媒体看来，作为千亿级企业的顺丰，对资本更具吸引力，尤其是顺丰的业务板块相对清晰，在搭建完整的生态体系中，其所需的资金无疑非常庞大，上市融资也就成为一个选项。

此前，王卫说道：“上市的好处无非是圈钱，获得发展企业所需的资金。”在顺丰上市问题上，王卫非常清楚，那就是获得企业发展所需的资金。

数据显示，截至 2015 年 12 月 31 日，顺丰控股短期内可用于支付的款项合计 141.53 亿元。同期顺丰控股短期内需要支付的款项仅仅略少于 141 亿元。这意味着顺丰控股可用于支付的流动资金仅有 3.6 亿元，相对于其体量来讲，其流动资金明显不足。

数据显示，顺丰控股负债率 2013 年为 33.4%，2014 年为 47.34%，2015 年升至 60.27%。

其他快递企业，其负债率均未有如此明显的上升，甚至圆通快递 2015 年负债率还有所下降。在经过慎重考虑后，王卫选择了上市，因为此刻的对手已经把王卫逼上上市之路，除了上市，似乎没有过多的选择。业内人士在接受媒体采访时坦言：“资本为王时代，选择借壳上市肯定是为了融资，谁首先抓住了上市带来的红利，谁就占得把竞争对手拉下马的先机。”

# 第六章

# 深耕零售，搭建生态

我们的未来，是会走到很多行业里面去，做深很多行业，而不是“最后一公里”的仓库配送，这样的话，永远做不深一个行业。

——顺丰创始人 王卫

## 深耕零售

在十多年的战略布局中，王卫始终深耕零售行业。例如，线下零售业务，不管是早期的“嘿客”，还是其后的“顺丰家”，都以失败而告终，甚至大部分店面都转型成“快递 + 便利店”模式的“顺丰优选”店。

对于当下火爆的电商，王卫依然不甘落寞。虽然早期的“顺丰 E 商圈”已经关停，但是如今的顺丰电商却只剩下生鲜电商平台 “顺丰优选”，以及跨境电商平台“丰趣海淘”，其经营成绩并非大红大紫，但是顺丰却始终都在尝试涉足零售板块。

## 顺丰的零售试验

2016 年 10 月 13 日，阿里巴巴创始人马云在云栖大会上，首次提出“新零售”这个概念。马云讲道：“未来的十年、二十年，没有电子商务这一说，只有新零售这一说，也就是说线上线下和物流必须结合在一起，才能诞生真正的新零售，线下的企业必须走到线上去，线上的企业必须走到线下来，线上线下加上现代物流合在一起，才能真正创造出新的零售企业。”

在马云看来，以消费升级为大背景，人工智能、大数据、云计算带来的新技术，打通线上线下、高效物流，以及整个零售业产业链的创新，于是顺理成章形成了“新零售”。新零售的出现，肯定是有利于消费者的，更利于商家以及整个实体经济。究其原因，“新零售”可能影响未来十年，甚至是二十年的商业格局。正因为如此，一直试图在零售有所作为的王卫，自然也明白其中的商业潜力。

基于此，王卫始终都在布局零售板块，其最早可以追溯到大约十年前。2009 年的端午节期间，位于浙江嘉兴顺丰区部，一个快递员通过端午节的契机，成功销售了 100 多万件五芳斋粽子。

这个不经意的尝试，尤其是一炮而红的销售成绩，给顺丰，尤其是王卫涉足电商平台增添了不少信心。

2010 年，王卫正式推出顺丰的电商平台——“顺丰 E 商圈”，主要销售食品，同时也开启其支付平台——“顺丰宝”。此刻的王卫纵有“我本将心向明月”，但是却“奈何明月照沟渠”。

由于电商和支付两块业务的尝试遭遇挫折，甚至不了了之。其后，痛定思痛，顺丰开始转型。

2012 年，王卫调整顺丰的业务方向，把冷链技术视为突破口，甚至以此为核心竞争力。在此背景下，顺丰涉足对冷链技术要求非常高的生鲜食品电商平台——“顺丰优选”。

王卫对此非常重视，在“顺丰优选”电商平台上线前，王卫专门从深圳飞到北京，与高管商讨此次布局的重要性，甚至再三强调“顺丰优选是不能失败的项目”。

在王卫的督战之下，顺丰优选赢得不俗战绩。2014 年双十一，顺丰优选的单日业绩高达 7,000 万元。遗憾的是，顺丰优选却没能成为高频消费的电商平台。

其后，顺丰又开始自己的尝试，试图寻求线下零售突围。2014 年 5 月 18 日，顺丰布局线下零售，由此推出“嘿客”网络服务社区店，其业务覆盖四大方向：商品预购、网购线下体验、便民服务、快件自寄自取。

当然，王卫涉足线下零售，尤其是“嘿客”网络服务社区店，目的就是解决“最后一公里”的痛点，同时也为抢占社区入口的蓝海市场。

没过多久，“嘿客”扩张到 2,000 多个。当“嘿客”经过快速扩张后，其存在的问题也凸显出来。究其原因，“嘿客”作为零售门店，其作用却像快递揽收，尤其是店内的商品，仅仅提供给顾客作为展示之用，即使顾客需要，也必须在线上下单。因此受到顾客、研究者、媒体的批评。

对此，中国物流学会特约研究员杨达卿说道：“‘嘿客’失败最主要原因还是在用快递思维做商业……顺丰不理解社区经济，社区经济最大的优势就是方便、快捷，体验感强，但在这一点‘嘿客’恰恰相反。”

与杨达卿有着类似观点的，还有春晓资本合伙人何文。何文说道：“对于线下店来说，最重要的就是体验，没有任何一件可以购买和体验的实体商品，这不符合社区零售规律。”

在何文看来，“嘿客”做法则完全违背了社区零售的本质，即效率、体验和成本。正因为如此，2015 年，顺丰不得不关闭大部分“嘿客”门店，对于没有关闭的店面，顺丰则将其更名为“顺丰家”。同年，顺丰已经启动上市，于是剥离负责线上线下零售业务的顺丰商业板块。

2017 年，顺丰借壳鼎泰新材上市，由此披露了相关财报数据。数据显示，2013 ~ 2015 年，顺丰“已剥离零售业务商业板块”分别亏损 1.26 亿元、6.14 亿元、8.66 亿元，合计亏损 16.06 亿元。而亏损的原因，报告中称“主要是因为顺丰商业自 2014 年开始集中铺设线下门店所致”。[20]

20 董洁 . 顺丰的“零售持久战”：为何屡败屡战？ [EB/OL].2018-06-14.https://tech.sina.com.cn/i/2018-06-14/doc-ihcwpcmq8347321.shtml.

## 屡败屡战的“最后一公里”

从王卫布局零售战略来看，尽管顺丰遭遇系列的失败尝试，但是王卫并没有真正放弃过零售业务的尝试。

为了重整旗鼓，2015 年，作为顺丰创始人的王卫，甚至还亲自出任顺丰商业（包括顺丰优选、嘿客等业务）的 CEO。王卫说道：“我们的未来，是会走到很多行业里面去，做深很多行业，而不是‘最后一公里’的仓库配送，这样的话，永远做不深一个行业。”

在此前多次业绩沟通会上王卫强调，顺丰不仅仅是一家只做快递的企业，而是在快递业务基础上涉足新利润点，延伸新业务的企业。

顺丰不仅布局顺丰优选电商平台和线下零售门店，同时还涉足跨境电商平台。2015 年，顺丰海淘电商“顺丰海淘”（现更名为“丰趣海淘”）呼之欲出。该平台作为供应链跨境电商平台，尝试非标品、个性化的直邮模式。

涉足该业务的目的是，通过其物流和供应链优势角逐跨境电商。虽然雄心依旧在，但是却与其他跨境电商一样遭遇同样的难题。在不断的发展过程中，丰趣海淘屡屡被媒体曝出“售卖假货”，虚假宣传、擅自取消订单、退货难等问题。

在与对手的竞争中，丰趣海淘遭遇天猫国际、京东全球购，以及网易考拉等巨头的围堵和绞杀，其市场份额与天猫国际 27.8% 相比，可以忽略不计。

根据易观国际发布的《中国跨境进口零售电商市场季度监测报告》数据显示，在 2018 年第一季度，丰趣海淘的市场占比仅有 1.1%，在所有对手中排名第 9。

当顺丰在涉足跨境电商时，同时也在向线下门店拓展。2016 年 9 月，顺丰启动更名，将顺丰线下门店的“顺丰家”更名为“顺丰优选”。

顺丰如此做法是为了统一线上电商平台和线下零售店的战略布局，以此来完成零售——“快递 + 便利店”的战略转型。

首先，提升了顾客的体验感，顾客在“顺丰优选”门店中，可以线下体验和线上下单，同时也可以实物零售。

其次，顺丰扩充很多商品品类，以生鲜为主，甚至增加了跨境进口的商品。

最后，顺丰把线上平台销售与线下实体销售合二为一。顾客在顺丰优选线上平台下单，其后，顺丰再送货上门，同时也可以在顺丰优选线下门店直接选购和自提。

## 借势加盟模式

为了让“顺丰优选”更具竞争力，顺丰放弃了自身的直营模式，通过加盟模式来布局。在门店扩张中，门店加盟者需要承担房租和相关的人工费用，顺丰则承担门店的装修和商品供应。

在此块业务的加盟模式中，加盟者必须交纳 30 万元的履约保证金，其目的是更好地约束加盟商，但凡没有违约，在合同期满可以全额返还 30 万元履约保证金。

按照顺丰的规划，“顺丰优选”的开店规模将在 2019 年达到 4,500 个线下门店，2020 ～ 2021 年，顺丰将建立上万家线下门店。

对此，读者可能好奇地问，“加盟模式”业态是否可以满足顺丰涉足零售的雄心呢？对此，东北证券物流分析师罗丹在接受媒体采访时说道：“顺丰优选这种招商方式，虽然大大降低了顺丰自身的经营风险，但如何做好品控，很考验顺丰的功力。”

据了解，顺丰优选门店的货品品类大约200种，包括零食、洋酒、红酒、矿泉水、海鲜、速冻主食、米面粮油等产品。

针对“顺丰优选”的跨境产品，中国电子商务研究中心主任曹磊说道：“锁定在高档人群，店铺只能开在高档社区，门面租金不便宜，而且高档社区是以购房能力决定的，并不是人流量见长，这对顺丰来说是巨大的考验。”

在曹磊看来，顺丰优选80%的商品是国外品牌就是瞄准高端顾客群。由于顺丰目前缺乏线上流量，使得顺丰优选获取线上流量的成本较高。到目前为止，顺丰做了诸多零售尝试，但无论是线下门店、生鲜电商还是跨境电商，都还没有非常亮眼的成绩单。[21]

东北证券物流分析师罗丹在接受媒体采访时坦言：“虽然通过自己的渠道优势，顺丰可以连接产业链上的各大中小商家，但是顺丰的物流优势主要在于其长距离的配送方式上，日常零售商品的配送能力尚欠佳。”

在罗丹看来，虽然顺丰拥有强大的配送能力，但是却缺乏仓储环节上的优势。电商和零售的竞争力体现在仓配上，这恰恰是顺丰的短板。

电商分析师李成东在接受媒体采访时坦言：“物流属于服务能力，并非零售能力，零售需要供应链、对消费者的洞察等方面的能力，顺丰还不具备核心的零售能力，这是顺丰零售做不起来最主要的原因。”

虽如此，王卫却一直在坚持盘活物流与商流的竞争力。罗丹分析道：“这

21　董洁.顺丰的“零售持久战”：为何屡败屡战？[EB/OL].2018-06-14.https://tech.sina.com.cn/i/2018-06-14/doc-ihcwpcmq8347321.shtml.

也是顺丰一直执着于要做电商零售的原因……先建立渠道品牌，再塑造商品品牌，通过自己的渠道帮品牌背书。”然而，顺丰想要达到这样的预期，还有一条艰难的路要走。

## “开拓新的利润来源，延伸新的业务支脉”

零售业务的屡次受挫影响了顺丰自身的布局。王卫在顺丰上市前尽管早已剥离商业板块，但是此刻的顺丰不得不再次启动自己的商业探索。

王卫在顺丰控股 2016 年度业绩说明会上说道：“我们需要在快递业务基础上开拓新的利润来源，延伸新的业务支脉。”

## 重启新业务板块

近几年，越来越多的竞争者争抢顺丰的市场份额。不得已，王卫重启新的业务板块。根据顺丰公开的财报显示，顺丰主营的快递业务正在遭遇快递竞争者猛烈的攻击。顺丰在上市初期，投资者狂热地追捧，使得顺丰股价上涨，顺丰因此成为中国市值最高的快递企业。

其后，顺丰股价如过山车一般，极速下滑。2017 年一季度，顺丰股价最高点为 73.34 元，经过一段时间的震荡后，顺丰股价下滑较为明显。截至 2018 年 6 月 14 日，顺丰股价已跌至 46.32 元，相比巅峰时的股价，已经跌去 36.8%，总市值蒸发高达 900 多亿元。[22]

---

22　董洁 . 顺丰的“零售持久战”：为何屡败屡战？ [EB/OL].2018-06-14.https://tech.sina.com.cn/i/2018-06-14/doc-ihcwpcmq8347321.shtml.

资本市场的下滑，与对手的快速增长有关。根据国家邮政局发布的《2017年邮政行业发展统计公报》数据显示，2017 年，中国快递行业业务量的规模高达 400.6 亿件，同比增长 28%。

而顺丰同比增长却与行业水平差距有点大。据全天候科技统计数据显示，顺丰控股 2017 年的快递业务量份额仅约为 7.62%（相比 2016 年的 8.25%，下滑 0.6%），直接被中通的 15.5% 狠狠地甩在其后，圆通的 12.6%，韵达的 11.8%，申通的 9.73%，以及百世的 9.4%，而昔日霸主顺丰退居中国快递企业的第 6 名。根据顺丰 2017 年的财报显示，顺丰控股 2017 年全年实现快件量 30.52 亿票，同比增长 18.29%。

顺丰的下滑，直接的原因之一是“三通一达”相继上市，融资成功后的“三通一达”顺势扩张。2018 年 6 月 6 日，申通快递发布公告称，申通出资约 2.4 亿元并购深圳中转资产；约 3.5 亿元收购广州中转资产；约 0.6 亿元收购长沙中转资产……申通大规模扩张意味着，其正逐步涉足重点城市转运中心的直营化变革。

在诸多对手中，中国邮政同样在布局，将 EMS 和邮政合二为一。作为顺丰老对手的圆通，推出自己的直营品牌——“承诺达特快”，染指中高端快递市场，其拥有航空执照。这意味着圆通将从顺丰手中抢占高端商务市场。

之前，除了顺丰，包括“三通一达”在内的中国快递企业，都选择了加盟模式。在加盟模式中，包括“三通一达”在内的中国快递企业仅仅做“收”这一环节，在“转”“派”“送”的三个环节中，通通交给加盟商完成。在运营中，包括“三通一达”在内的中国快递企业看到了其中的弊端，“三通一达”由此也在提升自己的直营比例。

顺丰的下滑，直接的原因之二是，菜鸟和京东物流也加入快递业竞争，使得快递行业的硝烟更加浓烈。京东物流之所以被认为是顺丰的强大对手，是因为京东创始人刘强东的战略。2017 年，刘强东在接受中央电视台采访时说道:“能在未来立足国内的物流可能只有京东和顺丰。”虽然这只是豪言，但是却看出刘强东布局物流业的决心。

2018 年 8 月，京东宣布，京东已经建成总计超过 250 万平方米的物流仓储基地，在中国内地运营的仓储总面积达 1,200 万平方米。其物流资产价值高达数十亿元人民币。

相比顺丰，截至 2018 年 6 月 30 日，顺丰控股持有物流场地土地面积约 4,603 亩，总规划建筑面积 300.61 万平方米，已建成建筑面积 84.88 万平方米，物流场地资源账面净值合计约人民币 91.34 亿元。[23]

不仅如此，作为新晋对手的京东物流，染指北上广三地的个人快递业务，且针对顺丰进行标价。根据“物流一图”此前披露的京东商务件项目资料显示，京东在此前商务件项目的价格策略是，“在顺丰价格的基础上，根据商家件量进行价格折扣”。在 toB（面向企业）业务上，不管是顺丰，还是京东，都在捍卫自己的领地。

目前,顺丰继续保持自己的空运优势,顺丰航空全货机队规模突破50架，达到了中等航空公司标准。而其新晋对手京东，在 2018 年 11 月 6 日才宣布首架全货机成功首航。

当顺丰增速逐渐放缓时，顺丰的赛道对手，不仅仅包括“三通一达”，甚至更多、更强的也参与了进来。

2017 年 9 月，阿里巴巴宣布，阿里巴巴斥资 53 亿元增持菜鸟网络股份。

23 陈世爱 . 顺丰扩张后遗症 : 市值蒸发 1630 亿　应付债券增长近 10 倍 [EB/OL].2018-12-25.http://finance.sina.com.cn/stock/s/2018-12-25/doc-ihmutuee2601354.shtml.

研究发现，阿里巴巴增资后，其持有菜鸟股权从原来的 47% 增至 51%。按照当时的估值，菜鸟估值达到 1,325 亿元，与顺丰 2018 年 12 月 1,445 亿元的市值不分伯仲。

2018 年 5 月，按照阿里巴巴创始人马云的设想，在未来的战略中，菜鸟网络将投入亿元资金建造“国家智能物流骨干网”。其后，马云更是显示其战略决心：“如果千亿不够，会投资几千亿，把阿里巴巴可以有的投资绝大部分投向物流。”

## 加码重担市场

顺丰的下滑，直接的原因之三是，顺丰自身的直营模式，导致顺丰的营运成本不断地上升。数据显示，2017 年，顺丰控股速运物流板块的营业成本高达 565.07 亿元，较 2016 年同比增长 22.93%。

在顺丰所有成本中，最大的开支就是人力成本。按照费用性质分类，顺丰控股的人力成本支出分为外包成本、职工薪酬。2017 年，这两项费用支出分别为 279.21 亿元、100.73 亿元，合计占比超过六成。

2019 年，社保新政的实施也给劳动密集型的快递公司笼罩了一层阴云。其中已上市的快递企业必将首当其冲。国金证券此前预计社保政策对“通达系”快递公司净利润影响平均在 5% ～ 10%。顺丰 2017 年年报显示领取薪酬员工总人数 13.6 万人，其薪酬体系中奖金占比较多，市场担心社保新规对顺丰负面影响最大。[24]

---

24 董洁．顺丰的“零售持久战”：为何屡败屡战？[EB/OL].2018-06-14.https://tech.sina.com.cn/i/2018-06-14/doc-ihcwpcmq8347321.shtml.

对此，中国物流协会特约研究员杨达卿分析说道："现在科技重塑快递，人力密集型的快递行业要转向资本密集型和技术密集型，无人化技术逐渐普及，未来如果顺丰智能化调整不及时，40 多万员工（顺丰财报显示顺丰自有、派遣及外包员工超过 40 万人）很可能会成为顺丰巨大的包袱。"

当大兵压境时，面对挑战，作为顺丰创始人的王卫，除深耕新零售业务外，还要加速布局重货快运、同城配送等业务。

2018 年 5 月 12 日，顺丰与新邦物流展开战略合作，在广州共同召开"品牌发布会暨合伙人招募大会"，通过加盟模式涉足零担快运市场。

东北证券物流分析师孙延在接受媒体采访时介绍称，目前中国重货快运市场规模达到 1.1 万亿，相比较快递业务 5,000 亿的规模，几乎是其两倍多。孙延说道："虽然在快运领域德邦一直是行业老大，但是这一行业集中度很低（市占率最多的德邦还不到 2%），对于顺丰来说这是机会。"

在孙延看来，加码重担市场，有利于提升顺丰的竞争力。中国物流协会特约研究员杨达卿在接受媒体采访时说道："快递市场向下走，仍是一片红海，顺丰还是需要在品牌高地向上走、向外走。"杨达卿强调："……强化智能化仓配网络的建设，在服务新零售和新制造的物流市场里谋求新空间。另外，通过收购优质服务资源，也是顺丰实现增长突破的重要选项。"

## 染指零售板块，志在必得

在零售这块，王卫并不是从 2018 年才开始涉足的。如前所言，王卫染指零售板块，尤其是电商板块，可以追溯到 2011 年。

早在 2011 年，为了更好地涉足零售，顺丰通过顺丰优选网上商城实现自己的零售梦想。遗憾的是，顺丰优选却一直不温不火。

当顺丰优选没有达到预期的战略后，王卫继续他的零售战略。2014 年，顺丰启动“嘿客”便利店战略，除青海、西藏以外，在中国内地各省市自治区均覆盖，首批门店达到 518 个。截至 2014 年年底，顺丰“嘿客”达到近 3,000 个门店，足见顺丰加码便利店的决心。

顺丰“嘿客”门店却在初期不陈列实体商品，唯有满墙的二维码。当客户需要购买某件商品时，只有通过扫描二维码下单，且不能及时拿到商品。其结果是，“嘿客”尽管投入巨额资金，但是却遭遇一片冷遇。

不得已，顺丰将“嘿客”更名为“顺丰家”，又把顺丰优选整合起来。2015 年 9 月 30 日，顺丰控股分别把顺丰电商、顺丰商业 100% 股权转让给顺丰控股集团商贸有限公司，其转让价格是 1 元。

2016 年 5 月 30 日，鼎泰新材发布公告称，2013 ～ 2015 年度，顺丰控股剥离业务的净利润分别为 -1.26 亿元、-6.14 亿元和 -8.66 亿元，主要系该类业务处于初期阶段，相关投入较大所致。其中，2014 年与 2013 年相比变化较大，主要是因为顺丰商业自 2014 年开始集中铺设线下门店，导致相关成本及费用出现较大增长。[25]

2017 年年末，顺丰依然在探索零售，推出开放式无人零食货架项目——“丰 E 足食”。面对败局，王卫在 2017 年年会上反思说道：“这两三年，顺丰的确做了很多创新的变革，折腾了很多三线的同事，来自不同 BG（事业部）的同事在组织架构不断变化中受到很多折磨，这一点我心里非常难过，很多同事离开了。顺丰从外部看很平稳，但是内部发生了很大的变化。”

25 陈世爱．顺丰扩张后遗症：6 年换 7 个 CEO 市值缩水 1630 亿 [EB/OL].2018-12-26. http://finance.sina.com.cn/chanjing/gsnews/2018-12-26/doc-ihqhqcis0308226.shtml.

2017 年，顺丰商业板块的销售收入仅仅为 7,900 万元，同比增加 287.13%，但是其成本增速却高达 302.89%。

经历一连串的失败后，顺丰依然没有停下脚步。对此，顺丰优选更是频频地换将。2018 年 9 月 26 日，顺丰宣布，全国珊担任顺丰商业 CEO（首席执行官），其职责是全面负责商业事业群顺丰优选相关日常管理、战略规划、业务运营等事务。

根据媒体的披露，全国珊是一位有着三十多年跨行业企业运营经验的资深管理者。在零售（包括超市、超级广场、百货、家装、电子商贸等领域）、市场及服务行业任职资深管理岗位，曾服务于世界级 500 强企业，包括香港和记黄埔旗下屈臣氏集团、美国沃尔玛集团、美国家得宝家装连锁集团、英国百安居家装连锁集团、英国怡和集团旗下牛奶国际等，曾任香港零售专业管理协会导师及台湾地区欧洲商会联合主席。[26]

面对残局，王卫果断地“王佐断臂”，邀请全国珊加盟，其期望不言而喻。当然，顺丰不断地拓展新的业务，主要是基于战略考虑，王卫曾在 2017 年 4 月的公司业绩说明会上说道：“我们的未来，是会走到很多行业里面去，做深很多行业，而不是‘最后一公里’的仓库配送，这样的话，永远做不深一个行业。用科技的手段把这个行业进行提升，这是顺丰未来要走的方向。”

---

26 新浪科技 . 顺丰优选再度换帅：任命全国珊担任 CEO [EB/OL].2018-09-26.https://tech.sina.com.cn/i/2018-09-26/doc-ifxeuwwr8443031.shtml.

## 搭建全渠道生态环境

2018年3月，一场商业战争正式打响，交战双方的主角是拥有超6亿用户的美团和4.5亿用户的滴滴。起因是，2018年3月21日，“美团打车”取得浙江省会杭州的运营资质正式登陆上海。面对美团的进攻，滴滴也不甘示弱，悄然上线了“滴滴配送”App，染指外卖业务。

时至今日，不管是美团打车，还是滴滴配送，都没有达到他们预期的绩效，但是这起商业案例给我们提供的研究点是，在“互联网+”时代的今天，全渠道依旧是中国企业，不管是滴滴出行，还是美团外卖，抑或顺丰都想染指的。谁能够占据全渠道市场，谁就有话语权，谁就可以赢得中国市场。

反观上述竞争，其成败都会影响各自企业的格局，因为美团App和滴滴App用户重叠度高达19.46%。

如此高的重叠度意味着用户的高可转化率。正因为如此，王卫才屡败屡战地染指零售市场，试图构建一个全渠道的生态体系。

在战略布局中，顺丰试图盘活全部商业、物流、渠道、金融等资源。按照王卫的战略设想，是要通过给客户提供定制化的商业解决方案，以实现其自身的商业版图。

## 搭建全渠道的生态环境

在生态建设上，获得成功的企业目前有两个：一个是苹果公司，一个是中国的小米公司。

小米创始人雷军，抑或与王卫同样在探索生态建设的范式。

有关王卫的生态建设，《每日经济新闻》报道如下：

2014年5月与顺丰转运平台“海购丰运”同时低调上线的，还有顺丰速运旗下第三方支付平台“顺手付”，消费者已经可通过该支付平台支付运费。同年，顺丰低调成立的顺银金融，也正在成为底盘型的事业部，围绕快递生命全周期提供增值服务。如此，一个集物流、信息流、现金流一体的顺丰跨境生态圈，悄然成型。

业内人士评价，现金流、信息流和物流合一是王卫追求的终极目标。在跨境蓝海里，除了跨境物流本业之外，顺丰意在给予国际商务合作伙伴一个包含跨境物流、全渠道销售、运营推广、本地客服等的全球化供应链解决方案。[27]

在顺丰商业板块中的平台为：

（1）线上电商平台——顺丰优选。为了更好地发挥作为线上电商平台的顺丰优选的作用，顺丰将其与线下社区服务店有机地结合起来，合力打造顺丰高效的全渠道服务商业体系。

（2）线下社区服务店——“顺丰家”和“嘿客”。作为顺丰家和“嘿客”的线下社区服务门店，不仅能提升客户的体验感，同时也解决了“最后一公里”的问题，同时就近为客户提供当季美食、全球直采、母婴海淘、品质生活的精选商品、快递物流，以及各式便民服务，尽可能地为客户提供优质商品和服务来满足社区客户的需求。

---

27 创客顺丰的“国际范”. 顺丰海淘上线 “三流一体”跨境生态圈悄然成型 [N]. 每日经济新闻，2015-03-16.

对此，顺丰集团副总裁、顺丰商业总裁李东起在接受媒体采访时介绍说道：“要把顺丰商业当作一个整体来看，顺丰集团做这个（顺丰商业）是一个线上线下的资源整合，我们希望做一个促进社区消费，包含商品销售、运输、服务的全渠道运营者。”

在李东起看来，顺丰的商业事业群试图搭建一个全渠道的生态环境，以此来实现顺丰的商业布局。究其原因，顺丰的商业“野心”非常宏大。李东起说道：“线上线下渠道为主的整合，再加上快递、冷运、金融，我们可以为商家提供一个临近消费者的全面接触点。”

通过整合顺丰的相关渠道，甚至未来可以为企业提供派送员直销。李东起坦言：“顺丰有 21 万收派员，现在一天一收一派，能接触一千万客户，这是非常重要的渠道。互联网 + 流通的无论哪个环节，顺丰商业都具有主导的能力。”正因为如此，顺丰意味着拥有巨大的商业潜力。

## 社区配送就是解决“最后一公里”问题

对于任何一种商业业态的探索都必须付出相应的成本，尤其布局线下业务。例如，对顺丰“嘿客”，从成立开始，不管是研究者，还是媒体，批评者多如牛毛。不管是门店客流量稀少，还是其自身的商业模式，以及诸多问题，都会被研究者、媒体、批评者吐槽。

为此，李东起回应道：“‘嘿客’虽然不能说完善，但这是顺丰商业发展的必要阶段。‘嘿客’的成功是把收派服务和社区结合，把物流末端做进了小区，在这个基础上才有条件增加商业和服务功能。电商投诉很大的问题是预约配送，‘嘿客’解决了这一难题。‘嘿客’的战略意义远高于眼下的得失，外界看不到的（‘嘿客’作用），对我们很重要。最末端的配送对成本的消耗程度业界共知，如果没有这些门店，空口说解决派件的最后一百米，又有什么意义？”

在李东起看来，如今的快递企业竞争今非昔比，这就需要更高的竞争态势才能赢得未来。李东起说道：“没有线下店是做不成的，如果赋予顺丰商业更多的商业功能，必须增加客户体验，这一切都需要我们有实体店，而拥有实体店之后，商业衍生功能会有无限种可能，比如，有的客户会问，当产品卖出去之后，顺丰能否在一周后给做个回访？只有通过线下店的布局，才能提升消费者对我们的信任度，这些需求才有兑现的可能。”

正因为如此，顺丰才推出“嘿客”门店 2.0 版的“顺丰家”。在李东起看来，推出“嘿客”门店 2.0 版的“顺丰家”的目的，是“向更商业和服务为主的（模式）转变，结合社区的需求，来增加商业和服务的功能”。

不可否认的是，顺丰涉足线下业务，与其被动转型，还不如积极转型。在《“顺丰速运”转型“顺丰服务”的创新与变革》一文中，王卫写道：

最近两年，我在公司内部谈“转型”的次数比以往多了不少，而与过去安安心心做快递相比，在顺丰的版图中，的确多了许多新业务。

2012 年 6 月，主打中高端食品的顺丰优选上线了，这标志着顺丰大举向电商领域进军；2013 年，顺丰又开始在全国各地布局网购服务社区店“嘿客”，而在公司内部，也推出了电子商务、供应链等好几个事业部，并推出快递物流、电商物流、汽配物流、食品医药服务、金融保险服务、国际电商服务等更多综合服务，为客户打造一站式的综合物流解决方案。

其实，顺丰做合同物流并没有什么经验，但我认为这是现在必须做的业务，因为现在一些大的集团客户的需求已经发生了变化，他们希望把自己所有的物流服务都外包给一家物流公司，打通整个供应链。国际四大快递巨头今天的组织架构和商业模式，就可以作为顺丰未来中长期发展的参考。国内目前那种分散招商，大宗物流给一个供应商，快递给一个供应商，仓储、电商配送等又给一个供应商的操作模式，在不久的将来就可能会有所调整，因此，现在就必须投入资源去做好。

我们设想的目标是，五年以后，客户提起顺丰时，要用新的服务概念让其感受到顺丰不完全是做快递的，改口叫我们“顺丰服务”而不是“顺丰速运”。

接下来，顺丰要打造出一个“物流百货公司”的概念，客户有任何物流需求都可以过来找顺丰，这里能提供各种解决方案。“客户带着需求进来，顺丰要让客户满载而归”，这是我们远期必须要达到的目标。[28]

在王卫看来，顺丰是“顺丰服务”，而不是“顺丰速运”。正如《空中花园谋杀案》里的台词所言：“路易，你知道流浪猫和流浪狗的区别吗？流浪狗是被主人抛弃的，流浪猫是主动离开主人的。所以养狗的人比养猫的多，因为人们喜欢抛弃而不喜欢被抛弃。”

28　王卫．“顺丰速运”转型“顺丰服务”的创新与变革 [J]. 中关村 .2014（12）.

# 第七章

# 顺丰转型，布局物流地产

最近两年，我在公司内部谈“转型”的次数比以往多了不少，而与过去安安心心做快递相比，在顺丰的版图中，的确多了许多新业务。

——顺丰创始人 王卫

## 供应链金融

随着顺丰的规模化发展，遭遇中年危机的顺丰也开始经历自身的“成长的烦恼”。在顺丰转型突围的过程中，媒体的报道似乎就会不客气地称之为“顺丰中年危机”“顺丰转型阵痛”“顺丰不顺”等。

媒体之所以这样评价，一方面源于其不是很乐观的半年财报，另一方面其股价也不容乐观，甚至有专家写道：“收入增长还跟不上成本增长。”

面对如此局面，王卫一方面降低顺丰的各种成本，另一方面也在积极地寻找新的盈利增长点。在挖掘新的泉眼时，供应链金融进入了王卫的视野。

2015 年，顺丰涉足供应链金融，同时也是王卫重点押注的新业务之一。当然，王卫之所以涉足供应链金融，是因为这是顺丰的属性决定的。

如前所述，1993 年，王卫在广东创建顺丰，如今已近三十个年头。其规模早已今非昔比——在北京、上海、广州、成都、武汉、沈阳和西安，建立了区域分拨中心；拥有中国 50 个重点城市上百个仓库；拥有数万个配送网点；拥有近两百万平方米的仓储面积；拥有全国 2,500 个区县的覆盖率。

这组数据足以说明，顺丰构建的覆盖中国的仓储体系拥有其他竞争者不可比拟的优势。不仅如此，顺丰通过信息化、高科技和先进设备来提升其效率，有效地降低人工操作导致的误差；通过全自动分拣系统分拣货物，降低对人工的依赖；通过 GPS 全球定位系统跟踪车辆运输过程，配置调整优化运输车辆，从而降低过多的车辆购置成本。

在王卫看来，只有通过不断地强化基础设施的建设，有条不紊地进行网络建设优化，进行新技术、新设备的研发和应用，将各项成果有效地应用在流程管理中。例如，客户环节、收派环节、仓储环节、运输环节和报关环节的快件全生命周期、全过程环节。

顺丰通过覆盖全国的仓储配送网络，以及高度的信息化管理，拥有了海量的 B 端 C 端客户数据以及较为齐全的物流、资金流和信息流的能力，为王卫涉足供应链金融提供了战略支撑。[29]

## 供应链金融业务模式

2015 年，在王卫的指导下，顺丰集团成立金融服务事业群，并正式组建供应链金融部门。

据了解，这不是顺丰首次涉足供应链金融。对此，顺丰金融供应链金融部总监张慧在接受媒体采访时说道："顺丰其实早在 2013 年就从代收货款介入物流金融了，这也是大多数物流公司开展供应链金融的起点。"

其后，顺丰陆续推出四种供应链金融产品模式：订单融资、应收账款保理融资、仓储质押和信用贷款。

第一，订单融资。

据了解，顺丰提供的订单金融业务，主要客户是与顺丰多年深层次合作为基础。当顺丰客户在与下游签订相关货物销售合同后，可能因为客户没有足够资金采购生产该笔货物的原材料时，客户就可以向顺丰申请订单融资。

其后，顺丰向合作客户代付此笔采购所需的资金。不仅如此，顺丰还可以完成该批货物从原材料、生产到销售各环节的仓储、运输、配送。

29　百度文库 . 顺丰速递物流服务运作分析 [EB/OL].2016-01-19. https://wenku.baidu.com/view/dd2880f4376baf1ffd4fadb5.html.

第二，应收账款保理融资。

据了解，顺丰提供的应收账款保理业务，主要客户是顺丰针对供应链上存在应收应付的合作者。

由于该业务具有有期限长、门槛低和费用低三大优势，顺丰有其自身优势。具体的操作方式是：顺丰买断合作客户的应收账款后，采购合作者把货款直接支付到保理公司账户。

第三，仓储质押。

据了解，顺丰提供的仓储质押业务，是顺丰最早上线的供应链金融产品，主要针对提前在顺丰分仓备货的客户，通常提供额度为 100 万～3,000 万元不等的授信额度给客户。

对此，顺丰金融服务事业群供应链金融部产品经理张春红曾说道："这和电商近年来的高速发展有关，依靠互联网销售的电商越来越倾向于走轻资产模式，这让它们在银行更难获得贷款，而顺丰仓储融资可以满足它们的需求。"

在此项业务中，客户可以选择先款后货，或者先货后款，即先向顺丰申请贷款，将贷款采购的商品质押到顺丰仓库，再用销售回款还款，或者先将货物质押到顺丰仓库再贷款，利用销售回款偿还。顺丰仓储融资还实现了动态质押。在给客户提供融资贷款期间，仓储管理系统（WMS）监测客户每天的货品出入库情况和剩余仓储货品的价值，根据动态记录调整授信额度。[30]

第四，信用贷款（顺小贷）。

据了解，顺丰提供的信用贷款（顺小贷）业务，主要是与顺丰有较好合作且从事商品销售的实体经销商或电商客户。

30 掘金记 . 顺丰如何自救 [EB/OL].2018-10-09.https://www.sohu.com/a/258337958_100183344.

当然，在此项业务中，顺小贷通常给企业提供5万～100万元的信用贷款。

## 做好风控之道

不可否认的是，对于任何一个快递企业来说，涉足供应链金融必须做好风控。对此上海大学现代物流研究中心常务副主任储雪俭在接受媒体采访时坦言："物流企业开展供应链金融业务将成为行业发展趋势，但是需要有很强的风控意识，比如质押物选取、价值评估、平仓点选取、货物流向控制等。"

在储雪俭看来，风控决定顺丰供应链金融的成败。既然如此，面对供应链金融，顺丰如何做好相关风控？

第一，为了更好地做好风控，顺丰通过交易数据、物流数据、系统对接，以及评级监控系统实现整个供应链金融产品的设计与风控。

第二，多方借鉴一些主流平台对大数据的分析和应用技能，对传统银行的风控模型和评分系统设计加以研究，将其改进、应用到自己的产品上来。

第三，针对不同的融资模式，保持其独特的风控策略。例如，在仓储质押业务中，必须重视客户的采购信息、支付信息，以及货物的评估和验收，甚至还要做好仓储和运输环节的物品管控。又如，在保理融资业务中，顺丰必须详细地了解双方的供应关系、供应周期，以及分析和验证多维度数据。

当然，在风控问题上，顺丰拥有自己的优势，在其流程上，不管是前端的库存管理、干线运输，还是终端配送，顺丰都深度地参与和把控。对此，中国物流金融智库专家宋华坦言："物流属于被动的第三方行业，核心是物，有了物才有运货的需求。快递公司只有掌握合作客户的经营产品、产品畅销程度、市场分销和客户维系等数据，为其提供定制化的仓储运配服务，真正渗透到产业链条中去，才能实现供应链金融的可持续发展。”

在宋华看来，定制化的仓储运配服务是保证供应链金融可持续发展的一个着力点，这也是王卫涉足供应链金融的最大优势。

当然，为了更好地加强风控管理，顺丰通过战略联盟，实现其战略突破。2018年4月，顺丰宣布，顺丰控股和同盾科技合资成立北京顺和同信科技有限公司。同盾科技官网介绍如下：

同盾科技有限公司成立于2013年，总部位于浙江杭州，是国内专业的智能风控和分析决策服务提供商。同盾坚持AaaS（智能分析即服务）的风控理念，将人工智能与业务场景深度结合，为银行、保险、汽车金融、非银行信贷、基金理财、第三方支付、航旅、电商、O2O、游戏、社交平台等十余个行业提供智能营销、智能信贷风控、智能反欺诈、智能运营等服务。截至目前，已有超过10,000家企业选择了同盾的产品及服务。

受客户信赖的同时，同盾也备受国内外顶尖资本、媒体、行业的认可，已获五轮共计数亿美元融资，并荣获2015年红鲱鱼全球科技创新100强、福布斯中国互联网金融50强、2017亚洲银行家“最佳云平台应用”、毕马威2017 Fintech 50、《亚洲货币》中国Fintech领导者大奖、拉姆·查兰管理实践奖等奖项，入选了CB insights全球Fintech“独角兽”榜单、2018达沃斯论坛上发布的“中国AI 50强”、入选分析咨询机构Gartner《2018年世界人工智能产业发展蓝皮书》等。

发展至今，同盾科技业务从中国辐射至全球，已在杭州、北京、上海、深圳、广州、成都、西安、重庆、新加坡、印尼等多地设立分支机构。同盾的团队中，超过80%的成员是人工智能、云计算、风险管理、反欺诈、商业决策等领域的资深专家。同盾希望凭借人工智能、大数据、云计算三大核心技术体系，赋能金融、互联网、物流、医疗、零售等行业，合纵连横建立智能商业决策平台，并最终实现“智能决策让生活更美好”的愿景。[31]

从官网介绍可以看出，同盾科技在反欺诈和智能风控上有很高的声誉。正因为如此，顺丰和同盾科技合资成立顺和同信，试图深度挖掘物流、信息流、资金流数据价值，目的就是提供物流行业、零售行业和供应链金融行业的风控和数据分析类产品及服务需求。不仅如此，顺丰同时还与怡亚通等八家供应链企业，合资创建供应链大数据平台，打造高效协同的智慧供应链体系，提高其竞争优势。

## 变革与优化

很多企业家不愿意转型，一个原因是他们总沉溺于过去的成功中。例如，柯达是世界上最先研发出数码照相技术的企业，由于死守胶卷业务，最终被日本的数码企业取代。为此，苏宁创始人张近东坦言：“企业转型最大的障碍是很多人总沉溺于过去的成功。”

张近东的告诫，源自其管理实践。学者磐石之心高度地评价了苏宁，磐石之心撰文指出，“苏宁曾是民营企业第一名，海尔是中国白色家电领导者，万达是商业地产的标杆。这些企业都是诞生于改革开放之后的80年代，

31 同盾科技官网 . 公司简介 [EB/OL]. 2019. https://www.tongdun.cn/info/company.

他们是改革开放红利的受益者。研究发现，企业只要不经历转型危机，它们总会迅速地爬上抛物线的最顶端。这三家企业无疑都是如此。成功令人眩晕，同时也会成为转型的包袱，这是几乎所有人都清楚的真理。然而从帝王到企业，再到个人，都普遍存在着‘自我麻醉’的现象，也可以叫作‘装睡的人’”。

的确，诸如此类的巨型企业，每次转型无疑是最为艰难的一件事情，特别是它们爬上抛物线的最顶端时。在这三家企业中，其转型面临同样的问题。由于自身的成功，特别是占据行业优势的情况下，自然会阻碍企业的积极转型，甚至还可能成为转型中最为沉重的包袱，因为转型最大的障碍，不是对未知的不确定，而是源于过去的成功。在这样的背景下，王卫开始了顺丰的变革尝试，由此拉开了顺丰变革与优化的序幕。

## 变革的内外部因素

在快递行业，直营和加盟，一直都是顺丰关注的两个点。当然，这样的讨论也会影响到顺丰的变革和转型。

面对市场环境发生的巨大变化，尤其是互联网 + 时代下的经营管理，如何适应新时代的经营模式，让顺丰继续保持前二十多年的发展速度，已经成为王卫，以及顺丰高管必须解决的问题。

在顺丰集团副总裁、顺丰速运华东大区总裁徐前看来，解决顺丰发展的问题必须注意两点：第一，外部因素。随着世界全球化的纵深发展、新经济浪潮，以及快递行业自身的发展阶段等因素。第二，内部因素。顺丰经过 20 多年的发展，拥有了自身的竞争优势，当要变革时，可能会权衡得失利弊，包括环境、客户和自身发展。

目前的顺丰已经形成了以业务区为单元的网络式经营管理模式。徐前之所以这样理解，是因为他于2016年才加盟顺丰。之前，徐前就职于银行，2003年徐前就职于渣打银行，2007年徐前就职于德意志银行。

2016年7月，徐前加盟顺丰，担任助理CEO。

徐前介绍道："过去二十五年，伴随市场的拓展、经营网点的布局、客户的需求，以及顺丰特有的集、散货物需求，顺丰从华南到华东、华北、中西等区域一路走来，逐步形成了以单个地区为主体的管理模式。"

顺丰自身管理模式的形成，源于其发展历程。回顾顺丰的发展就能很清楚地知道。顺丰起步于华南，如今已经发展成为覆盖几乎所有县级以上城市的快递企业。

这个发展的过程，其实也是向下扩散的过程。因此，顺丰在拓展新地域的过程中，必须有所针对性。在不同地域，因其客户行业不同，必须有不同的区域管理。

不仅如此，竞争对手也在跑马圈地式地构建其网络。因此，顺丰由此形成了60多个业务区的经营格局。

为了应对竞争对手的调整，顺丰开始通过拆分单元区域、计提制改革优化等管理手段，来提升顺丰的竞争力。在接受媒体采访时，徐前坦言："地区管理模式的优势显而易见，比如了解管辖地域情况、与当地高度融合、能够管理好各项资源投放等。但与此同时，一些弊端也暴露出来，如按照历史发展轨迹拆分的单元区域之间产生的矛盾，无形中形成的区与区之间的壁垒等。"

徐前说道："同时这样的设置，所产生的营运框架、客户服务体系、价格体系和客户实际需求脱节。有时候，我们没有按照最优的模式将快件送到客户手中，没有把资源投放到最应该投放的地方，导致一些地区自己算小账，忘掉算大账；自己开发客户，忘记了兄弟区的联动；自己去看资源的投放，忘记了客户的实际需求；更不要说人才流动受限等。因此江浙沪皖一体化经营体系就是要试图打破这些弊端，解决这些难题。不管是单元区还是板块制，在客户眼里，是没有所谓顺丰地区的概念的，客户看到的只有顺丰和顺丰提供的服务。”

## 尝试板块制

在当前，快递物流行业的两种模式：直营与加盟备受争议。作为直营模式的顺丰，一直采用重资产模式经营，必然购置大量的动产和不动产，这也是顺丰遭遇诟病的一个原因。

笔者却与很多研究者持相反的观点，笔者个人认为，顺丰的重资产模式将是在未来赢得竞争的关键，其理由是顺丰可以给客户提供极致的服务。虽然加盟模式拥有自身的优势，可以在整个流程环节中降低成本，甚至可以将成本压得很低，同时灵活性也很强，但是加盟模式也存在自身的弊端。

在直营模式中，总部高效的决策和执行落地、统一的服务和价格等，让加盟模式不可比拟。当然，直营模式的弊端也很明显，例如，营运体系较为庞大，动产和不动产费用较高，以及其他成本较高，人为设置壁垒等。

针对直营模式的弊端，徐前的解决办法是，把直营模式的劣势变成优势，即板块制是破解顺丰当前地区管理模式存在问题的有效方法之一。徐前说道：“不是说把地区取消就能解决问题，板块制对于地区来说，一定是‘1+1 > 2’的结果。”

据徐前介绍，在顺丰华东地区，华东16个业务区被划分成上海、苏南（含苏州、无锡、常州、南通）、苏皖（含南京、苏北、皖南、皖北）、浙北（含嘉兴、杭州、绍兴、宁波）、浙南（含温州、金华、台州）五大板块。

实施板块制，其初衷是实现华东中长期发展，原因是，板块碰撞、政策互通、资源共享、协同发展，能有效地让资源得到最大化配置。

徐前介绍称，江浙沪皖一体化的经营体系是顺丰打造华东16个地区的整体竞争力的动因。把哪些地区放在一起，主要的考核指标就是协同效应更高。徐前说道：“比如南京、苏北、皖南、皖北放在一起，单从营运优化的结果来看，之前安徽一票件要集到合肥，再往徐州等地，现在产生新的营运模式后，这些件不用再去合肥，直接去往徐州，在成本的下降、时效的提升等方面，都产生了明显成效，因此这几个区放在一起就比较合适。”

在徐前看来，在资源配置这块，必须全局盘活。倘若把苏锡常通4区盘活，就可以提升基于产业集群的优势，营运模式更新、仓储建设，以及服务上海的能力。又如浙北板块（嘉兴、宁波、绍兴、杭州），其经济活跃度较高，一旦盘活后，其产生的效益就非常可观。再如浙南板块（金华、台州、温州），杨梅产量很大，以往都各自为战，顺丰在制定统一的标准、统一的价格后，无疑提升了杨梅产业的竞争力。

当然，盘活浙北和浙南板块，就必须发挥上海的作用。徐前说道：“如何让拉动变得更加有效，对于那些总部在上海、生产基地在其他地区的客户，如何联动兄弟区做好协同，这是上海所要发挥的作用。”

在徐前看来，板块制是解决顺丰当下问题的一个大胆尝试，一旦板块制战略实施成功，就可以解决以下三个问题。

第一，资源投入更有效率。当各板块盘活后，顺丰资源的投入集中在市场、客户需求上，地区界限问题由此打破。

第二，提升顺丰产品的市场竞争力。之前由于各区自行结算，按照营运规则，一级、二级层层中转。当盘活板块后，减少中转次数，提升了车辆装载率，无疑就提升了效能。

第三，盘活人才流动与互通。由于曾经是因为地区间的相互限制，人才不可能真正的互通。当实施板块制后，“人财物全体系”得以盘活，人才的相互输出和充分流动问题就迎刃而解。

## 探索板块制

板块制在实施中，也给顺丰带来新思考。究其原因，就是在华东板块制运行过程中，一方面充分地发挥了民主和各个地区的主观能动性；另一方面也激发了所有地区负责人的积极性，甚至一起“头脑风暴”，在相互沟通和交流后推选板主。

徐前说道：“实际上，过去一年华东培养了很好的变革氛围，板块制不是谁拍脑袋拍出来的，而是 16 个区总在一起集思广益，举数据、摆事实、做研究，最后得出的结论，五大板块也是在此基础上自然而然形成的。”

在徐前看来，五大板块的形成是基于团队力量的决策而成。不仅如此，虽然板块制解决了层级问题，但是华东 16 个区形成的五大板块的层级需要龙头拉动。徐前说道：“上海是不是有这个能力和意识，要由它的考核去推动，比如怎么能让现有的绩效机制、人才储备等满足上海区发挥龙头作用，就要被提上议事日程，因此不光是给上海提出要求，更关键的是要给上海赋能。”

在徐前看来，板块制是通过自下而上的方式，尝试打破顺丰的一些框架和束缚。纵观中国历史，有一个很有兴趣的变革现象，无论何时何样的改革，近乎都以自上而下的形式铺开，即以领导阶层主导展开的。例如，战国时期的商鞅变法、赵武灵王胡服骑射、新朝的王莽改制、北魏孝文帝汉化改革、唐朝的二王八司马改革，北宋王安石变法，明朝张居正改革，清朝洋务运动……

在此，我们来回顾一下商鞅变法的背景和成果。战国初期，秦国社会经济的发展落后于齐、楚、燕、赵、魏、韩六个诸侯国。面对大兵压境，秦孝公不得不把提升秦国实力，尤其是在诸侯国之间的争霸中处于有利地位和不被别国吞并提上日程，于是积极地引进变法人才，以此图强。

其后，秦孝公开始了影响中国上千年的变法——商鞅变法。商鞅以历史进化的思想驳斥了旧贵族“法古”“循礼”的传统主张，为秦孝公推行变法做好了舆论准备。

经过两次变法后，秦国的旧制度被彻底废除，其经济蓬勃发展。经过一段时间的发展，秦国逐渐成为战国中实力最强的诸侯国，为后来秦王朝统一天下奠定了坚实的基础。

不可否认的是，变革不管对于国家，还是企业来说，其作用异常重要。正如徐前所言，“板块制并无经验可供借鉴，是一个循序渐进的过程，但只要在资源协同、人才互通、业务联动等方面有创新，有业绩和亮点呈现，就应该得到认可，同时要由下而上不断激发，不断总结，最终沉淀出一套东西出来”。

由于各业务区的情况不尽相同，甚至是迥然各异，仅仅凭借“一套方案行天下”显然是不行的。顺丰凭借自身的科技创新等手段，在“摸着石头过河”中，探索出符合顺丰发展的新路径。徐前说道：“因此当板块一旦打通，科技一来的话，是不是用一个大维度的管理会更加有效，这需要我们自己去琢磨和思考，目前还没有答案，这还需要检验公司整个科技的能力。未来会怎样？时代及一些内在发展的规律有时是无法阻挡的！”[32]

## 转型综合物流服务商

对于任何一个企业来说，转型战略都会由自身的业务和规模来决定，对于顺丰来说，也同样如此。

当顺丰积极在快递业务的基础上涉足多元化业务转型时，致力于打造全方位生态圈的顺丰，正在积极地加快创新的步伐，涉足基于新物流的产业集群，由此拉开了“基于物流、融通金融、流通商业”综合物流服务商的序幕。

当然，顺丰布局物流地产，与中国当下的加速产业升级、新型城镇化有关。究其原因，物流地产首先是顺丰战略布局的一个抓手，往往通过整合自然、社会、经济等相关资源推动区域产业的转型升级，有效地拉动区域经济的发展。

---

32 张渭桥．顺丰新玩法：“板块制”打破区域限制．盘活业务资源 [EB/OL].2018-06-05. http://www.sohu.com/a/234179471_465189.

## 涉足物流地产

众所周知，不管是电子商务，还是实体零售市场，其快速扩张都可能是促进大型制造业基地建设的动力，这无疑成为电子商务崛起，且成为满足物流仓储设施需求增长的引擎所在，其在区域经济发展中起到举足轻重的作用。

面对如此局势，作为快递龙头企业的顺丰，布局物流地产显然是在提升自己的综合物流服务能力，挖掘更大的蓝海市场。

数据显示，2013 年，顺丰涉足物流地产，创建产业园运营中心，通过“自建+合作”方式，布局全国。截至 2018 年 11 月 7 日，顺丰已经完成布局 34 城，运营园区 16 个。

顺丰之所以涉足物流地产，是因为顺丰通过搭建产业园区，以此来承载和调动自身的内外部资源，有效地优化配置其资源。

2017 年 9 月 6 日，顺丰速运有限公司与万科物流地产在深圳大梅沙万科集团总部签署战略合作协议。

合作协议称，“双方拟加强互动协调，充分发挥优势互补，在物流仓储、冷链探索、智慧化园区及商业配套等方面寻求战略合作。未来，双方将通过资源共享，在全国各城市的物流设施选址、投资开发、仓储租赁方面，进行深入全面合作；同时，在长租公寓、产品创新、中央家政、社区入口、智慧化园区、冷链物流等方面，双方也进一步探讨了新型模式及合作契机，为城市配套的发展和完善提供新的思路和解决方案”。

2017 年 9 月 11 日，顺丰与普洛斯签订《战略合作意向书》，加深物流中转场、供应链仓储、冷链领域及物流设备金融等方面的合作。

2017 年 11 月 13 日，顺丰与嘉民达成合作。2017 年 11 月 14 日，顺丰对外宣称，顺丰与嘉民在中国香港特别行政区签署战略合作协议，共同合作开发建设仓储设施。

根据协议，通过知识共享，顺丰与嘉民双方开展物流仓储设施合作，确保顺丰速运拥有最为优质的物流和仓储设施。

顺丰与嘉民展开战略合作，共同开发建设仓储设施。不仅如此，顺丰还在频繁地与多家知名物流地产商“达成战略合作”。

在顺丰的战略合作伙伴中，除有万科物流、普洛斯、嘉民等知名度较高的物流地产巨头，还有顺丰与当地政府和企业共同投资的湖北鄂州国际机场。

## 建设物流园区

顺丰布局地产尤其是加强其物流地产的作用，一个重要的内因就是满足其业务自身的需要。要想提升自身的物流效率、有效地衔接物流的各个流程环节，构筑物流地产就势在必行。

因此，顺丰建设物流园区、拓展分拣中心、打造航空物流中心，旨在提升其竞争优势。

快递企业布局物流地产的初衷是一致的。根据《中国邮政快递报》报道，除了顺丰，圆通、申通、中通、韵达、京东、德邦、中国邮政和安能也在布局物流地产。

正当快递企业积极布局物流地产时，电器巨头苏宁也不甘落寞，高调介入物流地产。2017 年 11 月 13 日，苏宁云商发布公告称，“全资子公司江苏苏宁物流与深创投不动产拟联合发起物流地产基金，投资公司拟建、在建及已建成高标准仓储物流设施，并寻求并购其他市场主体的高标准仓储物流设施。基金目标规模300亿元，首期募资50亿元，目标实现管理仓储规模1,200万至1,500万平方米。公司另拟择机出售阿里巴巴股份不超过550万股，即不超其总股本的0.22%，出售完成后在阿里巴巴持股比例为0.82%”。

相比苏宁，京东布局物流地产可谓是更上一层楼。数据显示，截至2016年年底，京东拿下全国15个城市390万平方米的土地，用途是仓库建设。其后的2017年8月8日，京东集团更是以38.5亿元的价格，购买北京亦庄经济技术开发区东路的两宗地块。2017年10月24日，京东房地产业务上线。

作为阿里系的菜鸟网络也不甘示弱，同样在中国建设自己的基地，目前共建设八大仓储物流基地。

# 第八章

# 远交近攻，出海亮剑

我们希望积极参与“一带一路”和粤港澳大湾区建设。根据“一带一路”政策，跟我们的客户一起“走出去”，是我们接下来重点投入的方向。目前顺丰的国际化业务增加比较快，但收入来源的90%以上还是来自国内。全球化布局是“0到1”的变化，这需要一个周期。当然，企业也可以通过资本合作加快布局。但我们还是希望比较稳一点，有的时候不要太激进，企业发展步伐要更稳健。

——顺丰创始人 王卫

## 尝试国际化

随着世界跨国公司布局中国市场，退无可退的中国企业，不仅面临资金雄厚、技术实力超强的跨国企业的直面竞争，而且还面临境内对手的前后夹击。

曾经偏安的中国市场已经被跨国企业蚕食殆尽。为了生存和发展，拓展国际化市场也是必需的战略抉择。

20 世纪 90 年代以来，华为、格力电器、海尔、TCL 等中国企业开始尝试进行自己的国际化市场之旅，虽然历经艰难险阻，但是成功地挖掘了国际化这个蓝海市场。

其后，阿里巴巴、腾讯等中国企业又一次开始了自己的国际化之路。阿里巴巴以电商和支付宝为两个战略纵队拓展日本、韩国、马来西亚、印度、新加坡等国际市场。

与阿里巴巴不同，腾讯凭借 QQ 和微信拓展海外业务，不仅如此，腾讯加大了海外电商领域的投入，甚至花费 14 亿美元入股印度电商 Flipkart。

这仅仅是更多中国企业拓展国际化市场的一个缩影，其中就包括立志做“中国联邦快递”的顺丰。

顺丰加速国际化市场的拓展，源于中国企业国际化市场拓展的必要性和紧迫性。回顾当初，顺丰尝试国际化之旅，以跨境电商为起点。

2013 年 10 月，顺丰涉足泰国快递市场，为此，还专门开通了一条从中国到泰国的跨境配送专线。其后，顺丰在泰国成立顺丰泰国分公司及其曼谷分部。不仅如此，顺丰还在越南成立越南分公司。

如今的顺丰，已经全面铺开了东南亚的物流配送网，已经覆盖新加坡、马来西亚、越南、泰国四个国家。不仅如此，顺丰还在泰国，与中、日、韩、新、马、越亚洲国家实现双向快递服务，快递时效基本控制在 3 ～ 4 个工作日，其官网也已增设泰国站点，但使用英语而非本地语言。

顺丰之所以能够以如此快的速度布局东南亚市场，原因有以下两个方面：第一，顺丰占据地缘优势；第二，东盟的市场潜力。基于上述两个因素，顺丰果断拓展东南亚市场，无疑是抢占一个制高点，这对顺丰拓展其他国际化市场，至少是一个可以参考的范本。

## 海外机会与国内竞争

随着移动互联网的普及，中国跨境电子商务的快速崛起，这为包括顺丰在内的中国快递企业拓展国际市场打下坚实的基础。

数据显示，2014 年，中国快递业务总量连续 4 年稳居世界第一，年业务量超过世界总量的 45%，中国贡献了超过世界快递增长率的一半。

即使到如今，中国快递业务量依然很大。究其原因，从中国主流快递的业务增速分析，中国快递业务持续保持稳定增长，没有放缓迹象。中国国家邮政局公布的数据显示，2018 年 1 ～ 11 月，全国快递服务企业业务量累计完成 452.9 亿件，2017 年全国快递服务企业业务量完成 400.6 亿件，其增速较为明显。

虽然中国快递保持高速增长势头，但是同样难掩竞争日趋激烈的趋势。2018 年 5 月 31 日，阿里巴巴创始人马云参加全球智慧物流峰会，并发言说：“我们将投入上千亿元，如果一千亿不够，那我们就再投资几千亿。要将中国占 GDP 15% 的社会化物流成本降到 5% 以内。”

在马云看来，致力于降低中国物流成本是阿里巴巴的使命，同时也看中了其中的商业价值。对于这块巨大的蛋糕，觊觎的人远不止马云，一直构建自主物流体系的京东创始人刘强东也在积极涉足。2018 年 10 月 18 日，京东物流对外宣布，京东物流正式涉足个人快递业务。

京东涉足个人快递业务，其布局意图清晰，都是在抢夺高端快递市场。基于此，顺丰必定遭遇重重阻击战。

在王卫看来，既然国内市场竞争激烈，尝试拓展国际市场就是一种必要的战略选项。“走出去”就是为了更好地活下来。

与中国国内快递市场快速增长相比，中国国际快递的增长前景更加广阔。根据国家邮政局发布的数据显示，2018 年 1 ～ 10 月中国快递业务量中，同城业务量同比增长 23.9%；异地业务量同比增长 27.1%；国际 / 港澳台业务量同比增长 38.4%。

中国物流学会特约研究员杨达卿在接受《中国经营报》记者采访时分析认为，虽然中国境内的快递市场竞争激烈，但是中国中产阶级的强势崛起，具消费能力为中国快递国际化提供机遇。

研究发现，在国际快递业务拓展上，顺丰布局更早。顺丰相关负责人在接受《中国经营报》记者采访时介绍称，自 2010 年起至今顺丰在新加坡、韩国、马来西亚、美国等十余个国家成立了营业网点。2016 年 12 月开始，顺丰正式获颁国际航空运输协会会员证书，顺利成为国际航协会员。2018 年，开通了日本、美国、印度和新加坡航线。[33]

顺丰之所以积极国际化，一方面可以减少中国国内快递市场的竞争压

33 赵越．童海华．顺丰出海记：对标老巨头差距显著　新兴市场潜力巨大 [N]. 中国经营报，2018-12-30.

力，另一方面顺丰还有自己的盘算。正当中国企业积极地进行全球布局时，顺丰因此也在中国企业国际化过程中获益。

顺丰国际化有着自己的更深层次布局，不仅可以整合DPDHL中国内地、香港和澳门地区的供应链，还可以全力建设鄂州机场。众所周知，王卫的战略意图很明显，那就是在未来，顺丰凭借鄂州机场为中心，打造一条覆盖全国、辐射全球的航线网络。

## “轻重结合”

虽然顺丰国际化较早，但是国际化之路依旧困难不少。在杨达卿看来，除了需求端外，中国民营快递国际化优势并不明显。

中国物流学会理事徐勇在接受《中国经营报》记者采访时坦言：“目前我国国际快递市场被世界三大快递占领。而从世界快递市场来看，低端市场被各国邮政把持，高端市场被世界三大快递占领。如果我国相关企业想要在国际快递市场占有一定的份额特别是撬动既有市场，需要付出很大代价。比如，要做好烧钱的准备。”

相比世界三大跨国快递企业——DPDHL、联邦快递和美国联合包裹运送服务有限公司（简称“联合包裹”）的规模和营收，顺丰的差距依然不小。

根据《财富》杂志发布的2018年世界500强公司榜单显示，DPDHL排名119位，营业收入为705亿美元；联合包裹排名138位，营业收入为659亿美元；联邦快递排名180位，营业收入为603亿美元。

例如，联合包裹与联邦快递占据美国快递市场大约85%的份额。在欧洲，DPDHL拥有强劲的势力，其中约70%的营业收入来自海外。不仅如此，三大跨国快递企业仍然保持较高增速。数据显示，2017 年，联邦快递货物吨公里（FTK）达到 168 亿，同比增长 7.2%。

根据 2018 联邦快递财年第四财季报告显示，该公司营收 173 亿美元，同比增长 10%，营业利润约 15 亿美元。这组数据足以说明联邦快递强劲的爆发力，其扩张势头不减，2017 年中期，联邦快递订购了 12 架波音 767F 货机和 12 架波音 777F 货机。

根据顺丰的财务报告显示，2017 年，顺丰全年营收 710.94 亿元，同比增长 23.68%；净利润 47.71 亿元，同比增长 14.14%。

与三大跨国快递企业——DPDHL、联邦快递和联合包裹相比，顺丰的营业收入仅为其六分之一左右。值得称赞的是，目前顺丰已拥有 49 架专属飞机。与联邦快递的 600 余架专属配送飞机相比，顺丰的差距依旧明显。

为了缩小差距，顺丰采取灵活的国际化战略。在拓展海外市场时，顺丰通过“轻重结合”的经营模式，在末端根据不同的情况自建，投资或是寻找战略合作伙伴，比如在东南亚等近端市场，主要设立分支机构和自营网点，而在远端市场，主要是与国际巨头和当地快递服务类企业合作。[34]

为了有效促进顺丰的国际化，顺丰还建立了合资公司。2017 年 5 月 26 日，顺丰与联合包裹双方共同创建成立环球速运控股有限公司，持股比例为 50%。目前，联合包裹已覆盖全球 124 个国家和地区。

34 赵越．童海华．顺丰出海记：对标老巨头差距显著　新兴市场潜力巨大 [N]. 中国经营报，2018-12-30.

## “农村包围城市”

在国际化战略中，不管是华为，还是格力电器，抑或是顺丰，都通过“农村包围城市”的战略来拓展国际化市场。这样的观点得到中国物流学会特约研究员杨达卿的认可。杨达卿在接受《中国经营报》采访时说道：“从投资市场看，东盟、南亚、俄罗斯、非洲市场都是高增长的国际快递市场，也是欧美日国际快递巨头扎根不深的市场。”

在杨达卿看来，欠发达地区往往是顺丰等中国企业推进国际化战略的地区，例如，印度市场。据印度工商部的印度品牌资产基金会（IBEF）预测，到 2034 年，印度网络用户有望从 2017 年的 4.75 亿人增长至 8.3 亿人。

这组数据显示，电子商务将驱动印度的经济增长。该机构预测，到 2020 年，印度互联网经济的规模大约为 2,500 亿美元。其庞大的电子商务市场无疑会催生印度快递业务量的成倍增长。

这样的观点得到顺丰的印证。顺丰举例称，在 2018 年的中印专机方面，顺丰的业务量相对增长明显，除了助力提升小米高效的物流体系外，还在 2018 年 11 月 15 日成功地将印度 8 吨心肌梗塞药品以国际冷链形式运到中国，实现首例顺丰国际医药解决方案。

对于新形势下的国际化战略，顺丰相关负责人在接受《中国经营报》采访时说道：“2019 年顺丰将加速国际化进程，除了现有的航线，还会继续开通新的线路，包括中东、印尼和东南亚等新兴的线路。”

当然，作为全力布局国际化的顺丰来说，不仅要与国际跨国快递企业展开直接的竞争，同时还需要在拓展国际化快递市场中找到突破口，稳扎稳打且站稳脚跟。

## 借力“一带一路”

在顺丰的国际化征途中，王卫借助“一带一路”政策，拓展其沿线国家市场。顺丰在过去的三年时间内，其国际业务同比增长高达 70% 以上，业务覆盖多个“一带一路”沿线国家。2016 年“双十一”期间，由顺丰承运的跨境电商包裹中，件量排名前六位的地区依次为俄罗斯、欧盟、乌克兰、美国、白俄罗斯、巴西，其中三个地区属“一带一路”沿线国家。[35]

顺丰之所以能够获得如此业绩，是因为早在“一带一路”倡议提出之前，它已在海外布局多年，只不过此次让之前的耕耘开花结果而以。

## 顺丰的国际化战略契机

在中国企业的国际化战略中，尤其是近几年的跨境电子商务，庞大的需求激发越来越多的中国企业走出去。

随着跨境电商的爆发式增长，催生了物流业火箭般的发展。2013 年 9 月和 10 月，中国国家主席习近平分别提出建设“新丝绸之路经济带”和“21 世纪海上丝绸之路”的合作倡议。

当中国以更加开放的姿态融入世界时，带来一个新时代的全球融合以及巨大的商业机会，包括物流快递行业在内的中国诸多企业迎来了自己的国际化战略契机。

相比中国的其他物流企业，顺丰国际化战略启动得更早。2009 年，专

35 徐雯 . 顺丰出海记：“一带一路”是开拓国际市场的捷径 [EB/OL].2017-05-18. http://finance.sina.com.cn/chanjing/gsnews/2017-05-18/doc-ifyfkqiv6511101.shtml.

注于快递业的王卫觉察到国际快递业务的商业价值，并开始有条不紊地搭建国际快递业务的基础架构。同年，阿里巴巴旗下的淘宝“双十一”促销开始首秀；2010 年，顺丰在新加坡设立营业网点，吹响顺丰拓展国际化市场的号角。

其后，顺丰全力深耕国际化市场，相继开通新加坡、马来西亚、泰国、越南、韩国、日本、澳洲、美国、蒙古、印尼、印度、柬埔寨、加拿大、墨西哥及缅甸等 51 个国家的快递服务，网点覆盖了多地华人集中的社区，主要提供包括国际标快、国际特惠、国际小包、保税仓储、海外仓储、转运等不同类型及时效标准的进出口服务等。

顺丰国际化市场的业务增长速度惊人：2013 年至 2016 年间三年国际业务的增长率超过 70%；规模从 2.7 亿元飙升到 2016 年的 11 亿元，尽管占总营收不超过 2%，但 2016 年同比增长超过 300%，是顺丰目前增长最快的业务。现有客户约 9.3 万个，超百万客户达 120 个。[36]

当然，顺丰能够取得如此成绩，离不开王卫独到的战略判断。在王卫看来，中国推出“一带一路”的开放政策，势必加速中国企业融入世界的进程。

当习近平主席提出“一带一路”倡议后，王卫果断地加速国际化战略，加快国际化市场布局的步伐，目前服务范围已经增长至 200 多个国家及地区。

顺丰控股副董事长林哲莹在接受媒体采访时说道：“顺丰上市以后，国际化肯定是一个重中之重的战略。”

在林哲莹看来，顺丰开启国际化战略，关键是源于顺丰自身需要：第一，客户需要顺丰提供又快又好的国际服务；第二，“一带一路”提供的

---

36　徐雯 . 顺丰出海记：“一带一路”是开拓国际市场的捷径 [EB/OL].2017-05-18.http://finance.sina.com.cn/chanjing/gsnews/2017-05-18/doc-ifyfkqiv6511101.shtml.

商机让顺丰多了很多市场机会的选择和把控。

林哲莹解释道：“这几年，我们可以看到国家‘一带一路’的政策效应已经明显地体现在顺丰的业务中，‘一带一路’的倡议和国家战略的实施，使我们开辟国际市场走了一些捷径，我们在欧洲设的海外仓、在东南亚设立的分支机构都得以很快落地实施，我想这个除了企业自身的努力外，跟国家富强、国家的战略定位、政策效应都是息息相关的，民营企业的确可以在国家的大政方针下得到一些实惠。”

在顺丰国际化过程中，还与其他国家的邮政合作。林哲莹以顺丰和爱沙尼亚邮政的合作为例介绍道。爱沙尼亚是一个东欧国家。2015 年 9 月，顺丰与爱沙尼亚国家邮政公司共同组建合资快递公司，负责将东北欧地区消费者网购的中国商品快速运至爱沙尼亚、拉脱维亚、立陶宛、芬兰、俄罗斯和该地区其他一些国家。[37]

正是“一带一路”倡议，给顺丰提供了一个与主权国家合作的机会。对此，林哲莹直言不讳地说道：“除了企业自身的努力与商业谈判，我觉得还是因为他们看到了中国的强大。”

林哲莹之所以有此体会，源于其国际化市场的开拓：“原来以为国家的战略就是一个号角的作用，但现在看到这么多务实的机制作为保障，觉得心里挺踏实的，国家在‘一带一路’的布局比较周全，把企业所面临的困难考虑到了，让我们走出去更有底气、更有保障，剩下的工作就是企业把自己的商业能力跟国家的战略配合好，国家做好国家的，企业做好企业的。”

---

37 徐雯 . 顺丰出海记：“一带一路”是开拓国际市场的捷径 [EB/OL].2017-05-18.http://finance.sina.com.cn/chanjing/gsnews/2017-05-18/doc-ifyfkqiv6511101.shtml.

## 挖掘“一带一路”沿线国家市场

国内与国际的经济环境促使中国企业国际化箭在弦上，而“一带一路”成为一个中国企业国际化战略的助推剂。在此之前，包括王卫在内的物流企业经营者，都在想方设法地捕捉国际化市场的机会。

林哲莹坦言：“其实按照生产力布局，如果没有‘一带一路’倡议，我相信很多点是不符合做物流节点的布局的。但是因为有了‘一带一路’倡议，给了我们过去看似没有机会的机会。”

在中国境内，顺丰是中国快递行业的一个名副其实的隐形冠军，拥有较强的口碑度，但是在国际化征途中，相比国际四大物流巨头的美国联邦快递集团（FEDEX）、美国联合包裹运送服务公司（UPS）、德国敦豪国际公司（DHL）和荷兰天地公司（TNT），顺丰顶多算是跟随者，不仅规模小，其量级尚且轻。

顺丰的国际化意味着与国际四大物流巨头短兵较量。

在中国境内，主场作战优势更大，但是作为后来者，顺丰与国际四大物流巨头同台对垒，其策略就有所改变。

对此，林哲莹介绍说道：“中国市场培育了顺丰，让顺丰壮大到可以跟国际四大物流巨头平起平坐、争夺市场。我们有足够的财力、足够的能力去实施国际化，国际化是需要财力、实力做保障的，不是想象的那么简单。”

林哲莹认为，顺丰与国际四大物流巨头竞争，必须用好“远交近攻”“轻重结合”战略。

所谓“轻重结合”是指长期以来顺丰在中国境内，尤其是内地全部自营，同时也在进行相应的资产配置，除了购买车辆、飞机等，现阶段还在建设亚洲第一、全球第四的纽约航空，经营策略相对更“重”。但是在国际化过程中，尤其是海外地区，其市场和文化经济都与中国境内不同，且存在诸多的不确定性。为此，顺丰采取了加盟等不同的国际化战略。即采用直营模式的区域有类似东南亚临近区域或者华人文化基础比较广泛的国家；采用合作模式的区域有欧美等遥远地区，主要是在当地与快递企业或者国际巨头合作。

林哲莹解释道：“用我自己的理解来讲，远的地方我们用市场交换的方式，我来帮他搞定中国市场，他帮我搞定当地市场，我们叫市场换市场。”

据林哲莹介绍，在未来顺丰国际化过程中，也不排除通过资本层面的深度合作的战略实现顺丰国际化战略，最终实现市场互换。

在国际化过程中，顺丰布局“一带一路”沿线国家选择物流，顺丰更看重的还是其商业价值。林哲莹坦言：“我们还是保持比较清醒的头脑，哪些是可靠的合作伙伴，哪些国家贸易政策相对比较稳定，我们会去做，不会参与投机的行为，海外布局方面更注重效益。……比如像印度尼西亚这样的岛国，我们在布局的时候会结合顺丰的能力，如果无人机的能力还没形成，我们不会去布局，如果无人机形成了规模性营运，我们第一个考虑的就是印度尼西亚，我们会出重手布局，解决它自身解决不了的问题，这恰恰是我们的优势。”

在林哲莹看来，拓展“一带一路”沿线国家市场，是因为物流互联互通无疑成为沿线国家关注的重点方向。作为物流企业的顺丰，尽可能地挖掘该板块的价值。对此，林哲莹在接受媒体采访时说道：“跨境电商这方面的市场增长给我们提供了机会，我们应该把握这样的机会，我认为这会是顺丰一个新的增长点。我们的海外业务方兴未艾，预计未来国际业务仍将保持成倍增长。”

# 附录

# 附录顺丰王卫内部讲话（一）

## 关于顺丰目前面临主要经营问题的几点意见

今年以来，公司经营出现了比较严重的问题，集中表现在两个方面：一是收入增长放缓。2012 年 6 月份，收件同比增长 24.2%，比去年同期(42.85%) 低 19 个百分点；收入同比增长 32.21%，低于去年同期（39.29%）7 个百分点。与此同时，整个行业却仍保持高速增长，2012 年上半年，行业收件同比增长 51%，收入同比增长 39.7%。我们的增速（收件 29.9%、收入 35.4%）明显低于行业水平。收入增长放缓，且低于行业增速，意味着顺丰市场占有率下降（内地收入市场占有率从 2011 年 6 月的 28.19% 下降到 2012 年 6 月的 26.7%），面临着十分严峻的经营形势。二是盈利能力下降。自 2010 年 4 月起，公司的成本增速开始高于收入增速，成本线与收入线之间的差距越拉越大，直到 2012 年 6 月，成本线依然处于收入线的上方，成本费用增幅高于收入增幅意味着我们在提升资源效能，促进各项成本费用投入合理性方面没有有效措施，盈利能力受到极大挑战。

为什么会出现以上问题？我们应当如何应对？我要谈几点看法。

### 一、意识保守僵化，缺乏活力

1．“靠天吃饭”的惯性思维在继续。过去几年公司业务一路高速增长，各级管理者习惯了把主要精力放在内部，闭门苦练内功、漠视市场变化和客户需求的心态很多同事习以为常，总认为内部管好了就不愁业务。但是随着外部形势变化，这些惯性思维明显不合时宜，正在阻碍公司的发展。

2. 不求有功，但求无过。创新很难吗？我们的管理者水平不够，无法创新吗？都不是。归根结底，是我们自己害怕创新，怕犯错、怕承担责任。久而久之，这种不求有功，但求无过的想法成了主流，创新纯粹变成了口号。

3. 内部工作氛围每况愈下。管理层缺乏使命感，“多一事不如少一事”，不愿开口说话，导致消极的工作状态逐级向下传导，跨部门沟通隔阂、推诿，这一情形仍在蔓延，使内部工作氛围每况愈下，给企业带来巨大内耗。

这些意识层面的问题使我们面对的困难雪上加霜，怎么办？希望大家清醒地意识到：当前的经营形势不容乐观，我们正在丧失应有的市场份额。管理层必须树立以市场为导向、以客户为中心的经营观，解开思想枷锁，从“总部让我做我才做”转变到“总部没有禁止的，我都可以做，总部要帮我做”；鼓励在“不违反法律、不偏离战略”经营底线内的创新。

二、没有建立起“以市场为导向、以客户为中心”的工作体系

1. 不了解市场。今年以来出现了大面积无法完成收入预算的情况，历次分析都归过于经济形势不好；那为什么行业增速又很好呢？究竟是经济形势不好，用快递的人少了；还是我们的服务跟不上，用顺丰的人少了？

2. 漠视客户的需求。请问管理层有几个知道自己最重要的客户是谁？有没有跟这些客户保持面对面的交流，了解他们对顺丰的服务需求？有没有检视几年来顺丰的服务是否具有实质性的提升？有没有试图通过努力成为客户唯一的快递服务商？

3. 竞争对手研究浮于表面。我们向来只把国际快递巨头或“四通一达”视为竞争对手，进行简单的动态信息摘录，对经营决策几乎起不到辅助作用。事实是，在不同的市场分层中，我们面对不同的竞争对手。以重点大客户

开发为例，我们发现国内大型企业的物流和快递供应商往往是一些小公司、货代公司，他们在客户处拿到了“总包”业务量，再把部分甚至大部分业务“转包”给顺丰，这些公司的服务其实是在向客户提供“解决方案”，靠大脑吃饭；顺丰则不幸沦为搬运工，靠体力吃饭。我们在目标客户、目标市场上的竞争对手究竟是哪些公司，他们报价、运作、服务、管理是怎么样的，客户为什么会选择他们而不是我们，这些问题都是需要去深入了解和分析的。

我认为解决的方向是：（1）建立广泛了解客户需求，及时满足客户需求的工作机制。十几万员工就是顺丰的眼睛和耳朵，倾听顾客的声音，管理层则要倾听员工的声音，使好的想法变成新的服务、更好的服务。（2）要以提供“一揽子解决方案”为目标，为大客户提供一站式的服务，改变客户结构，丰富产品服务类型，让大客户的收入贡献成为收入结构的主体，而不是把需求还给客户、交给竞争对手。参观新加坡横河电机的经历让我们很多同事感到震撼和启发：从完全定制化的需求出发去拉动生产是可行的；在标准化的平台上是可以实现定制化的服务的；为客户提供定制化服务并不是对员工素质提出了超高的要求，而是要在系统集成、流程设计、企业文化上下功夫。（3）要以为客户实现价值来检验我们的质量管理，不能再像过去那样把质量管理简单地等同于失误率指标，而要从客户需求出发，以提升管理质量为手段来实现质量的提升。

三、“顺丰能力”未能创新转化为“顺丰机会”

1. 强大的营运能力未能转化为市场份额。公司的营运优势（如时效管控处于行业领先，庞大营运资源衍生的终端配送优势等）没有整合、提炼成解决方案，去满足客户需求。以时效为例，某大型 B2B 客户同时选择联邦和顺丰为物流供应商，主要考虑“顺丰没有时效承诺而联邦有”，但使用中客户却发现其实顺丰的时效比联邦更快。这种例子还有很多，一方面，我们自上而下推动非常费力，不知道能卖给谁；另一方面，大量客户为需求苦恼，却不知道“顺丰有”或“顺丰可以有”。

2. 没有基于品牌优势创新服务模式。顺丰经过多年积累，在客户中已建立起可信赖的品牌形象，我们的品牌力是有竞争力的。以“特色经济”代购为例，客户在选择这种服务的时候，顺丰不单是可信赖的运输途径，更是为客户选购并对产品品质作保证的可信赖品牌。由此不难想象品牌价值在快速消费品市场为我们带来的巨大潜力。

3. 没有通过服务创新去建立与客户“血肉相连”的关系。现阶段国内客户对服务创新的需求并非高不可攀。我们如果能在现有能力基础上做小幅度的改进和延伸，就可以率先令客户满意，提升客户黏性，与客户“血肉相连”。例如我们对电子商务的服务模式，就可以通过研究市场上的“落地配”服务，整合自身的营运操作、仓储服务、系统对接等能力，打造一个具有强大竞争力的开放服务平台。

要打破这种被动局面，我们需要从以下方面着手：（1）战略澄清。澄清谁是我们的客户、谁是我们的竞争对手，我们擅长做什么；哪些是我们可以把握的市场机会、哪些市场份额是应该获取和能够获取的；怎样去获取这些机会和份额。这些战略层面的问题在公司内部认知模糊，直接导致创新中的畏手畏脚。（2）决策程序。目前的产品设计工作方法亟须改变，产品设计应符合或引领客户的需求，必须经过严谨的商业逻辑论证。每一个产品的策划，至少先回答三个问题：目标客户是谁（以确定市场容量和销售对象）、竞争对手是谁（以检视竞争优势和制定营销策略）、自己能力如何（以设计营运模式并确定盈亏平衡点）。（3）组织分工。职能、经营职责分工调整，使我们增加接触客户的机会，具备更专注面对市场、服务客户的能力；需求管理机制的建立，为经营中的创新需求提供便捷通道；请大家进一步理解和善用这两点。

四、利润来自规模效应、资源效能、流程效率、技术工具

顺丰管理层普遍存在一个错误观念“利润是省出来的”。一强调利润率，大部分经营者马上就想到甚至只会想到控制成本、控制投入。这是非常错误的利润观，只考虑眼前利益，以牺牲投入来换取好看的利润率，丧失了可持续发展的动力。

我们需要认识到：公司的每一个职能部门、每一个经营单位都是利润的责任部门，区别只在于大家对利润负责的方式不同。经营单位要具备正确的利润观念：在经营决策中，要考虑投入与产出的关系，通过深入研究区域市场特征，掌握客户需求，通过引领创新发展等方式不断提升投入的有效性，从而创造利润。职能部门应当具备正确的利润观念：不能靠地区“省钱”来优化成本，而要靠职能本部在更高的层面，更大的范围来统筹考虑如何提升资源效能；每一个职能部门对各自负责的资源投入标准负责，兼顾质量与成本的关系，通过精简优化流程、投放工具设备、升级技术系统等方式不断提升资源效能，从而创造利润。

五、改革组织绩效管理机制，建立绩效激励与问责机制

1. 解决激励不够的问题。明年我们会彻底改革目前这种拿年薪、“吃大锅饭”、比国有企业还国有企业的薪酬机制。把工资与效益奖金分开，

工资与岗位价值、服务年限等挂钩，效益奖金与收入目标、核定利润率挂钩。

2. 解决压力不足的问题。我们将提升明年收入目标的合理性，不再放任各业务区根据历史数据对增长率简单递减来做预算，而是会在同比的基础上，根据各区的市场总量、市场占有率、公司的发展战略来确定经营目标，做定期回顾和评价，在同类地区间经营结果表现最差的地区，总部会问责并要求限期整改，仍不能改善的会淘汰。

今天我们面临严峻的经营形势，有“危”更有“机”，重重压力只会令顺丰迸发更大的能量。“今日的选择造就明日的顺丰”，与各位同人共勉。

## 顺丰王卫内部讲话（二）

2014 年是顺丰成立 20 多年以来创新变革最多的一年，成立了很多事业部，开创了很多新业务，同时业务总量也有了一个爆发式的增长。不过，虽然创新很多，但是在我看来，差不多有一半是不成功的。不成功的原因主要是我们的前期准备、规划不够充分，表现在：

一是人才准备不足。我们进入一个全新的领域，必须对这个领域方方面面的人才做好准备，而在这方面我们是有所欠缺的。

二是承接落地出现偏差。我们都是统一用大网来承接新业务落地，这样就出现一个两难的尴尬局面——一方面，新业务对于原来的人员来说，难度太大，需要改变的太多；另一方面，花大力气推广新业务，又会影响到传统业务的服务质量。

总的来说，2014 年我们算是打开了一个全新的局面，但是离真正的成功还有一段相当长的距离。不过有了这一年对各项新业务的学习和探索，

2015年对一些不足的调整、对一些业务的优化更加明晰，前进的步子也会迈得更稳。

一、你所以为的“经验”不是“宝”，很可能是一种“包袱”

在2014年对新业务的探索或是转型过程中，所有同事的态度、看法和自我转型的程度是我最看重的。我们没有从外部引进太多专业人才，而是把许多机会留给了内部员工，就是希望我们自己的员工能够尽快成长起来，多掌握一些适应变革需要的新技术，进而在新的机会当中让自己的事业更上一层楼。

但是在这个过程当中，我觉得我们的很多同事背负的包袱太重了，限制了自己的发展。这个包袱就在于，过去我们是单纯地送快递，大家都习惯了这套思路和做法，不自觉地就把这一套做法套用到新的业务领域。我曾经对很多同事说，别把以前的经验当作“宝”，你所以为的“经验”很可能是一种“包袱”，我们进入一个全新的领域，都要有归零的心态。背负太多“包袱”，我认为是制约我们2014年新业务发展的重要原因之一。

我比较看重的第二个层面就是顺丰的文化。一直以来，我们引以为豪的顺丰文化，是一种尊重文化、一种包容文化。但是在一些新的业务领域，很多同事带着顺丰的品牌过去，却不自觉地流露出一种自负的感觉。这种“自负”让客户包括外面的很多人感到不舒服，别人对你的第一感觉就是井底之蛙、夜郎自大。不是自信而是自负，这让我感到惊讶，也很疑惑，怎么顺丰培养出来的人会这样？我们的很多新业务还都处于摸索阶段，应该很谦虚地去向别人学习，去跟客户探讨，而不是自以为是大企业就扮专家，让外界对顺丰留下不好的印象。

第三个层面就是在管理上对新业务有点失控。新业务的一些特点和操作模式要从头开始学起，这个我能够理解，但是在一些很基础的层面犯错误就让人难以接受了。

在这方面我也在反思：第一个反思是我们的团队为什么会犯这些低级错误；第二个反思是整个集团在日常运作中为什么没能够及时发现这些问题的苗头，防患于未然。要知道，哪怕是一些很微小的错误，时间长了也会引发大问题，从而让公司错失市场机会，造成较大损失。

## 二、今年的客户满意度上升？反正我是不相信的

越是在公司业务量高速发展的时候，越是对服务质量不能掉以轻心。一直以来我们都坚持用不同的方法，从不同的渠道去获取客户的真实声音。但是从目前的情况看，客户声音获取、提炼的方法以及最终呈现出来的数据的真实性，是有问题的。

不管是月度还是年度，从单纯的数字来看，都很亮眼，但是说实话，我并不能真切地感受到我们的服务质量在提升；相反，我认为我们的服务质量在下降。

这件事对我来讲，是一个非常沉重的打击。我们顺丰一直把诚信作为员工的基本行业准则，为什么公司内部的一些报表、数据还会出现作假的情况？这个实在是让人难以接受。在这种情况下，我认为我们今年所谓的客户满意度上升是有一定水分的。这些数据，不管你们信不信，反正我是不相信的。

出了问题必须改善。如何改善呢？我认为，从客户那里获取的声音必须及时、真实、准确，不然的话我们就不知道客户的真实需求或遇到的实

际问题，改善服务也就无从谈起。另外，如果连客户的声音我们都不清楚的话，接下来我们又如何能推出更优质或者是附加值更高的新产品新服务，进而会影响到整个公司的战略目标的达成。

所有人都喜欢看好看的数字，但是如果这些好看的数字不真实，反映不了实际情况，那么它的存在又有什么意义呢？我们不需要自欺欺人，更不能对自我进行精神麻醉。真实的口碑来自好的服务，顺丰从成立到现在，差不多有十八九年是没有销售团队的，业务推广靠的就是口碑，客户的口口相传是我们最有影响力的销售模式。现在专业的销售团队已经成立三年多了，但是我们是不是把自己的口碑，口口相传的精神遗弃掉了呢？这是所有顺丰人都需要反思的。顺丰的品牌价值必须靠服务质量做支撑。

三、靠出卖劳力搬货不是顺丰的终极宿命

有人问我，在公司转型过程中遇到的最大难题是什么？其实在我看来，最大的难题既不是公司30多万人的管理问题，也不是转型过程中的策略方向问题，而是在目前公司利润稀薄的情况下，如何才能在降低前线员工劳动强度的同时又能够保证其收入甚至提高收入的问题。

快递行业是一个比较辛苦的行业，前线收派员同事的日常工作尤其辛苦，如果我们不能从出卖劳力赚钱的传统模式中解放出来，那么顺丰就不算真正蜕变成功。2014年我最大的遗憾就是没能在这方面推出一些好的解决方案。希望2015年不仅能出方案，还能开始落地执行，进行试点。我真的不忍心看到我们的员工过于奔波过于辛苦。

为什么从2014年开始，我们要尝试很多新的增值服务，有些同事可能没真正领会公司的战略意图，其实我们是想寻求新的业务模式来创造更多的效益，然后压缩一线员工的工作时长，降低其劳动强度，而不是想一出是一出，故意来折腾大家。我一直认为，靠出卖劳力搬货不是顺丰的终极宿命，接下来我们的赚钱模式要从手脚过渡到嘴巴，从体力转向脑力，从注重公司品牌形象转向开始重视员工个人形象品牌。

必须朝这三个方向转变，而真正实现转变的基础，就是我们每位同事都能够转变思维，积极配合公司的战略落地。转过来了，我们每一个人都能尝到成功的甜头，顺丰整个团队才能有一个质的飞跃。

四、做具有互联网思维的服务型企业

顺丰就是要从单纯的快递物流企业过渡到具有互联网思维的服务型企业。

现在我们所处的时代是互联网的时代，有人说我们这些传统的物流快递企业要想跟上时代的节奏，必须招聘一些具有互联网思维的人才。当然，这个是很有必要的。但是我认为不是简单地引进一些互联网人才就能解决目前顺丰所面临的诸多问题。更重要的是，我们所有顺丰人都要有互联网思维。

所谓的“互联网思维”具体到快递领域，我个人的看法是：公司应该反应更快，组织更加扁平化，而且能够根据客户需求不断迭代，随时随地改进服务。这个对于我们传统企业来说，会带来很大的冲击和挑战。

冲击和挑战主要在于：以往我们提供的都是高度标准化的产品和服务，要想反应得快，围绕客户的个性化需求提供更多的定制化服务，就必须改变我们原有的管理和操作模式。

举个例子，就拿广东最出名的早茶来说——你说它是标准化还是个性化？好像都说得通。你去酒楼，打开点心纸，上面有过百款的点心小吃供你选择，你喜欢哪几款，自己打钩下单，三五分钟后点心就会被端上桌，是一个相当个性化的过程；但是对于后厨的点心制作部门来讲，它又是一个相当标准化的过程，做虾饺的就做虾饺，包烧卖的就包烧卖，什么皮包什么馅，包完蒸多少分钟，缺多少了开始补货，有一套科学标准的流程。

而现在的互联网的概念就是：客户在走进餐厅之前，他提前通过手机点的餐已经到了后厨，客户一来就马上蒸熟端出来给他，这是一个无缝连接的过程，整个供应链程序高度扁平化，可以最大限度地降低成本、提高效率，并且从价格、服务、个性化需求对接方面提升客户感知。

以上描述的是互联网思维的一部分。你千万不能只看自己所处的一个环节，而要看整个产业链的全过程；千万不要只看某一个产品，而应该看上下游与之相关的多个产品；千万不要只盯住你所服务的企业，更要观察消费者个人。并且在这一过程中，能够提供个性化的产品或服务，让客户去选择。顺丰就是要从单纯的快递物流企业过渡到具有互联网思维的服务型企业。

未来我们顺丰要扮演什么角色呢？是饭店，饭店的物流供应商、饭店的信息系统，还是一个简单的咨客？都是！关键要把握好其中的平衡点，在这个平衡点里面你去对应某个具体产品所能满足的需求，同时在动态中调节标准产品的数量及变化。

拿广式酒楼比较另类的一款点心榴莲酥来说，因为其刺激性的气味可能喜欢的人不多，而传统的销售模式，面对的客户群可能也就是一个小区，销售量非常有限。但是现在我们可以结合物流快递以及互联网销售模式，把餐厅、厨房的辐射范围延伸到全市，原来面向一个小区可能只有十几个人喜欢榴梿酥，而面向全市之后可能就是几千个人喜欢，销量自然也就好起来了。

今时今日，互联网思维就像是阳光雨露一样，是大众生活的有机组成部分。我们绝大多数人每天都在享受互联网所带来的各种服务和便利，那么客户究竟需要什么样的互联网服务，你是一个服务提供者，同时也是一个消费者，你站在客户的角度去思考问题，就知道自己需要去做什么了。

五、我绝不会只顾公司不管员工

未来市场、政策、经济环境会有什么变化，没有人知道，顺丰在面对这些变化时会积极去尝试很多新的模式，同时内部也会不断进行调整。不过不管怎么变，有一样东西是不变的，那就是公司对待所有员工的“心”，依然很正、很真、很纯。

我们做任何事情，包括内部改组，都会优先考虑到我们的员工。当然，这个“员工”是有条件的，前提就是你也是真心为公司付出，同时能顺应公司发展积极去迎接变化。这样的员工不用担心自己在公司的变革调整中会被边缘化，相反会获得更多机会。至于那些心术不正、不愿意付出、惯于浑水摸鱼的人，我们是坚决打击的。

在变化过程中，我们设计任何东西都是双向考虑的，既要照顾到员工的利益又要考虑到公司的发展，绝不会只顾公司不管员工。只要我王卫在顺丰一天，都会持这种信念去推动公司未来的战略规划以及日常管理。

具体到2015年，则是继续优化2014年变革的内容。战略规划层面的东西不可能一年一变，目前我们执行的这个规划肯定要保持三年到五年，要进一步培养很多能力，包括供应链能力、普运能力、冷运能力、B2C市场的服务能力……在我看来，2014年是开局，开局之后不可避免地会出现一些问题。有问题很正常，关键是要想办法及时去解决它。接下来我们会对很多BU进行优化、做实，包括把一些BU的亏损减少，把一些新产业的服务质量做好、规模做大、优势突出等。

## 顺丰王卫内部讲话（三）

之前谈了不少关于创新、变革、服务等方面的内容，现在我想和大家谈谈与之配套的软环境——信仰、文化和道德。

一、信仰让人自律和感恩

很多同事都知道我是有宗教信仰的人——信仰佛教。为什么会有这个信仰，这个信仰给我带来了什么，了解了这些之后，相信大家对我王卫和顺丰的所作所为，以及顺丰未来的发展会有更好的理解。

我22岁开始创办顺丰，25岁公司初具规模，算是赚得了第一桶金。可能有人会说王卫很难得，年轻得志，却没有头脑发热变成“土豪”。其实，我25岁的时候也曾经是一副标准的暴发户做派。

不过这一切都是有背景和原因的：我们全家1978年从内地移居香港，当时面临的境况是一穷二白，一切都要重新开始。我父母之前在内地是大学教授，但是到香港学历不被承认，就只能去当工人，收入微薄。

所以我穷过，相当清楚贫穷和被人歧视的滋味。后来当我25岁赚到人生第一桶金之后，有点目空一切的感觉，恨不得告诉全世界，我王卫再也不是从前那个样子了，我也是有钱人了！

所幸，这个过程没有持续多久，主要原因有三：

第一，随着事业不断迈上新台阶，个人的眼界和心胸不一样了；

第二，得感谢我的太太，她在我得意忘形的时候，不断泼我冷水，让我保持清醒和冷静；

第三，找到了精神依托，信了佛教。

人生有百分之九十九的东西你都控制不了，只有一个百分点你可以掌控，那就是做事的态度。这个态度都有两面，究竟是采取积极的态度还是消极的态度，是接受正念还是邪念，由你自己来决定。如果你在这方面做出了正确的选择，就会把这一个点又放大成一百个点，弥补很多其他方面的不足。

为什么要讲这个呢？因为在企业的发展过程中，我越来越意识到，我今天的所谓成功，其实是上辈子积下来的东西，而在这个过程中，所谓的本事，只是天时地利人和集合到一起的一个福报。

坦白说，我不太相信偶然，为什么会有偶然，因为无知才会相信偶然，突然中了大奖，不知道为什么，就会觉得是偶然，当所有的因果都集中到一起后，你再去比对，你会知道这是必然。我们现在要做的，就是利用顺丰这个不错的平台，把未来很多不确定的看似偶然的东西变成必然。

二、用文化来吸引人、塑造人

佛教中有很多“法”故事，这些故事的宗旨都是帮助世人“正知、正念、正行”。虽然都是一些形而上的道理，但是能够给人一个正念，一个积极的人生观、价值观，同时还能够通过接受者的一言一行传播开来，比直接授人以鱼、予人钱财功德更大。而企业文化做得好，也具有这样的功能。

现在每年公司都有很多人进进出出。为什么有些员工满怀憧憬地进入公司，过一段时间却走掉了？原因很简单，要么是受到了不公平待遇，要么是不能满足他的需求（包括物质的，也包括职业发展的）。但这里面可能存在一个问题：那就是很多离职员工所需要的东西并非公司给不了，而是公司并不知道他想要什么。

这就很可怕。人留在公司，才可以做企业文化，才能有针对性的培养，人来了两三个月就走了，再对一个新来的人讲企业文化，如此恶性循环，是没有用的。这就好比我们培养自己的孩子，当他两三岁的时候你跟他说要爱爸爸妈妈，要好好学习，他才懒得理你，就知道伸手要吃的；然后他进入青春期了，就学会了反叛。

任何人的成长都有这么一个过程，对于企业员工也是一样。首先你要让他能在企业待得下去，然后才能通过企业文化、制度、培训、激励等方式方法，让他真正融入整个团队，找到归属感，获得荣誉感。

我们每个人都曾经年轻过，大家想想自己年轻时的心态——在想些什么，想要些什么，最反感什么……因此我们应该学会将心比心，用年轻人熟悉的语气、方式去和他平等地对话，不要有居高临下，不要有颐指气使，更不要有太多命令指责。

除了不同年龄段，不同级别的人需要的东西也不一样——有一定物质基础的人和完全要解决生存的人，追求不一样，日常的需求和着眼点也不一样。对待公司高层要以什么样的方式，对待刚进公司一年的同事要采取什么样的方式，对待服务公司超过十年的老员工要以什么样的方式……不同级别、不同年龄、不同工龄，甚至不同性别都要有不同的应对之策。在这里千万不要采取所谓的以不变应万变，眉毛胡子一把抓，工作必须做细，方式方法必须系统科学。

三、关于个人修养，即是“德”的问题

今天这个社会，经济大发展了，但人心却更浮躁了，很多人有意无意地都在追求“威”（广东话“威水”的简称，意指炫耀，傲慢）。但是在什么基础上才可以去威，威的基础是什么，很多人都没有搞清楚。有人觉得有钱有权就威，我认为这个观念是完全错误的。威不是建立在金钱或权力的基础之上，而是建立在道德的基础之上。一个人可以昂首挺胸地走在路上，并且收获的都是尊敬且乐于亲近（而不是羡慕嫉妒恨）的眼神，这才叫威。

在这里我想告诉我们所有的顺丰同事，要正确理解威的内涵，关于社会上对它的“迷信”一定要彻底打破。很多人喜欢在穷人面前炫富，在平民老百姓面前炫耀权力，在我看来这是一种很幼稚的表现，他们错误理解了财富和权力的含义，同时还缺乏一样很重要的东西。

这几年报刊媒体都在讨论，说我们的国人出国被外界歧视，是因为现在中国人有钱了，他们妒忌，心理不平衡。对此我想说的是，这方面的原因不能说没有，但更多的恐怕还是看不惯我们种种愚昧以及缺乏教养或素质的行为。一个人所拥有的财富和他的品格、素养不成正比的话，是一件相当可悲的事。

我们走出去后，要想别人尊重我们，首先我们自己必须有道德有修养，并且学会尊重别人。怎样才算尊重别人呢？首先你要尊重人家的环境，不随地吐痰，不乱扔垃圾；其次你要尊重人家的生活习惯，公共场所不大声喧哗，乘车购物时自觉排队；最后要尊重人家的文化，不同的宗教信仰，不同的制度法规你得了解，避免在日常行为中构成挑衅或冒犯……

如果这些你都毫不在意，就凭着自己的感觉和习惯在异国他乡“为所欲为”，被人鄙视也就纯属自找的了。现在顺丰海外网点越开越多，内部员工中出国旅游的人也越来越多，我希望大家千万不要沾染上种种恶习。

关于尊重我还有一个自己的衡量标准，那就是要让为你提供服务的人也因为服务你而感到开心。去饭店吃饭，上至经理下至服务员，我都会主动跟他们打招呼，服务过我的服务员，也都很享受服务我用餐的工作过程，因为我会很礼貌很平和地去跟他交流，我要让这个服务员因为服务我而感到很开心，这叫尊重。相反，有些人一进到饭店就是一副不可一世的做派，对服务员呼呼喝喝，态度相当恶劣，这样的人是很难收获真正的尊重的。

# 后记

“黄色的林子里有两条路，很遗憾我无法同时选择两者……许多许多年以后：林子里有两条路，我选择了行人稀少的那一条，它改变了我的一生。”

这是美国诗人罗伯特·弗罗斯特（Robert Frost）在《未选择的路》一诗中的开始和结尾。

按照正常的逻辑，跟随父母迁居香港的王卫奋发图强，考取牛津大学或者剑桥大学，由此走遍世界，成为世界著名的科学家，抑或著名企业的CEO。

然而，命运却跟王卫开了一个大大的玩笑。迁居香港的王卫一家，因为其父母学历和资历不被香港当局认可，由此开始了他们的苦难生活。

艰难的生活，让王卫较早地意识到生活的艰辛和不易。高中毕业后的王卫，毅然放弃求学，奔向就业之路。

与大多数底层子弟一样，王卫进入叔叔的工厂，开始自己的学徒生涯。其后，北上的投资潮，让王卫看到了希望。

由此，王卫开始了自己的老板之路。开始，王卫与其他港商一样，投资印染项目。细心的王卫在印染业务中洞察到快递市场的需求。

王卫选择了这条行人稀少的路，由此改变了他的一生。这就是我引用这两句诗歌来介绍王卫的原因。

研究发现，移民香港的底层子弟成千上万，为什么只有像王卫这样的少数脱颖而出，一个关键之处在于，看到商机的王卫，即刻敢想敢干。

1993年，王卫在顺德成立顺丰公司，由此拉开了顺丰一路顺风的成长路径。

其后，王卫把总部设在深圳，随后迎来跨越式发展。王卫在接受《南方日报》采访时谈到这个问题：

当时没有考虑得很复杂。第一，深圳离香港近，人和货物通关都便利，也方便我回家。第二，跟其他城市相比，深圳也更有活力，20 世纪 90 年代末期这里还是一个移民为主的城市，来深圳的人，会有种不一样的朝气。第三，这座城市没有“包袱”，年轻人来到这片全新的土地，就是闯，就是干事业。

在王卫看来，创业者不仅要创，更要闯。正因为如此，王卫一次次掀起顺丰变革。从当年的加盟模式转向直营模式，由此拉开了顺丰壮士断腕的变革序幕。

其后，王卫再次变革，从快递开始向全渠道生态转型，以及布局物流地产，甚至是启动国际化。

面对对手亦步亦趋的紧逼，坚持重资产模式的顺丰开始被对手赶超，此刻的王卫也不得不借助资本的力量，借壳上市，以此来应对竞争者的挑战。同时，王卫还启动了一系列的变革和优化，尽可能地让顺丰立于潮头。

正是因为坚持“创”与“闯”的王卫，把顺丰带上一个新的台阶。2019 年 2 月 26 日晚，顺丰控股发布的 2018 年业绩报告显示，集团 2018 年营业总收入为 909.43 亿元，比 2017 年同期增长 27.6%；归属于上市公司股东的净利润为 45.56 亿元，比上年同期下滑 4.57%。

这里，感谢“财富商学院书系”的优秀人员，他们也参与了本书的前期策划、市场论证、资料收集、书稿校对、文字修改、图表制作。

以下人员对本书的完成亦有贡献，在此一并感谢：周梅梅、吴旭芳、简再飞、周芝琴、吴江龙 、吴抄男、赵丽蓉、周斌、周凤琴、周玲玲、金易、汪洋、兰世辉、徐世明、周云成、周天刚，丁启维、吴雨凤、张著书、蒋建平、张大德、何庆、李嘉燕、陈德生、丁芸芸、徐思、李艾丽、李言、黄坤山、李文强、陈放、赵晓棠、熊娜、苟斌、佘玮、欧阳春梅、文淑霞、占小红、史霞、陈德生、杨丹萍、沈娟、刘炳全、吴雨来、王建、庞志东、姚信誉、周晶晶、蔡跃、姜玲玲、霍红建、赵立军、王彦、厉蓉、李文强、丁文、李爱军、叶建国等。

任何一本书的写作，都是建立在许许多多人的研究成果基础之上的。在写作过程中，笔者参阅了相关资料，包括图书、网络、视频、报纸、杂志等资料，所参考的文献，凡属专门引述的，我们尽可能地注明了出处，其他情况则在书后附注的“参考文献”中列出，并在此向有关文献的作者表示衷心的谢意！如有疏漏之处还望原谅。

本书在出版过程中得到了许多教授、研究企业管理、自媒体、营销的专家，以及出版社的编辑等的大力支持和热心帮助，在此表示衷心的谢意。

感谢本书法律顾问大简律师事务所的丁应桥律师。

由于时间仓促，书中纰漏难免，欢迎读者批评指正。

周锡冰

2019 年 3 月 18 日于财富书坊

# WANG WEI & SF EXPRESS

## A BUSINESS AND LIFE BIOGRAPHY

BY ZHOU XIBING

TRANSLATED BY CHANG YUAN AND LI JIAJING

PROOF-READ BY LI HUI AND LIU DAN

# CONTENTS

# CHAPTER 1

# THE ORIGINS OF SF EXPRESS

When we talk about catching up with international champion express enterprises, in what aspects should we catch up with them? First of all, I think, it is not a matter of scale, but the quality of their service, their popularity, and their pursuit of consumers' recognition and social respect. Secondly, it is necessary to evaluate our own capacity to realize such a goal. Construction on a shaky foundation is most likely to end up with an unstable building, or even with disaster. We need to make a clear assessment of ourselves and to advance with a steady pace. As for how fast we can go, or how far we can forward our steps, there's no necessity to make any excessive demands. Thirdly, most of our efforts depend on the sustaining stability of our national industrial policy.

– Wang Wei, the founder of SF Express

## HARD WORK IS THE ONLY GUARANTEE OF SUCCESS

Throughout China's thousands of years of history, each era has witnessed the emergence of numerous talents in all fields. These people have contributed to the greatness and splendor of Chinese civilization.

"In each generation there would emerge outstanding people, who respectively led the trend for several hundred years." These lines, written by Zhao Yi, a poet of the Qing Dynasty, are a brief sketch of how Chinese talents have pushed forward the development of history like waves of the Yangtze River, and how they have composed heroic songs of their own time. That is also the case for the period of reform and opening-up in China.

Since the initiation of policies relating to reform and opening-up, China's economy has undergone vigorous growth. During this time, many entrepreneurs have managed to lead their companies into the ranks of the world's top 500 businesses. One of them is Wang Wei, who founded SF Express, the Chinese version of FedEx. Wang not only created his own express enterprise but has also excelled among various giant rivals at home and abroad, thus becoming a veritable "potential champion."

After the back-door listing of SF on 23 February 2017, this newly visible public company finally revealed itself to the attentive media and society. Thanks to a series of reports, we are now able to learn about its unknown history and Wang, and to begin an insightful journey into the full scenery of the company's development.

Through its back-door listing, SF Express successfully went public with a market value reaching over ¥100 billion. At the height of this manoeuvre, Wang's personal wealth soared to third place in the Chinese mainland, surpassing Ma Huateng, the founder of Tencent, and ranking only behind Wang Jianlin, the founder of Wanda, and Jack Ma, the founder of Alibaba.

As a child, Wang Wei moved from the mainland to Hong Kong. As an adult, he experienced an astounding rise from a petty businessman at the bottom of society to a tycoon with hundreds of billions of wealth. The same is true of SF Express, which has evolved from a little-known start-up company on the street of Shunde District, Foshan, Guangdong Province, to a leading express delivery giant in China. What kind of magic strategy has Wang employed to enable him to pave such an impressive path for his start-up? In truth, it has been a path of hardships and frustrations, yet it is legendary and as such arouses our curiosity.

So, let us turn the clock back to 1978, a turning point for both China and the founder of SF Express, a seven-year-old boy at the time. Back in 1978, we shall realize the sharp turn this boy was to experience: from the superior life of a Shanghai middle-class family to a stressful life in Hong Kong.

## A YEAR OF TRANSMUTATION

On 11 May 1978, *Guangming Daily* published on its frontpage an article titled "Practice is the Sole Criterion of Testing Truth." It pointed out that the criterion of testing truth can only be realized through social practice, and the integration of theory and practice is the most basic Marxist principle.

The publication of this article was hailed as "spring thunder" by rational theorists in China, triggering a heated discussion on "what should be the standard of truth."

From 18 to 22 December that year, the Third Plenary Session of the Eleventh Central Committee of the Communist Party of China was held in Beijing. The main task of the session was to shift the focus of the whole Party to socialist modernization construction.

The plenary session made the strategic decision to shift the focus of the Party's work to socialist modernization from 1979. On the issue of economic construction, in order to rectify the erroneous tendency of rushing for results and to solve the serious imbalance between the main portions of the national economy, the Party needed to take a series of new and important measures to adjust the imbalance between the portions of the national economy and start a serious reform of the over-centralized economic management system.

The plenary session redefined the correct ideological line of the Communist Party of China, criticized the wrong policy of the "Two Whatevers," fully affirmed the need to master and apply the scientific system of Mao Zedong's thought in a complete and accurate way, strongly approved discussions on the standard of truth, and determined the guiding principles of "emancipating the mind, setting wits to work, seeking truth from facts and looking forward in unity."

This conclusion fundamentally negated the principle of the "Two Whatevers." Subsequently, China's process of reform and opening-up was initiated.

A thousand kilometers away, the situation was in stark contrast to the drastic social changes taking place in Beijing: a couple in Shanghai were as yet unaware of the coming era of change in China. After much deliberation, they made the decision to move to Hong Kong.

The couple were none but the parents of Wang Wei,who was then only seven years old, too young to participate in his parents' discussion. Thus, in 1978, Wang and his family moved to Hong Kong for a new life. Back then, none of them realized this move would eternally change the course of the seven-year-old boy's life.

Like other people driven by what is known as the "tide of going to Hong Kong," after settling there, Wang and his family had to deal with an environment totally different from that of the mainland. The truth is, the newly arrived mainland residents not only accelerated the prosperity of Hong Kong but also created innumerable stories of entre-preneurship, such as those about the "Lion Rock Spirit" touching stories that record the struggles of people at the bottom of Hong Kong society (see more below).

From the 1940s to the 1980s, there were several waves of migration from the mainland to Hong Kong. Such a large number of migrants brought in the labor force, skills, capital and (most importantly) high-qualified talents that Hong Kong urgently needed during that time and even today.

This explains why, with the ebb and flow of the historical tide, Hong Kong, which is situated far from the political center of Beijing, experienced its economic take-off at this time. Each day when night fell and the flashing neon lights came on, the flourishing night scene in Hong Kong was vividly delineated.

Many people cannot help recalling the charming and luxurious golden age of Shanghai in the era of the Republic of China (1912-1949). Nevertheless, for historical reasons, talent and capital from the mainland was successively flying south to Hong Kong, which contributed to its prosperity.

At the time, it was common to see scenes featuring glamorous neon lights in Hong Kong movies. In the eyes of Hong Kong directors at the time, neon lights not only were a visual symbol but also integrated the prosperity of Hong Kong with the inspiring and touching stories of the whole nation. Later on, as the stories of Hong Kong heroes spread all over the world, the influence of Hong Kong movies was fully manifested. For example, in the Korean TV series *Reply 1988*, a clip of the Hong Kong film *A Better Tomorrow* (1987) was included at the very beginning of each episode.

Meanwhile, with its reputation as the "Oriental Pearl" of the world, Hong Kong gradually became recognized as part of the "newly industrial economies" or "Four Dragons of Asia," together with Korea, Singapore and Chinese Taiwan.

In such a context, the neon lights, the barometer of Hong Kong's economy, indicated the ushering in of a new golden age. At that time, the Hong Kong people, who liked to hum the song of "At the Foot of the Lion Rock," truly believed that hard work would yield success, no matter whether the situation was favorable or adverse.

## THE LION ROCK SPIRIT

The Lion Rock in Hong Kong is only 495 meters above sea level. It is not high enough to be introduced in detail in any of Hong Kong's guidebooks. However, there are many folklore tales about the origins of the Lion Rock. One version is that in ancient times there were nine dragons, who often wreaked havoc on people. To protect these wretched folk, the Jade Emperor dispatched a lion to suppress the dragons, and this created the landscape.

There are many other narratives related to the place, especially ones that tell of legendary achievements under the Lion Rock during the economic take-off of Hong Kong. There are examples of entrepreneurship occurring by the side of Lion Rock itself, and the TV series *At the Foot of the Lion Rock* became popular in the mainland of China. As a result of these and other phenomena, "Lion Rock spirit" is regarded as a synonym of hard work and the arduous striving of Hong Kong's people.

During that perriod, Liu Jinmu, a native of Chaoyang in Guangdong Province in his early twenties, left his hometown, crossed the Shenzhen River and the Kowloon Peninsula,and moved forward into Hong Kong. Undeniably, it was Liu's prior experience that had prompted him to venture into this new world: he had lost his father when he was aged seven and his mother when he was aged nine. The purpose of his flight to Hong Kong with a group of villagers was to escape the war and to save his life.

When Liu and the villagers arrived at the Lion Rock, they found that their predecessors had erected many disordered wooden houses at the foot of the hill, whose peak looks like a mighty lion.

Like the other villagers, Liu had to cut down trees from the hillside to build a wooden house of his own. After he gained a stable foothold, he found himself a job as a dock worker in Sai Wan. Through his own efforts, Liu, the lad from Chaoyang, became totally integrated into Hong Kong society.

More than 20 years later, in the 1970s, when a song named "At the Foot of the Lion Rock" became popular, Liu's fourth son often hummed it. To him, its lyrics depicted the stories of struggle and happiness of his own family.

In 2002, when Hong Kong was facing an economic downturn, the then financial secretary, Antony LeungKam-chung, after announcing his first budget statement, recited the lyrics of "At the Foot of the Lion Rock" to encourage Hong Kong's people to inherit and develop the Lion Rock spirit.

On 19 November 2002, Zhu Rongji, the then premier of the People's Republic of China, also mentioned the lyrics and called on Hong Kong's people to start their businesses anew.

This song describes not only entrepreneurs' efforts and struggles at the bottom of society but also their tenacity and undefeatable spirit in the 1970s, when Hong Kong started to prosper. It also vividly portrays the image of the "new Hong Kong people" who left the mainland for HongKong in waves of immigration, unceasingly striving to create better lives, like Wang Wei. The Lion Rock spirit has become the symbol of hard work and striving for a better life in Hong Kong. Lin Zhenhua, an entrepreneur, said frankly: "When the economy was at its lowest, we would often talk about it [the Lion Rock spirit] to encourage each other. We believed that as long as we faced the obstacles bravely, tomorrow would be better."

So, Wang Wei's success today, on the one hand, stems from his own efforts and perseverance; on the other hand, it is inseparable from the Lion Rock spirit.

## A CHANGED ENTREPRENEURIAL LIFE

When we look back at the history of Hong Kong from the1940s to the 1980s, a period featuring this large wave of migration to Hong Kong, it seems clear that the fates of thousands of people were changed, including that of the seven-year-old Wang Wei.

In 1971, Wang Wei was born into a well-off intellectual family in Shanghai. His father is a Russian Chinese interpreter for the air force and his mother is a teacher at a university in Jiangxi Province. Even today, their professions are very respectable, let alone in the 1970s.

As is widely known, since Shanghai opened its port in 1843, it has transformed from a small fishing village to one of the largest cities in the Far East in terms of finance and trade. Wang Tao, a renowned reformist thinker in the late Qing Dynasty, described in detail the tremendous changes that occurred after Shanghai's opening as a commercial port in his book *The Miscellaneous Records of Yingruan*:

"As the maritime trade ban was lifted, graves abandoned for thousands of years were transformed into splendid mansions.Alas! When people indulged themselves in wine, the wisp was shivering in the daylilies. Pressed on the riverside were pavilions reaching to the clouds in the sky, stretching upward to the dimly discernible palaces of immortals. A world of exotics unfolded, as if I was on a journey to Western countries."

From that point, over more than a hundred years, Shanghai developed to become one of the financial centers of the mainland of China. Even during the Anti Japanese War, it still played an important role in regional finance.

After the founding of the People's Republic of China in 1949, Shanghai maintained its financial status. In the late 1970s, it remained the most developed city in China. According to GDP data, Shanghai ranked first among the nine major cities of China in 1978, with more than twice as much as Beijing, the capital of China. The details are as follows: (1) Shanghai's GDP was ¥27.28 billion, (2) Beijing's GDP was ¥10.88 billion, (3) Tianjin's GDP was ¥8.27 billion, (4) Chongqing's GDP was ¥6.73 billion, (5) Changchun's GDP was ¥5.12 billion, (6) Harbin's GDP was ¥4.57 billion, (7) Shenyang's GDP was ¥4.40 billion, (8) Guangzhou's GDP was ¥4.31 billion and (9) Wuhan's GDP was ¥3.91 billion. In 2018, Shanghai's GDP reached over ¥3.2 trillion, an increase of 6.6% over 2017 and 120 times that of 1978.

Nevertheless, in 1978, Wang Wei's parents decided to move to Hong Kong from Shanghai. Unfortunately, what they didn't anticipate was that their migration would not bring a better life but an extremely poor one instead. This was because Hong Kong, a British colony at that time, recognized neither academic nor working qualifications gained in the mainland of china. Consequently, Wang's parents could only engage in relatively low-end jobs. Their living conditions plummeted; the family income declined to an extent that it was a significant challenge simply to make a living, a situation in sharp contrast with their previously comfortable life in Shanghai.

Even worse, Wang had to quit school. According to traditional Chinese culture, children born into intellectual families are supposed to be devoted to their studies. They are expected to study at famous universities at home or abroad. After graduation, they are anticipated to return home, get a better job than their parents' and maintain the family honor. But Wang, in the hope of easing his parents' burden, gave up the chance to go to university after finishing high school. He found a position as an unskilled laborer in his uncle's factory.

Hong Kong in the 1970s and 1980s witnessed many people like

Wang who would do odd jobs rather than continue into higher education. For them, going to university meant high tuition fees and an uncertain future, so people commonly preferred to get a job and gradually accumulate money. Making money first and getting a diploma second was the natural choice.

In 1973, Hong Kong TV aired the aforementioned show named *At the Foot of the Lion Rock*, which showed stories of ordinary people's starting a business through self-improvement, diligence and seeking prosperity in adversity. Years later, Wang recalled in an interview that:

> When my family moved to Hong Kong, we were faced with extreme poverty. We had to start everything from scratch. My parents used to be university professors in the mainland, but their diplomas were not recognized in Hong Kong, so they had to work as manual workers to earn low wages. I've experienced the poor life; I know quite well what it's like to be penniless and discriminated against.

These words gesture to the tremendous change of situation experienced by the family, and how a boy with a sense of superiority back home was reminded of the gap between the mainland and Hong Kong. Without the aura of his parents' previous high-level educational background and stable family finances, he had to start everything from scratch.

Like many other under privileged people, Wang stopped studying after graduating from high school and gave up the dream of becoming a member of the elite through education. Instead, he began to explore another way to live. Working as a laborer for his uncle, he moved through the hustle and bustle of the gilded city of Hong Kong, looking forward to his own golden opportunities.

Wang's ambition was gradually stirred. In contrast to many others at the time, he was quite clear that only people who knew how to take advantage of the situation could seize the opportunity, and only those who worked hard would win.

## STARTING POINT: SHUNDE

If you want to succeed, you must seize the opportunity while working hard and dare to take risks while struggling, otherwise you will never make it. Such thoughts, like sparks that ignite the whole prairie, were pounding within Wang Wei's restless and striving heart.

Just like Mark Li, the hero in the film *A Better Tomorrow*, said, "I don't want to be trampled on all through my life! You think I'm a bum? I have had bad luck for three years, just waiting for a chance! I'll fight for my dignity, not to prove that I am greater than others, but to tell people, I will take back whatever I lost!"

Whereas many other migrants complained all day, Wang chose to start his own business in Shunde District, Foshan, Guangdong Province. He was aware of the vast opportunities in the emerging mainland market, following the intensified process of reform and opening-up.

In 1992, Deng Xiaoping, the chief architect of China's reform and opening-up, visited Shenzhen, which started a new surge of investment. Later, Deng Xiaoping delivered a series of speeches during his inspection tour of South China. In these speeches, Deng said:

> In such a short period of less than two decades, our country has developed so fast, which has delighted the people and attracted the attention of the world. It has incontrovertibly proved the correctness of the principles and policies that we have been holding since the Third Plenary Session of the 11th Communist Party of China (CPC) Central Committee. Undeniably, we will stick to such principles and policies. Since the reform and opening-up, we have set quite a few specific rules and regulations in various fields including the economy, politics, science and technology, education, culture, the military and foreign affairs. The Eighth Plenary Session of the 13th CPC

Central Committee was a successful meeting. The reason why we think highly of this meeting is that it decided the rural household contract responsibility system, which will be implemented continuously, which assured our people that the general policies of the Central Committee would remain unchanged.

In the early period of rural reform, there was a brand of baked melon seed from Anhui named "Shaziguazi" (Fool's Melon Seeds). Its founder, who used to be a nobody, became a millionaire at that time, which made many people feel uncomfortable, saying that he would be punished. However, I refused to act in that way. If we did this, people would think that the policy had changed, which would do more harm than good. There are still quite a few problems of this kind. If not handled properly, they are likely to undermine our guideline and thus affect the overall reform. The basic policies for urban and rural reform must remain stable in the long run. Of course, in the course of implementation, the policies will be improved and adjusted, but the general direction should be unswerving. We will not risk our reform for new ideas. As long as we hold this belief, there is great hope for China.

In Deng's view, only by continuing reform and opening-up could China maintain its prosperity and stability. After Deng's Southern Inspection Tour, China thus ushered in a new boom of entrepreneurship. On this tide, Wang Wei, with his insight into business opportunities, began his business life in Shunde.

## OPPORTUNITY FAVORS ONLY THE PREPARED MIND

Once, when giving a lecture to some CEOs about the management concept of Laoganma, I mentioned WangWei. At the time, one entrepreneur complained about the current business environment, particularly the unilateralism of "de-globalization" in the United States. To back up his point, he took the US government's blocking Huawei as an example.

I once wrote an article titled "The Lighthouse is Waiting for an Early

Return of the Dusk Boat," discussing whether Huawei would change its direction in going global. The article attracted the attention of many foreign media outlets, including the *Wall Street Journal*, *Forbes* and the *Globe and Mail*. Both in this article and in the following interviews, I mentioned frankly that when facing the pressure imposed by the United States, Huawei should by no means change its existing route in going out into the world, and should only make minor adjustments.

So, in response to the aforementioned entrepreneur's complaint, I gave examples of entrepreneurs since the reform and opening-up (such as Tao Huabi, the founder of Laoganma; Ren Zhengfei, the founder of Huawei; Zong Qinghou, the founder of Wahaha; Tan Chuanhua, the founder of Carpenter Tan; and Wang Wei, the founder of SF Express) whose stories show that bad market environments are common in doing business, especially for those businesses that have survived for hundreds of years. Just as the English writer Charles John Huffam Dickens wrote in *A Tale of Two Cities*:

> It was the best of times, it was the worst of times, it was the age of wisdom, it was the age of foolishness, it was the epoch of belief, it was the epoch of incredulity, it was the season of Light, it was the season of Darkness, it was the spring of hope, it was the winter of despair; we had everything before us, we had nothing before us, We were all going direct to Heaven, we were all going direct the other way.

When opportunities come, only those who dare to dream and to adventure can take their first step in starting businesses. Then what they need to do is provide customers with the best products and services.

Wang Wei set a good example. Back in the 1990s, after Deng's Southern Inspection Tour speech, he took the risk of going north to Shunde, where he established a printing and dyeing enterprise, and later found business opportunities in delivery goods.

Undeniably, thousands of entrepreneurs were aware of such a business opportunity, but why was it only Wang who seized it? The reason is that in any era, an opportunityor even a stroke of luck favors only the prepared mind.

In the 1990s, Hong Kong's factories began to move to the north with their capital and technology, and mostly clustered in the Pearl River Delta region in Guangdong Province. The mode of economic cooperation between Hong Kong and the Pearl River Delta region is vividly called "shop in the front, factory in the back." This mode, together with the unique geographical relationship between Hong Kong and Guangdong, has facilitated businesses based on mail, goods and other exchanges between the two places. A group of "itinerant traders" sprang up, and Wang was one of them.

However, in contrast to the others, Wang saw the potential commercial value in the situation and concluded that an express business would become a new way to make a fortune. On this topic, Li Hongxia, a reporter in *Business China*, once wrote:

> The size of a tree is not measured by its branches, but by its roots. Different people have different opinions when it comes to the seizing of opportunities.
>
> Playing the market only brings temporary glory, but in fact both one's career and one's life are like a marathon. The real competition relies on strength. Of course, even when the opportunity is a godsend, it is only so for those who are well prepared.

To Li, "One must be strong enough to forgeiron." Wang's success needed to be built on the basis of his company's strength, and this strength needed to encompass not only the modern facilities and magnificent financial data that people could easily see but also a suitable management system and corporate culture that would unite employees together.

## WANG WEI THE "ITINERANT TRADER"

Wang Wei chose Shunde to start his printing and dyeing business because it was adjacent to prosperous cities such as Guangzhou, Jiangmen and Zhongshan. Moreover, Shunde was a pioneer at the time of reform and opening-up. In the1980s, the first experimental form of "three-plus-one" trading (i.e. custom manufacturing with materials, designs or samples supplied and compensation trade) in China took shape in Shunde. This indicated the government's strong support for the development of township enterprises, thus making Shunde one of the "Four Tigers of Guangdong."

According to the government website of Shunde Districtin Foshan, Shunde is a major region for the private economy with manufacturing as its pillar industry. Private industries consist of 77% of the gross output value of above-average-scale companies in the whole region. Shunde is one of the largest manufacturing bases for air conditioners, refrigerators, water heaters and sterilizers in China. It is also the largest supply base for rice cookers and microwave ovens in the world, and has earned 28 national honorary titles, such as "Capital of Chinese Electrical Appliances," "Capital of Gas Stoves of China" and "Hometown of Chinese Coating Materials." After years of development, Shunde has fostered various concentrated types of industrial group, with an output value exceeding ¥200 billion: two world top-500 enterprises (Midea Group and Country Garden Holdings Company Ltd), 39 mainstay private enterprises with investment exceeding ¥1 billion, and a number of "potential champion" enterprises that are influential both at home and abroad.

Additionally, Shunde has been rich in natural resources and has been economically well-developed since ancient times. Hundreds of years ago, in the Ming and Qing dynasties, Shunde was known as the "Developed County of Lingnan," the "Southern Silk Capital" and the

"Bank of Guangdong" for its thriving dike and pond farming, silk reeling industry, and financial and trade industries.

As is widely known, a place of prosperity often breeds outstanding talent. The local celebrities of Shunde's history areas follows:three first-rank advanced scholars (*zhuangyuan*, a title conferred on the champion at the highest level of imperial examination), one first-rank advanced martial talent (*wu zhuangyuan*, a title conferred on the champion at the highest level of imperial martial art sexamination), 762 advanced scholars and martial talents (*wen jinshi* and *wu jinshi*, candidates at the highest level of examination in the capital) and 2,397 recommended men (*wen juren* and *wu juren*, candidates at the provincial level of examination). Other figures include Li Jian, an intellectual in the Qing Dynasty who was good at poetry, calligraphy and painting; Su Renshan, an eccentric painter; and many other remarkable people, such as Bruce Li, Lee Shau-kee, Cheng Yu-tung, Law Ting-pong, Wu Yeesun, Leung Kau-kui and Margaret Chan.

Because of the convenient transportation, developed commerce and pool of talent in Shunde, Wang Wei resolutely chose this place to start his business. Initially, like most entrepreneurs, he did not make much profit. But his small printing and dyeing project allowed him to notice a huge opportunity, which would radically change the path of his entrepreneurship.

When running his printing and dyeing business, Wang found that in the process of production, manufacturers needed to send product samples to their customers for confirmation. Mass production would not start until the customers had tested the samples and confirmed their approval. Wang's factory also needed to follow this process.

However, each sample, even the urgent ones, could take an unbearably long time to be forwarded. This sample inspection process greatly affected the scheduling and completion of orders, as well as the efficiency and cost of production.

As is widely said, "Where there are complaints, there are business opportunities." While some company owners were complaining about the prolonged inspection cycle, others saw potential business opportunities. The latter started a new business to help Hong Kong's entrepreneurs who had set up factories in Guangdong to carry their sample goods from Guangdong to Hong Kong.

Wang, who was troubled by the time-consuming inspection cycle and often had to send his samples to HongKong via the new method, soon recognized that it was a good way to improve efficiency. Business owners called these people who collected and transported their goods "itinerant traders," as they shuttled between Shenzhen (on the mainland) and Hong Kong every day, carrying goods with them.

As a Hong Kong investor on the mainland, Wang naturally started to make deals with these itinerant traders. Sometimes Wang himself acted as an itinerant trader to help his business partners to carry goods to Hong Kong. In the initial stages, when working as an itinerant trader, Wang didn't charge any fees. Sometimes his partners who entrusted goods to him would feel sorry for troubling him, and they would try to give him a reasonable reward, but Wang never accepted.

## THE BIRTH OF SF EXPRESS

The volume of goods entrusted to Wang became larger and larger. Once there were so many items that Wang Wei's luggage was not large enough to hold them. By then, Wang had become aware of the blue waters of a huge market.

In the early 1990s, when Hong Kong entrepreneurs saw the potential market and productive capacities after China's reform and opening-up, more than 80,000 manufacturing enterprises moved from Hong Kong to the mainland. Of these, more than 50,000 were located in the Pearl River Delta.

This led to a surge of mail and cargo traffic between Hong Kong and the Pearl River Delta. At that time, due to certain policies and a restrictive economic environment, there were many unsolved problems, such as tariff barriers between Hong Kong and the mainland, which made freight and logistics a headache for these business owners.

Inspired by his previous experiences, Wang began a strategic business transformation, aiming to solve this problem. After some careful consideration, he resolutely left the still lucrative printing and dyeing industry and decided to move into the field of professional express delivery.

After returning to Hong Kong, Wang told his father about his ideas. His father agreed with him on the necessity of founding a professional delivery service company, and provided HK$100,000 for Wang to start his new business.

With his father's support, especially with the HK$100,000 as a start-up fund, Wang immediately returned to Shunde and completed all the required procedures to set up Shun-feng, his delivery service company. Then he rushed back to Hong Kong and rented a shop of less than 20 square meters on Portland Street between Mongkok and Prince Edward Road. At the time, the main business of this small company was to deliver letters from Hong Kong enterprises to the Pearl River Delta. In this way, driven by market demand, SF Express was born.

## FOUNDER, CAPTAIN, COURIER

In the 1990s, the company consisted of only six men, including Wang. As the founder of a company in its early stages of development, Wang had to handle everything just like other start-up entrepreneurs. In order to speed up deliveries and improve services for their clients, Wang and his five employees collected and delivered parcels almost around the clock. In these years, whether it was windy or rainy, Wang and his employees would busily travel around Shunde, leaving their footprints at every corner of the city.

Even if they accidentally fell down, they would manage to get up and continue their delivery.

Nowadays, Wang seldom collects or delivers, but sometimes he does like to go through the delivering procedure again by himself, to commemorate the various scars left on his legs by his previous work.

Years later, a fellow worker who experienced the earlier rough times with Wang, recalled that: "At that time, we ate and lived together. The only daily task was to take orders. It seemed that we were almost frenzied! Day and night we were on motorbikes, shuttling across streets and alleys to deliver goods."

It was through this experience that Wang came to understand the living conditions of every single courier. And it is because of this knowledge that he is always ready to fight for couriers' rights.

In the afternoon of 17 April 2016, a video titled "A Young SF Delivery Guy was Slapped in the Face" spread across all major Chinese social media sites on the internet. It was reported that an SF Express delivery man had scraped a vehicle while collecting parcels in a community named Fugui Garden. The car driver, wearing a black T-shirt, then beat the young delivery man while shouting and cursing. In the video, the delivery man was slapped in the face six times. The young man not only bore this cursing and never fought back but had also voluntarily apologized to the driver. Hearing the apology, the driver said with discontent, "Just sorry?" Then he threatened the young man and asked him to pay for repairs of his own car.

After the video went viral, if one searched keywords such as "SF courier being slapped" or "delivery boy" on Sina Weibo, thousands of relevant posts would pop up. The numbers of reposts and comments reached the tens of thousands.

Li Xiang, founder of the vehicle website Autohome, commented:

"I'll pay for the repairs, and I'll compensate for his loss of work due to delay" (the man in the black T-shirt was a taxi driver). "But I'll do it with a reasonable requirement to slap him back for every slap he gave the delivery guy. That's my real wish."

In response to the incident, SF Express's official account stated on Weibo:

> Most of our delivery men are young lads in their twenties. All the year round, whether in wind or rain, they travel across streets and through alleys. They serve with smiles no matter how tired and exhausted they are. We sincerely hope that people can respect and understand each other when accidents happen. We have found the wronged young man and will take good care of him. Don't worry!

The courier, whose surname was Feng, was a 28-year-old yong man from Hebei Province. He had been working at SF Express for more than six months. After the incident, the staff of SF Express took him to hospital for a physical examination, and got the result that Feng had a soft tissue contusion. Then the staff members left the hospital, going to the local police station in Donghuashi to report the case.

That night, Wang posted on Moments: "If I fail to get justice for my guy, I will no longer deserve to be the president of SF Express!"

Immediately after the founder's tough response, SF Express Group issued a solemn statement: "If similar incidents ever happen again, SF Express will protect its rights in accordance with the law, and firmly protect the legitimate rights and interests of its employees. People in the service industry are laborious, so mutual understanding and respect are needed. Hopefully we will all take this as a lesson to uphold fairness and justice in our society."

SF Express's fight for the rights and interests of couriers was so impressive that it undoubtedly left an imprint on the history of contemporary Chinese enterprises, and it provided an epochal example for current entrepreneurs of how to protect their employees' rights. Of course, the reason why Wang took such a tough attitude was related to his hard experience as a founder, a captain and a courier. Wang has not forgotten the difficult years when he first started his own business and struggled for success.

## NOTHING BUT SPEED AND SERVICE

In any era, opportunities are bound to attract people's attention and may bring about fierce competition. This is true of the express delivery industry. As soon as Wang noticedt he potential market for express delivery, other people also wanted to give it a try. There were lots of itinerant traders prior to Wang, hoping to gain a lion's share of the industry.

Wang knew clearly that only by doing better and acting faster than these predecessors could he beat them. Otherwise, he would be defeated. Aiming to survive to become the last standing, Wang and his colleagues needed to follow the law of jungle and actively participate in the bloody scramble. Especially when they squeezed out the profit margins of the emerging itinerant traders, a radical counter attack was awaiting them.

Even in 2015, itinerant traders still existed. According to the *Guangzhou Daily*, on 11 January 2015, at the entry hall of Shenzhen's Futian Port, a male passenger wearing a red sweatshirt and black sweatpants drew customs officers' attention. The passenger's carry-on luggage was too simple: he had only two plastic shopping bags, which were quite different from those of other passengers. Later, the passenger entered the customs corridor with the flow of people, walking at a normal pace, and everything seemed to be fine.

Nevertheless, customs officers soon found that the passenger's walking posture was a little strange not as fast and natural as others'. He moved stiffly with tensed muscles, and each step made it appear he was carrying a heavy weight. Not only that, his facial expression was not natural, and he intentionally avoided any eye contact with customs officers.

Therefore, officers stopped him for a routine inspection. After the passenger took off his coat, dozens of iPhones were found wrapped around his chest, abdomen and legs. He was smuggling 94 iPhones worth more than ¥300,000 in totala shocking number. Subsequently, officers obtained the passenger's entry and exit records, which showed that he had previously been captured several times for smuggling illegal articles.

The number of itinerant traders was huge, but their illegal operation and their deficiency in fulfilling their deliveries in a timely manner made them lag behind Wang Wei. Finally, they were driven off the central stage of economic history. Although there were still people joining the itinerant traders and perpetuating the old way, their existence was no longer a threat to the SF Express.

Meanwhile, hundreds of express delivery companies were springing up in the Pearl River Delta region. At this stage, Wang would encounter incessant expansion while being engaged in a life-and-death battle. Survival was the first issue for SF Express at that time.

In Wang's opinion, if SF Express wanted to survive, it needed to strive for faster deliveries and better service, to establish market barriers and to rebuild core market advantages. And, to remain invincible, a low price was necessary.

While his rivals charged ¥70 for a delivery, he asked for only ¥40. The competitive strategy of charging a low price played a role in SF Express's superiority. In a short period of time, SF Express gained a large number of customers, and even extended its boundaries to the entire Pearl River Delta region.

As a result of Wang's opening up of the express delivery market, the once desolate Portland Street also experienced a revival, leading to an unprecedented amount of activity.

Years later, Wang's neighbors still remember it vividly:

"Previously, there had been few people in this street. After he came, there were cars picking up goods. Slowly, there were other companies and other stores here. He led the whole street to prosperity."

## TEMPORARY VICTORY

In 1996, the SF Express team, led by Wang, won an initial temporary victory. It not only excelled in competitions with many express companies but also monopolized the whole of the Shenzhen Hong Kong freight transportation, and even won 70% of the market share in the delivery industry in this region at that time.

The rapid development of SF Express posed a threat toits opponents to such an extent that they disparaged SF Express as a "rat club" (a local term for a kind of Ponzi scheme).

Because the staff at SF Express were so busy, they, even Wang himself, had to do packing work late into the night every day. Wang's room, located in a small street at Shunde, glowed with yellow light all night, as people were busy there working like rats foraging for food.

In addition, during the initial stage of SF Express's development, the company didn't have a unified logo or company uniforms. The couriers wore varied clothes. The same was true of the vehicles they used, including trucks and motorcycles, and some even walked on foot. Due to the lack of a proper enterprise management system, it was perfectly appropriate for SF Express to be likened by its competitors to a nest of disordered "rats."

Yet this was the epitome of SF Express in the pioneering stage, and it also represented the whole express industry at that time. Facing this problem, Wang took advantage of the situation, decided upon several key points and eventually put the business on a standardized track.

To break the bottleneck of SF Express's development, Wang established a procedure for customs clearance. With the opening-up and improvement of the central government's policies, SF Express was given more opportunities. However, Wang did not remain content with a disorganized "carry-on" delivery service. Instead, he had parcels gathered and packaged in standardized form, and gradually created a systematic mode of express operation.

Within a few years of exploration and operation, Wang, less than 25 years old, had grown from the owner of a printing and dyeing factory and an itinerant trader to the leading entrepreneur of the Shenzhen Hong Kong express delivery industry, with wealth amounting to millions of *yuan*. However, he was still not content. He was planning the strategic layout of his company for the future.

## FOCUSING ON THE MIDDLE AND HIGH-END MARKETS

For any entrepreneur, achieving the desired effect in a commercial competition means exceeding the expectations of customers.

Wang Wei believes that in a competition the trump card is by no means low pricing or vying for customers at all costs and with every means at one's disposal. Instead, it is continually elevating standards to meet customers' expectations. Once customers feel satisfied with the services a company provides, prevailing over one's rivals will just be a matter of time.

Wang Wei once said: "When we talk about catching up with international champion express enterprises, in what aspects should we catch up with them? First of all, I think, it is not a matter of scale, but the quality of their service, their popularity, and their pursuit of consumers' recognition and social respect. Secondly, it is necessary to evaluate our own capacity to realize such a goal. Construction on a shaky foundation is most likely to end up with an unstable building, or even with disaster. We need to make a clear assessment of ourselves and to advance with a steady pace. As for how fast we can go, or how far we can forward our steps, there's no necessity to make any excessive demands. Thirdly, most of our efforts depend on the sustaining stability of our national industrial policy."

Bearing this in mind, Wang had diverted his business from printing and dyeing to delivery. Then, with his service attitude and the guideline of "the customer as the center," he stood out in the field of delivery.

When SF Express grew to a certain size, Wang began to cast his sights on a real giant in the express delivery industry, FedEx Corp, whose headquarters are in Tennessee in the United States.

As is widely known, FedEx is a multinational enterprise that owns abundant funds and has a superlative management mechanism. FedEx, as an international express group, provides such services as overnight delivery, ground delivery, heavy cargo express, document copying and logistics services. Impressed by its professional operation, Wang benchmarked his company against FedEx, and even took FedEx as his model.

After conducting further study, Wang found that, rather than involving itself in all businesses at the startup stage, FedEx had been selective in providing express services, focusing on small parcel delivery. The reason was that delivering small parcels (such as plasma, organs, medicines and important documents) required not only speed but also a restricted range of efficient delivery modes. At that time, FedEx chose to cover only five cities that were geographically close to each other.

This showcased how FedEx stepped into the market. Consequently, it accumulated a good reputation for its ability to provide relevant services and laid a solid foundation for its later development on a large scale.

Wang was inspired by FedEx's strategy of blue water expansion. So, as soon as SF Express grew to a certain scale, it began to collect only certain types of parcels, which was quite different from the strategy of other enterprises, which would accept all orders.

Wang held that SF Express should aim at the middle and high-end markets, providing customers with the highest level of service. What's more, the weight of a parcel needed to be properly limited.

It is worth mentioning that the rise of e-commerce centered around Taobao, an online trading platform, has brought unprecedented opportunities to the express industry in China, where the number of online shoppers is immense. Statistics show that the number of deliveries from Taobao can reach several million per day. On 11 November 2018, 1 billion orders were placed on Taobao.

Data reveals that in 2018, the Tmall Double 11 Global Shopping Festival achieved a turnover of more than ¥200 billion. Meanwhile, the volume of parcels sent as a result of these orders on the day reached over 1 billion, setting a new record and ushering China into a new era of transporting a billion parcels a day.

Faced with the huge market for e-commerce express, some express enterprises, including the 'Four TOs' (namely HTO Express, STO Express, YTO Express and ZTO Express) and Yunda Express, began to set foot in the e-commerce express business. The competition in the field led to a price war. According to statistics, at one point, Taobao's express delivery business once accounted for about 70% of the total business of the above-mentioned five express companies.

Wang's belief that SF Express should firmly focus on the middle and high-end markets explains why it did not expand its business on Taobao. In the middle and high-end markets, providing customers with high-quality services and thus getting their approval should be considered the priority.

Wang said frankly in an interview on CCTV-2 (the financial channel of China Central Television):

I think, in the future, we should put customers' experience in first place, and then speed. This should be the right order, rather than putting the undying pursuit for speed before customer experience.

Today we need to redefine the word "speed," and completely base it on the customer experience. In other words, even before customers ask for better services, we should have already made plans to upgrade our entire service and management system to ensure a close interaction with our customers. At the same time, such interaction is maintained backstage, not by humans but by AIs, which can integrate all the service resources to serve a client through only one instruction. Therefore, we don't need human labor to do this job any more, because it will slow down the speed in the future. My real thought is, this is a competence that a delivery company should have in the next era.

These later remarks represented Wang's business concept at the start of SF Express. Wang believed that for SF Express, the essence of business competition was not to vie for customers but to improve its services and better serve its customers.

Once SF had satisfied its customers, it was only a matter of time before it would win the competition in the industry. With the growth of its reputation, SF Express became a reputable brand name, helping thousands of online shops to attract buyers. As a result, these shops actively sought cooperation with SF Express, and even emphasized "Delivered by SF Express" on their homepages.

When the time was ripe, Wang decided to march towards the e-commerce express market. He declared in a speech to his employees in 2013: "SF Express has reached today's position by following a differentiated competitive strategy. We are different from other express companies in services and market positioning. At the same time, we would like to send a clear message to our customers the express services SF Express provides are fundamentally different from others."

# CHAPTER 2

# A SHIFT FROM FRANCHISING TO REGULAR CHAINS, COUPLED WITH INTERNAL MANAGERIAL PROMOTIONS

Our rivals in the oncoming cross-industrial competition will be IT companies. The essence of such competition is to win in the field of technology, especially in recruiting technological talents. You can never vie with technology companies without sufficient resources in the form of talents.

– Wang Wei, the founder of SF Express

## FROM THE FRANCHISE MODE TO REGULAR CHAINS

By 1996, under the guidance of Wang Wei, SF Express had almost monopolized the express delivery business between Hong Kong and the mainland, becoming a defacto hidden champion of the industry. At that time, with its coverage encompassing the whole South China market, SF Express's business volume had nearly surpassed that of all its rivals.

Having consolidated his gains in this portion of national market, Wang had to face a new task that would decide the destiny of both himself and his company: whether SF Express, which was already a top player in Guangdong, should remain in its comfort zone as a regional baron or expand its corporate frontiers into other regions.

In the specialized field of delivery, some major companies, especially Best Express, STO Express, YTO Express, Yunda Express and ZTO Express, were detined to rely on the franchise mode to expand their business. This was because the advantages of this mode (as seen in the expansion stage of a business) outweighed its disadvantages.

At this time, SF Express, while gathering momentum like a crouching South China tiger, started to expand its territory in line with Wang's scrupulous planning. Like most express delivery companies, SF Express initially chose the mode of franchising. But Wang was subsequently woken up by a complaint call, and he realized that over expansion of franchising might result in an unimaginable crisis for SF Express. To avoid this, SF Express finally started its strategic transformation — a long journey from franchising to the mode of regular chains.

### FRANCHISING: THE INITIAL STAGE OF EXPANSION

During the earliest expansion stage of SF Express, any advancement of its business frontiers meant tapping into anational scale express delivery market. At that time, the management of SF Express found it hard to reach any consensus on the issue and had to hold an internal debate.

The moderates believed that SF Express should keep on consolidating the market of South China. Such a strategy would not only guarantee sufficient business volume and high profits but would also protect the company from fierce battles with other companies in the new markets.

According to the moderates, it was better to grow steadily than to participate in riskier regions of competition.

To expand or to stand fast: it is a question that many Chinese enterprises have to face. Generally, the founders of start-up companies trust that, when their companies have achieved a certain size, more aggressive financial advancement will be needed to enact the strategy. Their reasoning is that the huge niche market in China, or the "blue oceans," will become a source of profit to facilitate the cash flow required in the future.

Wang was inclined towards such ideas at first. In his view, although there was a lack of strategic resources (such as personnel and adequate financial support) for his three year-old company, he was confident in the market potential of China. In the 1990s, especially after Deng Xiaoping's Southern Inspection Tour speeches, China was witnessing a boom of entrepreneurship. Whoever first started a new venture could seize a huge opportunity, with associated risks and profits.

However, in the underd eveloped financial market at the time, venture capital was rarely heard of in China. The possibility of any express delivery enterprise getting venture capital was almost zero, and even getting a bank loan was unlikely. Wang knew that the cash assets he had accumulated were far from enough to support any largescale expansion across China. However, he also realized that, while SF Express did not have the necessary support of external funds, neither did its rivals.

Faced with such an alluring blue ocean in the market, Wang made up his mind to expand tentatively, on a rather small scale. He soon declared that SF Express would accrue money from inside, since gaining the support of external funds was impossible.

To seize the opportunity, it was necessary to expand beyond Guangdong into a nationwide market against all the odds. According to Wang's overall strategy, it was wisest to grab the market share in the Yangtze River Delta Economic Zone (including Jiangsu, Shanghai and Zhejiang), instead of making an all out assault. Wang's choice was based on the fact that the Yangtze region had the highest economic growth rate, the largest economic size and the greatest development potential of all regions since the start of China's reform and opening-up in the 1980s.

In the delivery market, there was a popular saying that "whoever dominates the East China market takes all." Although there was no convincing evidence behind this statement, such a saying indicated the importance of the Yangtze region for SF Express's national strategic layout. Since "whoever dominates the East China market takes all" was an open secret, it was understandable that Wang needed to prepare especially carefully to win his battle in this area. To occupy a new market is no less difficult than extracting teeth from a tiger's mouth, which means SF Express had to play its own game, with a scenario much more complicated than that required in the Pearl River Delta.

This movement had actually been decided by a pressing situation back in 1993. At the same time that Wang opened a branch in Hong Kong's Longlan Street, Nie Tengfei and Zhan Jisheng, who came from Tonglu in Zhejiang Province, co-founded Shentong Freight Forwarding Co., Ltd.(STO Express) in Hangzhou. The latter's main business was to send declaration forms for trading companies from Hangzhou to Shanghai by overnight delivery. In1995, after two years of rapid development, STO Express had successively expanded its market from Hangzhou to Ningbo, Jinhua and Dongyang. In 1996, the network of STO Express extended to Nanjing and Suzhou in Jiangsu Province. In 1997, after several years of growth, it was on a steady track of ascendance, opening branches in Beijing, Chengdu, Guangzhou, Qingdao, Wuhan and other cities. By 1998, the five-year-old STO Express already possessed more than 50 service branches, mainly in the Yangtze River Delta region.

Under the circumstances, the "Tonglu Circle" headed by STO Express presented one of the biggest obstacles to SF Express's attempts to expand into the East China market. However, further research showed that, in spite of the existence of so many delivery enterprises, what was lacking was a highly qualified service, owing to the prevalence of down-pricing competition and extremely chaotic manoeuvres.

In order to make good use of such a situation, SF Express adopted a combination of low price and a high-quality service, which had proved successful in the Guangdong market. However, what was neglected was that SF Express's business operation was mainly based on setting up regular chains, and this model faced new challenges when it was replicated in the East China market.

Compared with Guangdong, the East China market was of a much larger size. That meant SF Express needed to invest enough funds over a short duration to establish a large number of chain depots. Therefore, it had no alternative but to duplicate the existent franchising model.

During that time, SF Express would set up a subsidiary company for every chain depot. So the network across the Yangtze River Delta differed from the previous one in the Pearl River Delta. It did succeed in laying an early foundation for SF Express in the new area. However, in this business expansion, the drawbacks of the franchise model were quite obvious, in spite of the fact it enabled SF Express to quickly break into the East China market.

Nevertheless, with the snowball effect of franchising, SF Express subsequently conquered the delivery market in both Central China and

North China, attaining a period of high-speed expansion.

When SF Express took its stand in the markets of South, East, Central and North China, it had completed the construction of a delivery network that covered most parts of China. For Wang, the reason why SF Express was able to embrace the new opportunity for high-speed development was this series of bold manoeuvres, an aggressive financial expansion strategy that had been scheduled years ago.

After several rounds of adjustment, especially after 1999, SF Express smoothly sailed into the waters of steady growth, and was expected to be a hidden champion among China's private-owned delivery enterprises.

## SWITCHING TO THE MODE OF REGULAR CHAINS

Then, in 1999, despite the rapid development of SF Express, Wang was confronted with the problem of choosing the direction in which SF Express should advance. Nowadays, most researchers agree that 1999 should be regarded as the turning point of the company.

At this time, numerous internet companies were springing up like mushrooms across China. In early 1999, Wang Juntao founded a website named 8848, marking the birth of the first e-commerce website in China. Thereafter, Wang Juntao was called "the father of China's e-commerce."

In September 1999, Jack Ma retreated from Beijing to a 150-square-meter house in the community of Lakeview City in Hangzhou, where he co-founded Alibaba with his 18 partners, nicknamed the "18 Arhats." In November 1999, Dangdang, the Chinese version of Amazon, was founded by Li Guoqing and Yu Yu, marking the first e-commerce platform to sell books on the internet in China. Thus, a series of commercial legends started one by one.

From a sociological perspective, many entrepreneurs, professors and researchers regard 1999 as "Year Zero" for e-commerce in China. With the ebbs and flows of time, there have been a number of ambitious entrepreneurs who have lost out in fierce competitions and had to withdraw from the arena. Nevertheless, there have emerged such e-commerce giants as Alibaba, which has prospered ever since and, on the single day of 11 November 2018, achieved the amazing daily transaction total of ¥213.5 billion.

Yet for many start-ups, the disadvantages they had to live with remained unchanged. That is why, with stable growth in Guangdong that had helped it to become the local hidden champion, SF Express still chose to establish its delivery branches in the form of franchising.

With five or six years of expansion beyond its market in Guangdong, and strategic arrangements from anational perspective, SF Express seemed to be steadily continuing in the franchise mode. But then Wang Wei received a complaint phone call, which urged him to makea change. Through the complaint call, Wang realized the negative effects of the franchise system. Although, previously, Wang had heard some negative things about the franchise mode, he had not been alerted to the severity of the situation. For him, this complaint call was no less than a warning that it was high time to strengthen the company's corporate management. Following this line of thought, Wang put in place a series of new regulations and measures, but they did not quite solve the problemsthe company was facing. So, he had to reconsider the whole system and come up with a new model of corporate management.

After careful consideration, Wang decided that in order to solve the problems that SF Express was encountering, it was necessary to carry out a thorough reform to transfer the franchise system to the mode of regular chains. The reason for implementing this reform was that, though franchising had played an important role in the growth of SF Express, it had many disadvantages as well. For example, under this mode, the relationship between the headquarters and the branches was relatively loose, and sometimes the branches would disagree with or even refuse to apply the management policies made by the headquarters.

The deficiency in implementing management policies made it difficult to ensure the anticipated quality of services. And in their routine services, some franchised network branches even made unauthorized moves to integrate business from other fields to pursue their own interests. With some franchise members operating for their own convenience, a segregated and inefficient mode of management was sure to follow.

In Wang's view, to solve the dilemma, he must be as decisive as the legendary figure in a Chinese vernacular novel who cut off his right arm for a grander cause. As SF Express aspired to be a great international delivery company, it was especially necessary to ensure the precise execution of its managerial institutions. Thus, the mode of regular chains was a feasible choice for SF Express. The reason was that the mode would put an end to the disorder by standardizing the management of the franchised service depots all over the country.

Wang believed that only the mode of regular chains could improve the company's overall service level. However, it would undoubtedly take much effort to make the transition.

Years later, Wang recalled that "with the proposal of differentiated management, SF Express had encountered a lot of trouble in the transition. At that time, a franchised service branch was like a small kingdom, exerting great pressure against our efforts to eradicate these problems."

Wang recognized that the disadvantages of the franchise mode had been hindering SF Express from becoming bigger and stronger, since the franchised branches were like separate dukedoms that were both insular and unresponsive to orders from headquarters.

To break the deadlock, the franchise mode needed to be completely abolished. When this strategic decision was put on the agenda, it was naturally met with opposition. Yet Wang was so determined that he not only held his ground against all dissenting views but also continued on with the redesigned policies and boldly streamlined the previous mode of management. Because this reform would certainly act against the interests of individual branches, some of them even joined together to resist the new policy. They intended to send Wang a message saying that, in the coming days, none of his strategic decisions would be followed beyond the sphere of his chairman's office, so as to make him retreat in the face of such difficulties.

Understandably, such turbulence was not easily pacified. It was said that Wang's opponents were so furious that he was even physically threatened. He responded by hiring bodyguards, both to protect himself and to ensure the smooth progress of the new mode. To this day, whenever Wang goes out, he still has the habit of keeping bodyguards around him.

Even with his insistence on the need for the change, it was not until 2002 that SF Express had completed its transition. This signified Wang's victory in reclaiming the right of corporate governance. Wang held that making profits was the fundamental purpose of running a business. But the problem was that, driven by mere profits, the franchised branches were getting into an ever-worsening situation of chaotic management.

In 2002, in order to adjust the course of the company, Wang sold some of his own properties to buy back management voting share from the franchised branches, transforming the management mode to that of a regular chain. It was a wise move to reclaim the administrative power by taking direct control, and this became a key to SF Express's growth into a real giant. This strategic transition could be regarded as one of the most significant turning points in the history of SF Express's development. As soon as the reform was complete, Wang firmly regained dominance in regulating all of the branches, which meant that any instruction issued from the headquarters had to be implemented by all.

## THE PERFORMANCE MEASUREMENT MECHANISM

For any enterprise that has grown to a considerable size, what is needed is a standardized set of management procedures. When it comes to employee management, every entrepreneur has their own means and methods, and some will even resort to rather harsh regulations and fines to boost morale.

But Wang Wei has his own standards of judgement. As a leader who used to be a front line worker, he has a deep understanding of all the difficulties and hardships that a courier has to face. So he formulated a mechanism based on points deduction to replace charging fines. This mechanism was mostly welcomed by his employees, though there have been some disputes around it.

### STANDARDS OF DELIVERY

Among the various news stories about the delivery industry, one has drawn many people's attention: Wang Wei once spent ¥100 million on customized apparel from Nike for his employees.

It is said that each set of clothes, worth over ¥2,000, was from the Nike Shield series and featured several fancy technologies. For example, reflective strips were stitched on both shoulders of the garment, enabling other drivers and pedestrians to quickly notice the presence of the wearer, which would help to guarantee the couriers' safety.

Such clothing was also windproof, waterproof, breathable, lightweight and suitable for severe weather.

This action immediately caused a sensation as well as wide media coverage. For example, the *Southern Metropolitan Daily* reported as follows: "SF Express has recently teamed up with Nike to launch a line of apparel for SF couriers, which is windproof, waterproof and lightweight. Of course, if the purchase can get Nike's manufacturers to choose SF Express as their future partner for logistic services, no one can deny it is a good cooperation."

The first group of newly dressed couriers were from East China, including Shanghai. They were followed by SF Express couriers in other regions. Wang explained that the ventilation of the old uniforms had been rather poor; thus, they would easily stick to the sweating bodies of couriers in the hot summer months, leaving an untidy impression that was detrimental to the image of SF Express as a highend service provider.

Certainly, there was another deeper reason for the new uniforms: after Wang chose the operational mode of regular chains, what he most valued was its efficient implementation of administrative decisions. The change of working uniforms was an early example of such a decision.

In Wang's view, SF Express should give its employees a sense of pride and honor. One media report in *Chinese and Foreign Management* featured one of the company's employees, Mr W, a courier born in the 1990s. He admitted that what had most attracted him to join the company was its high salary, its professionalism and its wide influence. What he had not expected was that, to be a qualified courier, he needed to not only strictly abide by rules and regulations but also meet various performance indicators, such as member registrations and a mount of parcel insurance. In spite of these strict requirements, Mr W felt proud of himself, especially when he was rewarded by SF Express for having signed a substantial delivery contract.

It is true that, though the daily work of couriers such as Mr W is utterly exhausting, it can bring them a senseof pride. There are innumerable similar cases, which explains why the employee turnover rate of SF Express is less than 30%, while that of the whole industry can be as high as 70% on average.

Besides the high salary, the success of SF Express in retaining its employees is owing to the management mechanism of regular chains. That is why SF Express has become a benchmark for the whole industry.

## DEDUCTION OF PERFORMANCE POINTS: A DEVICE BETTER THAN LEVYING FINES

Any set of management policies naturally places restraints on the behaviors of employees, which Mr T fully understands. One time, his "rough handling of packages" was recorded in detail by the delivery depot's monitoring system. Later he was penalized with a deduction of three performance points. As an experienced worker, he knew very well that any rough handling, if detected, would lead to severe punishment, so up to that point he had always paid close attention to his handling practices.

However, this time he was punished for an improper operation. Mr T explained at a interview with a media that he had dropped a package to the ground from no higher than his ankle (when a package is dropped, the standard distance between it and the contact surface should be no more than 30 centimeters). Nevertheless, Mr T's action was deemed a violation of regulations.

Mr W then found the person in charge of the delivery depot, wishing to clarify the situation. The manager helped him to review the monitoring records and expressed his regret that he could do nothing to reverse the decision. Such deductions of performance points can be very serious. Mr T was quite upset, for he didn't know how long it would take him to make up for the lost three points.

Readers may wonder why SF Express's couriers should attach so much importance to their performance points. That is because, whenever they violate any regulation, the deduction of performance points is the most severe punishment, much severer than the levying of a fine. Every employee of SF Express initially has 20 performance points. If they violate any of the company's regulations and have points deducted, they lose the opportunity for future promotion. Therefore, when it comes to the process of internal promotion, performance points are an indispensable criterion for evaluation. If an employee's performance points go below ten, they have to worry about the prospect of being dismissed. If all 20 points have been deducted, it can be coming to the situation, that the company and employee negotiate how to Express will automatically terminate the labor contract earlier.

Usually, it is difficult to reclaim points once they have been deducted. However, there are several ways to add to the total points, such as dispatching an international express delivery.

There are plenty of cases similar to Mr T's at SF Express. For example, the penalty for any employee who shows a bad attitude to customers is a five-point deduction. Even if the customer was in a bad mood and issued a groundless complaint against a specific courier, the courier would have to accept the punishment of point deduction.

In Wang's view, no one, including himself, can cross the "three red lines," which are intolerance of poor service attitude, loss of delivered goods, and violation of established rules and regulations. Therefore, whoever in SF Express dares to commit such breaches will face a deduction of performance points and someone who violates regultions intentionally, can be disnissed from company.

Of course, the administrative staff are also punished equivalently to frontline couriers, because of their joint responsibilities. For example, if an administrative staff member fails to a the customer to register their real name for delivery, the penalties are as follows: deduction of performance points, immediate suspension of work and confiscation of the handheld terminal (barcode scanner). After this, the related delivery depot supervisor, branch manager and branch supervisors will be sanctioned, and their performance points will be accordingly be deducted.

In contrast with other major delivery companies (such as STO Express, YTO Express, Yunda Express and ZTO Express), which use fines to regulate their employees, SF Express almost never resorts to the fining of its employees. According to Wang, the reasons for the exclusion of such punitive means are as follows. First, from his own experience, he sympathizes with the front line couriers and knows the hardships and difficulties they face. Second, he believes that there are many other measures that are more effective than levying fines. Comparatively, those incentive measures can better solve employees' problems with violating regulations. Third, in addition to deducting performance points for employees' violation of regulations, the company correspondingly provides necessary training aids or makes adjustments to depots.

According to *Chinese and Foreign Management*, Xiao Bei, a courier from YTO Express, said in an interview that he had for a long time processed deliveries in the same region with another courier from SF Express. "He[the courier from SF Express] disappeared several times," joked Xiao Bei. "After a few days, he would reappear, telling me that he had been asked to get retrained for accepting prohibited goods. Yet soon after, I found he 'disappeared' again."

With regard to this kind of suspension, Mr T explained in the interview with *Chinese and Foreign Management*: "As long as there are complaints, the employees involved should cease their work and go directly to Shunyi District for retraining."

In order to establish more effective vocational training, SF Express has purchased several professional training companies. If a courier is disciplined but still fails to be aware of the severity of their misconduct and repeatedly touches the red lines set by the company, or if their performance continuously declines, then they are likely to be transferred to other posts, even to communities with much smaller workloads. For the courier, this means a reduction of wages. So they are obliged to make their own choice: either fully perform their duties to win an internal promotion, or quit their job and leave the company.

This performance evaluation mechanism has aroused much dispute. In the aforementioned article in *Chinese and Foreign Management*, Mr Z, a former senior executive of SF Express, commented that the core of the company's efficiency and service quality control was mearly a "ruthless" evaluation mechanism, which required its employees to be fully responsible for the consequences, sometimes even regardless of factors beyond human control.

## A BALANCE BETWEEN FAIRNESS AND HIGH INCOME

Although SF Express adheres to a rigorous appraisal system, it pays far higher salaries than its rivals. *Chinese and ForeignManagement* reported that a SF Express courier whose service area covered several communities around the China World Trade Center in Beijing once gained a wide notorietyfor his high salary: ¥120,000 per month for two consecutive months. What is special here is that, being overburdened with his routine collections and distributions, the courier asked several of his relatives to deliver for him.

According to the company's corporate design, SF Express couriers' income falls into three categories: A, B and C. Usually the four cities of Beijing, Guangzhou, Shanghai and Shenzhen are considered A-level areas, as the average monthly income of a courier in such areas can exceed ¥15,000. In such areas, while trying hard to keep couriers' income high, SF Express seeks to ensure equilibrium and fairness in income distribution by using its flexible adjustment system. For example, the above-mentioned courier with a monthly salary of ¥120,000 was obviously a rare exception. Such an unreasonable disparity between this single case and the average was soon reduced by adjusting the operation system in this specific area.

According to Mr Z, the aforementioned former senior executive of SF Express, there are three types of terminal collection and dispatching system: 1. Direct delivery to customers; 2. Relay delivery, in which three or four couriers collaborate to collect and deliver packages across abroad area and share the gains; 3. Transit delivery, where in a certain area, a shuttletruck connects regular deliveries at different posts.

In order to balance the monthly salaries of all couriers, when the amount of a courier's piece work reaches a certain number, the local management department of SF Express will adjust the collection and dispatching structure in the area according to the specific situation. Sometimes more couriers will be sent to the service area so as to even out the unbalanced workload.

When the number of couriers increases in a service area, people will try every means possible to develop potential customers, so as to increase their work volume and corresponding salaries. Thus, apart from their routine work of collection and delivery, couriers voluntarily participate in the task of business development.

As is commonly known, the depot managers are usually those responsible for moving couriers between regions.

When a depot is in charge of six to eight collecting and distributing sections, newly employed couriers will be assigned to the sections with relatively smaller work volumes, and experienced ones will gradually be transferred to sections with relatively larger volumes. According to Mr Z, such transferrals are the job of depot managers, whose judgement determines whether it is worthwhile to replace a high-income deliverer with a low-income novice.

The fundamental reason for this management design is that the main assessment criterion for each depot is business revenue.

According to Mr Z, "The structure-oriented managerial system may reduce the frequency of irresponsible activities. Any management decisions that contribute to the fulfilment of set objectives should be considered right."

## MANAGERIAL PROMOTIONS FROM WITHIN

One of the most commonly known stories about SF Express is that some of its couriers have become professional pilots. "At SF Express, the management echelon is promoted from within," Mr T told *Chinese and Foreign Management*. "Even the cargo pilots are selected from the rank and file."

Many researchers have assumed that such motivational examples could only happen at SF Express. This is because almost all recruitment at SF Express follows the principle of internal priority, which means that when there is a job vacancy at SF Express, employees on every level, from the top management to the rank and file, will receive this information.

Subsequently, any employee with sufficient qualifications can apply for any position. Through this means of internal selection, any front line employee can expect to become a deputy director through a series of careful steps.

The result is that depot supervisors and branch managers drawn from front line couriers through internal selection account for more than 90% of the whole management, and even 60% to 70% of the regional superintendents used to be grass-roots couriers.

Although the express delivery industry is known for its high turnover rate, but it is common for SF Express couriers to have worked there for more than ten years. As a result, the company has never lacked inspirational stories. For example, a courier who had not even finished primary school was eventually promoted to the executive position of regional superintendent through internal selection, and has the privilege of direct contact with Wang Wei.

## A CLEAR CAREER TRAJECTORY

Wang Wei's favoring of internal promotion is based on six obvious advantages.

First, internal selection is more effective and credible. When it comes to personnel designations for key positions, research on the effectiveness and credibility of different mechanisms shows that internal selection is more objective than other methods. This is because the evaluative data regarding competence and performance can be directly drawn from the in house human resources department. In addition, most managers already have a good understanding of their staff member's personality, working motivations and potential for development.

Second, existing employees may better identify with the corporate values. In the management of personnel, one of the most difficult parts is the assimilation of the company's culture. Comparatively, employees who have been working in an enterprise for a long time are more likely to share its values, being more accommodated to the working environment and more cooperative with others.

Third, existing employees may have a fuller understanding of the enterprise's operational procedure. By analysing the functioning mode of an enterprise, we can find that existing employees have a better understanding of the enterprise's operational procedure. Thus, they can more readily become accustomed to the new role than newcomers from the outside.

Fourth, existing elite employees, if thus promoted, have more motivation to work for the company. Research shows that internal selection can provide employees with a cherished opportunity for promotion, which will not only make them more motivated but also enhance their loyalty to the company. This is especially true of the selection of senior management personnel, for such a promotion is often followed by a series of promotions in other departments and will certainly boost their morale. It also sets a good example for the company, and through its influence will help to arouse a progressive and aspirational atmosphere at work.

Fifth, it can reduce unnecessary expenditure. From the perspective of enterprise cost management, the internal promotion system can cut down recruitment expenses, such as advertising and travel expenses for recruiters and candidates, together with such unnecessary costs as novice training.

Sixth, there is more satisfaction with the enterprise's existing salary system. Generally speaking, the salary requirements of those who have been promoted from within will be more in line with the enterprise's real requirements, because they are more familiar with the details of the existing system.

Wang Wei knows well that many internally promoted administrators who got their first job at SF Express may not have an educational background that is generally satisfactory. Without any higher education, they may face problems such as a lack of professional knowledge, insufficient experience and a limited horizon. To solve such problems, SF Express offers two parallel channels of promotion for employees, namely the administrative line and the professional line.

Wang's intention is obvious. The purpose of recruiting professional managers is to assist existing employees to follow the administrative line. Moreover, professional managers can transfer their specialized knowledge and experience to existing employees and help them to improve.

On the administrative side, the manager in charge of a depot in Beijing (for example) often directs 100 or 200 employees. These managers have been internally promoted and have richer experiences and wider social networks, enabling them to be better communicators with their couriers.

It is through this narrative of internal selection that SF Express continuously conveys a clear message to the grass roots couriers: as long as they work hard, they will become managers of SF Express at various levels, through a clear-cut and fair assessment and promotion system. In this way, the company offers a very clear trajectory of career development for all couriers. Couriers' direct managers are vivid examples. For an ordinary courier at the bottom of the career ladder, there may be no better way up than to aspire to their manager's position. If they left SF Express, there would be many uncertainties about their future prospects.

There is no denying that SF Express owes its success, to a large extent, to the high loyalty of its employees. Of course, the degree of loyalty often corresponds to their identification with the corporate culture.

At SF Express, besides there being regular training for employees, depot managers often exchange positions with each other, usually for a few months. That is, the manager of Depot A is dispatched to Depot B while the manager of Depot B is sent to Depot C, the one of Depot C to Depot D, and so on. The advantage of regular exchange is that grass roots couriers' loyalty is not bound to their depot managers, but connected with the enterprise's overall values. In contrast to other major companies, such as STO Express, YTO Express and ZTO Express, this meticulous and strict management system is based on SF Express's mode of using regular chains rather than franchises.

## HALF OF EXECUTIVES ARE SELECTED FROM THE GRASS-ROOTS

In some teams within SF Express, almost half of the senior

executives are selected from the grass roots staff. The mechanism of internal promotion has actually accelerated the company's development.

The piecework portion of their salary accounts for a large portion of an employee's income at SF Express. This structural design is intended to ensure the high income of front line employees, and then make it an incentive for them to support the company's high-quality service based on delivery speed.

The base pay of couriers at SF Express is actually not very high. However, the inclusion of a piecework portion in the salary ensures a promising monthly income as well as high quality of service. What couriers ultimately earn is based on their diligence and customers' satisfaction. As a result, it is not extraordinary for couriers at SF Express to receive monthly pay that surpasses ¥10,000.

Additionally, SF Express also gives subsidies and benefits to its employees' families. Chen Ping, the former president of ZJS Express, said:

> Couriers at SF Express are assigned directly by the headquarters to each branch, instead of being hired by franchisers. And that's the wisdom of Wang Wei – in reclaiming his decision-making power from the earlier years. He applied different policies towards franchisers and their employees. He would only dismiss those disobedient franchisers, while keeping their employees, as long as they would listen to him. Unexpectedly, the result was very good.

This comment was verified by a driver who had worked at SF Express for five years and in recent days had become an administrator through its promotion system.

## ENHANCING EMPLOYEES' LOYALTY AND PROVIDING A BETTER SERVICE FOR CUSTOMERS

Now that SF Express enjoys a high reputation in the industry in China, the media and scholars particularly focus on the income and welfare of its frontline couriers. Though it is an open secret, the management of human resources at SF Express is a topic followed by numerous researchers, who try to satisfy the curiosity of outsiders by systematically exploring Wang Wei's strategy.

According to Wang, only when SF Express's employees, especially those on the front line, enjoy an enticing income and an ever-improving working environment can they repay customers with sincerity and a better service. "This is the only way to make our service prices convincing. And then our customers will feel comfortable about our service products," Wang said. "This creates a benign circle, and as a result I firmly believe that our profits will no longer be a problem."

Such thinking bears a striking resemblance to that of Ren Zhengfei, the founder of Huawei. Ren once said:

> The reason why Huawei advocates a "customer-oriented" core value is that Huawei can not live without the support of customers. It is our customers who have been laying the base for the company's development. Any other third party, including the government, would not choose to sustain us with necessary funds for existence and growth. Good services are a prerequisite for our customers to willingly finance our advancement.

In December 2010, executives from a large European telecommunications company came to Huawei's headquarters in Shenzhen to investigate Huawei's "customer-oriented" strategy. Ren Zhengfei gave a lecture titled "Customers' Interests, Hard Workers' Welfare and Hard Work."

In his speech Ren explained:

> Instead of being visionary, this combination of three fundamentals, distilled from our past experience, is Huawei's only secret in surpassing our competitors and winning one victory after another. The trio form a iron triangle and are internally connected and mutually supportive. Among them, "customers interests" is our goal of striving in the long run, "hard work" is the means to cater to customers' interests, and "hard workers' welfare" is the source of vitality for our striving in the long run — an impetus for catering to customers' interests.

These three fundamental values are indispensable to Huawei's extraordinary performance. In 2018, Huawei's revenue was US$108.5 billion, with a 21% increase year on year. Guo Pingjie, the rotating chairman of Huawei, said:

> Huawei has signed twenty six 5G commercial contracts with the world's leading operators, and has transported over 10,000 5G base stations all over the world. Among the world's top 500 enterprises in more than 160 cities, 211 have selected Huawei as their partner in digitalized transformation. More than 200 million smart phones have been sold, and welcome breakthroughs were made in the fields of PC business and the Internet of Things smart home ecosystem.

In the same year, guided by similar principles, SF Express was also acclaimed for its good performance. On 23 August 2018, SF Holding released its 2018 semiannual report, which contained impressive figures. The financial report showed that in the first half of 2018, SF Holding had achieved a revenue of ¥42.5 billion, up 32.1% year on year, and achieved 60% of its annual target. The net profit for shareholders reached ¥2.2 billion, up 18.6% year on year. The number of delivery packages reached almost 1.9 billion, up 35.3% year on year.

Despite the huge differences between SF Express and Huawei, the performance of the former is quite notable. For Wang Wei, the key to SF Express's success is its years of investing in talents. For example, the company even set up "anger rooms" to enable customer service staff to release their tension. And, many years ago, in order to reduce the pressure on the sorting department, the company spent hundreds of millions of *yuan* to purchase automatic sorting equipments from abroad.

Wang is always generous to employees, especially to front line couriers. He often says: "At SF Express, couriers are the most admired. I would rather not call them couriers — I'd like to call them 'kids.'" For Wang, employees are everything, as shown by the story in Chapter 1, where Wang vowed to get justice for an employee who had been slapped by a driver after accidentally scraping the man's car.

In 2016, Wang made only two posts on his WeChat Moments, one of which was the report that the aforementioned courier had been violently assaulted. Deeply moved by their boss, many employees expressed sentiments in interviews such as: "Though I am exhausted every day, but I feel very happy here. When you have such a nice boss who both cherishes you and cares about your material needs, what reason do you have not to work diligently?"

In addition to making efforts to improve their loyalty, Wang tries to allow his employees to work with more dignity. Every year, he sets aside a week for himself to carry out delivery work. During the week, Wang rides an electric bike to collect and deliver packages. Each day, he learns more about the application of equipment and materials such as barcode scanners and delivery backpacks, the labor intensity of employees, and the true treatment and working conditions of couriers.

Wang explained:

> Many of our management often say they are exploring the market, and I would tell them, "Put aside the paperwork. What you should think about is how to help employees in the first and the second lines to do a better job of collecting and distributing, and learn about their needs and difficulties at their posts.

He said:

These couriers are at the forefront of market competition and have the most say about the market. If we solve the problems of the first and second lines, the customers' problems will be more readily solved. The result will be that the problem of future development will be mostly solved. This is an industry that is not only motivated by money but also by heart.

That is why on 24 February 2017, Wang invited the once bullied delivery man to the company's listing ceremony to ring the bell together.

in North Point, and Cheung Kong Industries had its grand headquarters.

In those years, it was reported that Hong Kong accounted for 80% of the plastic flower trade, making it the world's largest supplier. Besides the United States, more and more products were going to Japan, West Germany and Australia as well. Cheung Kong Industries became the world's top plastic flower manufacturer, and Li Ka-shing became the world-famous 'King of Plastic Flowers.'

# 3

# CHAPTER

# SPEED IS KING

According to international standards, a 2,000 kilometer freight transport distance is by no means a challenge. But it seems to be so in China. Before my experiment, no one had ever considered air freight for express delivery in China. But it is already common practice in many countries to use aeroplanes or cargo planes for express delivery. So I don't think I have tried something very advanced, or something very cool. No, I don't think so, I just did what others had done.

– Wang Wei, the founder of SF Express

## IT'S EXPRESS DELIVERY, NOT SLOW DELIVERY

Wang Wei once frankly pointed out that perfect service, including the speed of delivery, plays a crucial role in winning customers' satisfaction in the express delivery industry. As to the issue of speed, Wang admitted in an interview with the financial channel of China Central Television (CCTV):

> We should make it clear whether we are talking about a domestic standard or an international one. According to international standards, a 2,000 kilometer freight transport distance is by no means a challenge. But it seems to be so in China. Before my experiment, no one had ever considered air freight for express delivery in China. But it is already common practice in many countries to use aeroplanes or cargo planes for express delivery. So I don't think I have tried something very advanced, or something very cool. No, I don't think so, I just did what others had done. Considering the actual situation in China, I have merely tried to do something to pursue my own ideals. I will never offer any service product before I feel satisfied with it. This means it has to be in line with my pursuit of speed. Such things always reflect my own concept of speediness. So, I have kept on seeking more scientific ways, or different modes of transportation, to achieve the goal. There are still gaps between the speediness in my mind, the speediness of my pragmatic goal, and the actual speed I have attained. People might think that SF Express's delivery is fast compared with its rivals. I myself really don't think we are fast enough.

In Wang's view, a delivery that is not fast should not be called "express delivery" but "slow delivery," and it will hamper a customer's acceptance of the brand.

### "EXPRESS" VS. "SLOW"

By 2002, as explained in Chapter 2, Wang had taken back the administrative power from the franchised branches, turning SF Express into a company based on the mode of regular chains. Moreover, he decided to establish the headquarters in Shenzhen, in order to better implement the policies under the new mode.

After the completion of the phased structural change, Wang also began to subdivide the company's target markets, aiming to position his business towards the high-end market of the industry.

In 2003, with the outbreak of SARS (severe acute respiratory syndrome), everyone chose to stay indoors, leaving the streets and alleys empty from day to night. Yet, just as Lao Tzu says in *Tao Te Ching*: "Upon misfortune depends happiness; within happiness hides disaster." A crisis handled properly can become an opportunity.

In the face of this epidemic, entrepreneurs needed to be decisive to take advantage of opportunities. For example, Liu Qiangdong, the founder of JD.com, once said in a media interview that SARS was the first major crisis that JD had suffered. To protect its employees from contracting the disease, he ordered the shutdown all of JD's offline stores, which surely meant huge losses. In one month, the Zhongguancun store owned by Liu lost as much as ¥1 million.

Without any income from offline stores, JD had to start from scratch to become an e-commerce company. In this way, it inadvertently created a new mode of business, and its present achievements have much to do with the company's adjustments during the crisis of SARS.

Like Liu Qiangdong, Wang Wei also found a huge business opportunity in the crisis, which ushered SF Express into a new phase of development. During the SARS period, the airline business plummeted due to a sharp drop in the number of business travellers and tourists. Many airlines had to use price cuts and other promotional measures to boost passengers' enthusiasm for travelling.

Wang saw in the deduction of air freight rates a business opportunity. In early 2003, he signed an agreement with Yangtze River Express and rented five aeroplanes. SF Express thus became the first enterprise to use aeroplanes for delivery in China, which laid a solid foundation for the "SF speed" as well as for gaining dominance in the expness delivery industry.

In addition, Wang made a huge investment to meet the needs of customers, so as to ensure the speed of SF Express.

## FUTURE COMPETITORS FROM ANOTHER INDUSTRY

The multinational corporation FedEx saw its Chinese competitors, especially SF Express, as an imminent threat, given their rapid rise. Therefore, it launched a strategy to acquire SF Express. In 2004, FedEx intended to acquire SF Express at a price of ¥5 billion. When the letter of intention was sent to Wang, he resolutely rejected the idea.

In that year, SF Express's volume of business was only ¥1.3 billion, which evidences FedEx's strategic vision. Fora long time after this, Wang refused to talk about any external capital intervention, so he became regarded as an entrepreneur "who turns his back on every PE [privateequity investor] or VC [venture capital investor]." His financing records during the period reveal that SF Express was in fact not as sufficiently funded as it appeared, but Wang knew that capital was like a double-edged sword.

Therefore, he chose to turn to the banks for help and tried to get a mortgage of ¥4.2 million on the company's assets from the Bank of China, reportedly for nine times the company's asset value.

This does not mean that Wang is a conservative investor. Instead, it shows the venturous side of his entrepreneurship. It has been said that "Wang Wei is very brave. He has the courage to continuously expand. He will use ¥8 from every ¥10 he has earned to open a new shop." Others frequently say such things about him.

From these two aspects, we can see that Wang has his own strategic judgement about the long journey required for success. He is not only prudent but also visionary — that is, he wants his company to be the "FedEx of China."

In order to improve the company's speed of service, Wang has invested much in technology and has even introduced artificial intelligence (AI) technologies into the delivery process. In an interview with the financial channel of CCTV, when asked "How can you better improve the speed of service in SF Express?" Wang gave a pragmatic and rational answer:

> In fact, as you know, big data and artificial intelligence not only represent a revolutionary change for the logistics industry but for all industries around the world. This revolutionary change is so great that we just cannot predict what will happen in five years: some companies may still exist, some companies may no longer exist, and some others may suddenly emerge to control the world.
>
> I've been emphasizing the importance of technology. Now the real competitors we will have to face are definitely not delivery companies or logistics companies. I think our future competitors will absolutely be high-tech companies. The speed of development of the internet and other technologies is so fast that, compared with them, no traditional industry can match the speed of the upgrades.

Wang thinks that, in the future, the dynamics of the express industry will be such that competition will not come from peers but from high-tech companies such as Google. He said: "The core of science and technology is talent. What does SF Express have to attract the top talents?" Wang's concern is not misplaced. Indeed, in the job market, top talents certainly would prefer an outstanding IT company to any IT department of an outstanding company. *Nanfang Daily* once interviewed Wang on this subject.

The main topic of the interview was the question "How does SF Express make optimized advancement through technological innovations and talent programs, so as to provide better services for customers?" Wang answered:

One of the biggest challenges that SF Express faces is the absorption of notions from different perspectives of logistics and technology. In the cross-industry competition in the future, our competitors will be IT companies, and the focus of such competition is technology, among which talent is the core issue. Without talent, competing with these IT companies will be out of the question.

What can SF Express do to create an environment that effectively attracts talent? This is an important question. You can imagine which types of companies these top talents would choose. An IT company like Google and Baidu, or an IT department of companies in other industries? They are likely to choose the former.

Basically, there is only one IT department in a traditional logistics enterprise, which makes it impossible for a traditional enterprise to compete with an IT company. Therefore, it is very important to create a high-tech environment through how the management of the company is structured. This was our original intention in setting up SF Technology.

In 2015, we made another move — merging SF Technology with SF Group, to use high technology to manage SF Express and to allow the technology "boss" to guide SF Express.

The biggest change brought by this innovative move was the need for the group to nurture its own high-tech incentive mechanism and managerial system, as well as forming a technological culture. We have also employed many tech talents to manage the company.

To be honest, I have a logistics gene myself, but I am an amateur when it comes to IT. I'd like to keep pace with technological innovations, but I do not know the language of the technology circle. So we need to make this big change, to lead the group through technology.

By technologically optimizing the whole corporate system, we are able to reconstruct the old operating procedures and reduce structural costs. For example, our reform in which we furnished call centers with an artificial intelligence order system spared us 20,000 posts in 2017.

In Wang's view, the purpose of creating a high-tech environment under the new management structure was to effectively improve the speed of service with science and technology. Wang has never been parsimonious regarding technological investment. As early as the end of 2009, the Civil Aviation Administration of China published an announcement that did not attract much attention from other companies. However, this announcement showed to the public an entrant from the express industry with new profile: the officially approved SF Airlines. That is, SF Group had applied to set up an air route and bought two express planes of its own.

This move marked the first instance of a Chinese private express company having its own cargo planes. By 2011, SF Express already had 150,000 employees, and its volume of business had reached ¥15 billion, with an average annual growth rate of 50% (and a profit margin of 30%).

After more than 20 years, SF Express has achieved rapid development, and this has been inseparable from its tripartite market strategy: use of the mode of regular chains, high-end positioning and air transportation.

## STANDARDIZED OPERATING PROCEDURE

Wang Wei thinks that speed is the prerequisite without which express delivery does not exist. Therefore, how to attain "fast speed" was an urgent requirement for SF Express, especially when the company had finished its shift to the mode of regular chains and the problem of a differentiated market strategy had emerged. With the overall improvement of the company's services, especially with the great leap in service quality, Wang would no longer limit his goal to becoming a giant in China's private express industry. Instead, he intended to make SF Express the "FedEx of China."

In order to make SF Express "fast," Wang set a relatively clear schedule for the company's development. That is, while specializing in the medium and high-end express markets, the main body of the business should be focused on commercial commodities and be finely segmented.

Years later, Wang explained: "We studied the features of supply chains and pricing of e-commerce, and tried tofigure out a better match with our available resources. At the same time, we considered how to improve the addedvalue of our services and customers' satisfaction."

The express delivery industry, at that time, still fell short of standardization. Yet Wang began to put in place a series of standards to quicken the pace of service. He said: "One thing that distinguishes SF Express from other express companies is its differentiated strategy of competition. Our delivery services and market positioning are different from those of other express companies. ... In this industry, it is so important to win a good reputation and enough market satisfaction."

Liu Zhize and Zhang Lüqing wrote in their research that "SF Express serves with a standardized operation system, for example, its couriers will pick up parcels within one hour of the order and deliver them nationwide within 36 hours. The company has strict regulations for the front line couriers and rigorously fulfils its commitment of 'time-definite delivery,' which has shaped a new image for the whole express industry." In the two experts' view, it is SF Express's standardized operating system that has played the essential role. With the full-scale upgrading of China's economy and the boom in e-commerce, the business of SF Express has been significantly boosted.

Under the guidance of Wang, the measures that SF Express took to standardize its operating system worked effectively. Data shows that by 2006, SF Express had become the leading express giant in China, occupying 18% of the market share, especially the lucrative portion of medium and high end express delivery.

By then, SF Express already had two distribution centers, 52 transit warehouses, more than 2,000 transfer vehicles for the main lines and more than 1,100 service stores in China, forming a huge logistics network that reached everywhere, both at home and abroad. SF Express not only provides distribution-end logistics services but also covers production, supply, sales and distribution at the front end of the value chain. In attending to the needs of customers, it uses big data and cloud computing to provide warehousing management, sales forecasting, big data analysis and settlement management. At the same time, it is already a service provider of intelligent logistics. It has the advantage of scale in its network and is a service provider of comprehensive logistics with a trio of networks — the Aviation Network, the Ground Network and the Information Network — covering numerous cities both at home and abroad.

At the beginning of 2018, the State Post Bureau of China ranked the performance of ten domestic express brands in 2017 on six aspects, including the duration of the whole transport journey, transit time, delivery time and punctuality if completed within 72 hours. The comprehensive ranking of SF Express resulted in it achieving first place among the ten brands (see Chapter 4 for more detail). Such an amazing achievement of SF Express should be attributed to its standardized operating services, especially its differentiated strategy. And that is why SF Express still stands out in the express delivery industry today.

## INCREASING ASSETS AND LOGISTICAL CAPACITY

In order to quicken the steps of the company's express delivery service, Wang Wei sought to expand into an asset-heavy mode of operation. This included the transition to a structure of regular chains rather than franchises (see Chapter 2) and this atlempts raised doubts in the media about SF Express's high asset–liability ratio.

In January 2018, when the debt of SF Express reached ¥30 billion and its asset–liability ratio increased to 46%, the media and researchers began to pay more attention to the problem of this high asset–liability ratio. Much of the reason for this doubt was that many people did not understand the essence of SF Express's asset-heavy mode. They thought the debt ratio of the company was extremely high compared with those of its A-share peers, such as Yunda Express (33%), YTO Express (31%) and STO Express (19%).

In this regard, Gan Ling, the secretary of SF Holding's board of directors, explained in an interview that the mode of regular chains involves building up heavy assets whereas the franchise mode has light assets. Therefore, the financial data of the companies that use the two modes will naturally differ.

## POSITIVE CORRELATION BETWEEN THE ASSET-HEAVY MODE OF REGULAR CHAINS AND THE ASSET–LIABILITY RATIO

The asset–liability ratio is not a new concept for any enterprise. It is expressed as a percentage and is calculated as total liabilities divided by total assets at the end of the accounting period. The formula is as follows: Asset–liability ratio = (total liabilities / total assets x) 100%.

In other words, an enterprise's asset–liability ratio, as a management indicator, reflects the ratio of the capital provided by a company's creditors to all of the company's assets, so it is also called the "leverage ratio." When the asset–liability ratio reaches or exceeds 100%, it means an enterprise's net assets are zero and the company is on the verge of insolvency.

Here, we need to clarify two concepts. The first is the total amount of liabilities. An enterprise's total amount of liabilities is the sum of various debts owed by the enterprise, including its current liabilities and long-term liabilities. The second concept is total assets. This refers to the sum of various properties owned by the enterprise, including current assets and long-term assets.

From the definition of the asset–liability ratio, it is not difficult to see that when this ratio is below 100%, it means an enterprise's financial state is relatively safe. The adoption of the asset-heavy mode of regular chains would undoubtedly increase the asset–liability ratio.

To address these questions and doubts from the media, Gan Ling explained:

> As the only listed express logistics company based on regular chains in China, SF's assets had reached ¥66 billion by the end of the third quarter of 2018. Compared with the famous direct express enterprises around the world, our debt ratio is still at a low level, as the average debt ratio of the top three international express companies — DHL, FedEx and UPS — is about 70%.

According to Gan Ling, SF Express had been involved in a process of long-term development and would continuously improve its competitiveness and create more value for its shareholders. There is no doubt that the company needed to take a more adventurous attitude in the future.

Data show that the asset–liability ratio of SF Express in January 2019 was 46%, an increase of 3% when compared with 43% at the end of 2017. But the company's financial status was still healthy.

At the same time, SF Express announced that in order to meet the demand of the company's business development at home and abroad, to reduce financing costs and to optimize the debt structure, the board of directors had reviewed and passed a proposal agreeing that the company need to issue a debt of up to ¥16 billion through its wholly owned subsidiaries Shenzhen SF Taisen Holding (Group) Co., Ltd.and SF Holding Investment Ltd. The specific details of the issuance were to be decided by the requirements of filing, approval, registration with relevant regulatory bodies and market conditions.

## SIGNIFICANCE OF LONG-TERM PLANNING

As we have seen, the asset-heavy mode means that the debt ratio is relatively high, yet it can be maintained within a controllable scope. For this reason, Gan Ling said, "At present, the liquidity of SF Holding is very healthy."

According to *Securities Times*, up to 30 September2018, the currency capital of SF Holding was ¥10.5 billion.

Throughout 2017, its cash flow exceeded ¥120 billion, with a net cash flow of ¥6.1 billion and an interest coverage ratio of 18.1 time. At that time, more than ¥60 billion of the company's credit lines remained to be used.

From the data in the *Securities Times* report, we can see that SF Holding was still quite able to obtain funds.

Moreover, because of its excellent financial performance in 2018, it was rated by S&P as A−, by Moody's as A3 and by Fitch as A−.

In an interview with *Securities Times*, Gan Ling said:

> SF greatly values long-term strategic planning and constantly endeavors to strengthen its competitiveness. The changes shown in the financial data are due to some strategic adjustments that are necessary for the short term. In the long run, the financial situation will be more positive and healthier, and we will also repay all kinds of shareholders with more profit.

Previously, there were some shareholders, such as the company Jiaqiang Shunfeng (Shenzhen), which had reduced their holdings of SF Holding's shares. In Gan Ling's view, in spite of the high debt ratio, the capital was relatively abundant and its financial soundness was evident. Gan said:

Shareholders who invested before the company went public are more concerned about the long-term value of their investment. Over the past five years, these shareholders have introduced a lot of high-quality business and core talents for us. Now they also highly appreciate SF's long-term strategic plan. Our vision is to become a composite logistics service enterprise driven by new technologies. To this end, we need to strengthen our capacity in technology and supply chain solutions. In2018, through a series of investment projects, we have integrated many first-rate technology companies and supply chains around the world. In just one year, SF has acquired the ability to find solutions for the industry that normally would have taken years. Thus, SF has made a big step towards its anticipated status as a technology-driven company and is now able to provide its own industry solution services.

Because SF Holding formulated a relatively comprehensive medium and long-term plan, it has been recognized by several long-term funds. Gan said:

According to public information, many well-known investment funds have begun to quietly invest in SF. Apart from domestically well-known private equity funds, there are sovereign funds or top investment institutions from Europe, America, Southeast Asia, the Middle East and other places.

## INVESTMENT IN EZHOU AIRPORT HUB

In Wang Wei's view, as mentioned, "fast speed" is one of the keys to the rapid development of SF. In order to efficiently reinforce the pursuit of speed, SF decided to buy its own express cargo planes. As of 2020, SF Airlines already has 39 all-cargo aircraft.

The air cargo business has added to the competitive edge of SF. Moreover, some preparations for the construction of SF Express airport are now steadily under way.

In January 2019, the National Development and Reform Commission (NDRC) of China replied to a feasibility study report on the construction of a new civil airport in Ezhou, Hubei Province. The contents are as follows:

Reply to the Feasibility Study Report on the Project of New Civilian Airport in Ezhou, Hubei Province

National Development and Reform Commission, Department of Basic Industries [2019] No. 53

*Development and Reform Commission (DRC) of Hubei Province:*

The Proposal of the Feasibility Study Report on the Project of New Civilian Airport in Ezhou *(Hubei Provincial DRC, Department of Transportation [2018] No. 428) and relevant materials you presented have all been received. After our reviewing, the reply is as follows:*

I. In order to implement the national strategies of promoting the development of the Yangtze River Economic Belt, to promote the coordinated development of regional economy and society, to comprehensively improve the regional transportation system, to meet the development needs of air cargo, and to enhance the capacity of emergency response and support, we agree to your plan to construct a new civilian airport in Ezhou.

II. Main Construction Projects and Their Scale

In the current project, the runway system and the taxiway system of the airfield are designed tomeet a passenger traffic of 1.5 million people and afreight traffic of 3.3 million tons in 2030. The terminal area, transit center and other facilities are designed to meet a passenger traffic of 1 million people and a freight traffic of 2.45 million tons in 2025. The standard for the airfield should be Class 4E. The main construction projects include:

(a) Airport: Two parallel long-distance runways along the east and west sides, with taxiway systems. The runways will be 3,600 meters long and 45 meters wide, with the distance of 1,900 meters from each other. Precision approach system (Category II) will be installed on the main landing direction, and precision approach system (Category I) will be installed on the secondarylanding direction. A terminal of 15,000 squaremeters, a freight house of 24,000 square meters, and a parking apron of 124 parking bays will be included, together with auxiliary systems of air traffic control, fire rescue, power supply and water supply.

(b) Transit Center and SF Airlines base: The transit center project includes: A sorting center of 678,000 square meters, and facilities for the sorting and transit system. Customs, security checkpoints, SF Airlines offices and spare rooms for auxiliary facilities and equipment, which will total 41,000 square meters. The SF Airlines base includes: Aircraft maintenance facilities of 155,000 square meters, ground service facilities of 31,000 square meters, and comprehensive logistics buildings of 198,000 square meters.

(c) Fuel Supply Project: A fuel depot with the capacity of 40,000 cubic meters, a berth with the tonnage of 5,000, aviation fuel stationsand pipelines.

III. Total Investment and Sources of Funds

The total investment of the whole project is 32,063million *yuan*, consisting of three parts: the airportproject, the transit center and SF Airlines base, and the fuel supply project. The investment ofeach is as follows:

(a) 15.857 billion *yuan* will be invested in the airport project. The project capital accounts for 50% of the total investment, about 7.929 billion *yuan*. In particular, there will be 820 million *yuan* from the budget of the central government distributed by NDRC and 1.64 billion *yuan* from the civil aviation development fund by the Civil Aviation Administration. The rest of the 5.469 billion *yuan* will be invested by the People's Government of Hubei Province, Shenzhen Nongyin Airport Investment Co., Ltd. and Shenzhen SF Taisen Holdings (Group) Co., Ltd., according to the ratio of 49:5:46, which are respectively 2.68 billion *yuan* from the public finance of Hubei Province, 273 million *yuan* from the funds owned by Shenzhen Nongyin Airport Investment Co., Ltd. and 2.516 *yuan* billion from the fund owned by Shenzhen SF Taisen Holdings (Group) Co., Ltd. Funds other than the capital part shall be provided by Hubei International Logistics Airport Co., Ltd., a joint venture established by the three parties, in the form of bank loans.

(b) The 11.529 billion *yuan* on the transit center project, and the 3.752 billion *yuan* on the SF Airlines base project, in sum 15.281 billion *yuan*, shall be invested by Shenzhen SF Taisen Holdings (Group) Co., Ltd.

(c) The 925 million *yuan* on the fuel supply project shall be invested by China National Aviation Fuel Supply Co., Ltd.

IV. Hubei International Logistics Co., Ltd., as the legal person for the airport project, Shenzhen SF Taisen Holdings (Group) Co., Ltd., as the legal person for the transit center and SF Airlines base project, and China National Aviation Fuel Supply Co., Ltd, as the respective legal person for the airport, transit center and SF Airlines base, and fuel supply projects, are in charge of the implementation and management of each project.

V. The surveying, designing, engineering and supervision of this project, as well as the procurement of major equipments and materials related to the construction of this project, shall be subject to public bidding. The bidding for the transit center and SF Airlines base shall be self-organized. Other projects shall be subject to delegated bidding.

VI. In the follow-up stage, priority should be given to the following works:

(a) Conduct in-depth studies and optimize the regional airspace structure by cooperating with relevant military & civil aviation units; and accelerate the adjustment of both military & civil aviation in the control area, as well as the air route network of Wuhan, so as to optimize the entry and departure procedures of the airport.

(b) Actively prepare for the proposal concerning environment assessment. Coordinate the study of the mode of aircraft operation and noise control, by taking into account the operational characteristics of the airport.

(c) Further optimize the general layout of the airport and strictly control the scale of land used for the project. Implement the plan of farmland subsidy and the measures for forest restoration in accordance with relevant national and local documents. Ensure the arrangement for the emigration of local residents is carried out well.

(d) Further optimize the construction plan of the collecting and distributing network for ground traffic, in accordance with the overall traffic planning of the surrounding area. Promptly implement and raise funds for the construction plans of auxiliary projects around the airport, ensuring that they be concurrently completed with the airport project.

(e) Incorporate the general plan of the airport into the general plan and the land utilization plan of municipal government, strictly control the use of the surrounding land, and well maintain the required conditions of obstacle clearance and the electromagnetic environment, to ensure the safety and normal functioning of the airport.

National Development and Reform Commission

January 11, 2019

The approval means SF Express's dedication to the strategy of speeding up had now paid off. Gan Ling indicated that the sophisticated logistics hub would be essential for SF Express to enhance its advantages in international logistics. As the fourth specialized freight airport in the world and the first in Asia, Ezhou Airport is of great strategic significance to SF Express.

First, there is the pivotal importance of its strategic location. Lying on the southern bank of the middle reaches of the Yangtze River, Ezhou is a prefectural city in eastern Hubei Province. It is an important member of the agglomeration around Wuhan and of the city clusters along the middle reaches of the Yangtze River. At the same time, it is one of the transportation nodes in the eastern Hubei Province.

What Wang Wei values most is that Ezhou Airport is situated in an important strategic location, from which a two-hour flight can reach 90% of the regions of China, which will help to meet middle and high-end customers' needs for timely delivery. In addition, Ezhou has convenient transport networks, including highways, railways, waterways and aviation. The strategy of SF Express is to take the lead in the blue ocean market via multiple means of transportation.

Second, the company's network coverage capacity will be enhanced by Ezhou Airport. When this specialized airport is constructed, SF

Express will be able to optimize its hub-and-spoke network with wider coverage, lower costs and higher efficiency, and to give full play to its advantages in speed, stability and range. The company can even expect to build a network of overnight delivery services that covers over 250 cities in China.

Third, the airport will reduce the transport cost for single parcels. The hub-and-spoke network will greatly reduce the demand for air routes paired in opposite directions; therefore, the cost of air transport will drop. Moreover, the transit function of the airport will strongly boost the collection of goods, allowing the company to use larger wide-body aircraft (for example, Airbus A350 or A380, Boeing 757 or 767) to transport goods, which will reduce the transport cost of single parcels.

Fourth, the airport will not only promote the economic development of Ezhou but also create a stable logistics-related demand for the future development of SF Express. While investing in the project, SF Express needs to actively participate in constructing Ezhou Airport and its subports. Working together with Ezhou's government, the company must regard aviation and logistics as interconnected means of developing high-end industries such as medicine, auto and electronic spare parts, and fresh foods. It must also build up relevant storage centers, which will not only boost the economic development of Ezhou but also create a stable logistics-related demand for the business development of SF Express.

Fifth, the project will provide a comprehensive schedule of logistics services. When the airport project is completed, SF Express will add to its catalogue a series of services such as rapid distribution, warehousing, supply chain services, a comprehensive service for bonded goods, import and export, and multimodal transportation. The company today is no longer an express company with a single line of business but an all-channel integrator of logistics solutions, being able to provide customers with comprehensive and diversified services. At the same time, the construction project will also guarantee the smooth growth of the company's business in different segments, such as time-definite delivery, economy delivery, heavy cargo and refrigerated transport.

# CHAPTER 4

# STRENGTHENING B2B AND CARRYING OUT BOLD INNOVATIONS

SF has been actively improving its capabilities in the field of enterprise services for a long time, and is moving towards the goal of becoming the best integrated logistics solution provider in the eyes of customers. The cooperation with DPDHL Group will enhance the strength of SF's supply chain services in various industries. At the same time, it will enable us to transplant the leading management experience into the operation of supply chain business, and make us a supply chain solution service provider who knows more about customers.

– Wang Wei, the founder of SF Express

# DISCOURSE OF THE B-END VOICE

In the evening of 26 October 2018, SF Holding made a stunning announcement. That day, SF Holding Ltd had agreed to establish a strategic cooperation with Deutsche Post DHL Group (DPDHL) in order to further enhance SF Holding's capacity for integrated logistics solutions and improve the strategic layout of its supply chains and contract logistics. According to the agreement, SF Holding would integrate DPDHL's supply chain business in the mainland of China, Hong Kong and Macao. The transaction did not include other DPDHL businesses in China, such as international express, freight and e-commerce logistics solutions.

With this adjustment, and especially through the two companies' strategic cooperation, SF Holding mainly intended to integrate DHL's supply chain management business, relevant management teams and technology in the mainland of China, Hong Kong and Macao through mergers and acquisitions. The purpose was to enhance its business-to-business (B2B) competitiveness.

## STRENGTHENING B2B

In Wang Wei's view, providing customers with excellent services is the key to the enhancement of competitiveness. In this way, the company would become a hidden champion and win the hearts of numerous customers, plus it would gain official accreditation by the State Post Bureau of China.

At the beginning of 2018, the State Post Bureau issueda list of the top ten whole-network express service brands in China in 2017. The evaluation was based on six aspects:

duration of the whole transport journey, processing time at departure, duration of transportation, processing time at the destination, delivery time and rate of punctuality if completed within 72 hours. The overall satisfaction rankings and scores of the enterprises were: SF Express (83.4 points), EMS (79.9 points), ZTO Express (76.8 points), Yunda Express (76.5 points), YTO Express (75.0 points), STO Express (74.1 points), Best Express (74.0 points), ZJS Express (71.9 points), TTK Express (70.9 points) and FastExpress (67.3 points). Among them, SF Express ranked first.

Additionally, the State Post Bureau conducted a survey regarding satisfaction with express delivery services in 2017. The announcement stated:

> As for reception, the average satisfaction scores of ordinary reception by phone call, unified customer service reception and online ordering were respectively 86.7, 82.8 and 83.9, which have improved in comparison with 2016. The service quality of these express enterprises concerning their ordinary reception by phone call is relatively high, and the scores do not differ much from each other. However, they vary greatly in unified customer service reception. Online reception as a new method has been accepted by users but still has room for improvement. Enterprises with good performance in reception procedures include SF Express, ZTO Express and Yunda Express...
>
> As for delivery, the average satisfaction feedback score after acceptance was 79.6 points, 2.4 points higher than that in 2016. The scores for real-time notification, service quality, delivery scope notification and satisfaction about deliverers were respectively 78.2 points, 83.3 points, 79.0 points and 83.1 points. Enterprises with good performances are SF Express, ZTO Express and EMS.
>
> As for after service, the inquiry service had the best performance, with a satisfaction score of 86.5 points, rising 0.4 points in comparison with 2016; the satisfaction score of the complaint service was lower, 50.3 points, dropping 1.1 points in comparison with 2016. Enterprises with good after-service performance are SF Express, Yunda Express and ZTO Express.

This announcement was ample proof that SF Express was

exceptionally prominent in its efficiency, with a performance that customers were quite satisfied with. Relatedly, SF Holding handed in a good financial report in 2017. According to its annual report for that year, it realized a revenue of ¥71.1 billion, an increase of 23.68%. The net profit attributable to the listed company was nearlg ¥4.8 billion, an increase by 14.12% year on year.

In the annual report, the proportion of income from new business was also disclosed. The report revealed that new business, including heavy freight, cold chain transportation, intra-city distribution and international business, had increased from 9.9% in 2016 to 13.5% in 2017.

Through the study of this financial report, it can be seen that although the income from new business had increased significantly, there was still great potential to be exploited, especially in the B2B sector. Hence, SF's aggressive approach was reasonable, for it was aiming to expand its B2B operations. This was also one of the key reasons why it spent ¥5.5 billion to acquire DPDHL's supply chain business in China, with an agreement reached between two companies on 26 October 2018.

Through this agreement, SF Hong Kong (a wholly owned subsidiary of SH Holding) would acquire in cash 100% of the shares from DHL Supply Chain (Hongkong) Ltd, which were held by Deutsche Post Holding and Ocean Holding, and 100% from DHL Logistics (Beijing) Ltd, which were held by DHL Freight. DHL Beijing and DHL Hong Kong were the main bodies of DPDHL's supply chain business in the mainland of China, Hong Kong and Macao. After the completion of the ¥5.5 billion transaction, SF Hong Kong or its designated wholly owned subsidiary would become the sole shareholder of DHL Hong Kong and DHL Beijing.

The completion of this transaction signified SF Holding's further exploration and advancement in the field of B2B. Wang Xing, the founder of Meituan, said frankly on the supply chain and B2B business:

> Recently, my judgement is that if the next wave of the Chinese internet's recovery is to come, innovations in the fields of the supply chain and B2B industry will be an important driving force in that direction. So this is a matter of the supply side. [Regarding] past problems and possible solutions, if reform has to be enacted, what kinds of reforms could be applied to realize innovative ideas and change their efficiency costs?

In the process of developing B2B, Wang Wei had his own considerations. In addition to the share of business volume, Wang Wei not only paid attention to overall revenue but also to providing excellent services for middle and high-end customers.

In its strategic adjustment for the future, SF Express has been committed to providing integrated logistics services. While continuing to explore the ¥400 billion traditional express distribution market, it is always ready to sail into the blue ocean market of logistics with a volume of 12 trillion pieces. Especially during the present era of Internet+ (i.e. applications of the internet in conventional industries), by using big data analysis and cloud computing technologies to understand customers' needs, solve their difficulties and help them to develop, it has provided customers with many packaged solutions that include warehousing, sales forecasting, big data analysis, logistics and delivery, as well as financial management.

Having acquired the supply chain business of DHL, which was famous for its B2B operations, SF Express seemed to have been enormously strengthened. While upgrading its own industrial chains, the company's process of strategic transformation was also accelerated. This both demonstrated Wang's mindset of preparing for rainy days and underlined the strategic significance of B2B for SF Express.

## ONE-STOP INTEGRATED LOGISTICS SOLUTIONS

As a rule in the business world, cooperation between the strong will only make them stronger. As a good practitioner of this rule, Wang Wei prefers to cooperate with more competitive players in the industry, such as UPS (UnitedParcel Service), HAVI Group and DHL.

Researchers have been optimistic about SF Express's acquisition of the supply chain business from DHL, even believing that it would lead to a restructuring of the competitive layout of the logistics industry in China. The reason for this high acclaim is that Wang's B2B strategy couldprovide continuous cash flow for SF Express in the future.

In this regard, Wang claimed that, although SF Express did not have sufficient experience in the B2B field, it must not miss this opportunity and had to seize it immediately, because there had been signs of drastically changed needs among large numbers of customers. In order to better integrate the whole supply chain, SF Express once even considered outsourcing all of its logistics services to one specific logistics company. Therefore, this acquisition was in accordance with SF Express's underlying logic — to create one-stop integrated logistics solutions for customers.

Wang expressed to the public that:

> The organizational structures and business modes of today's four international express giants can be a reference for SF Express's mid-term and long-term development. The decentralized tender mode now prevalent in China — choosing a supplier for bulk logistics, another for express delivery, and then another for warehousing and e-commerce distribution — will probably change in the near future. Therefore, we must invest resources to do our best in the field right now.

In Wang's view, as the largest express and supply chain company in the world, DHL has many systemic and technological advantages for others to learn from, especially regarding its supply business.

According to DHL's official website in Chinese, the company has three core businesses: DHL Express, DHL Global Forwarding and DHL Supply Chain. With these three core services, DHL's business covers more than 100 countries and regions worldwide. As the world's largest contract logistics provider, DHL provides customized logistics solutions covering whole value chains for large enterprises from more than 50 countries and regions. Its official website states:

> We have a wide range of solutions that can be tailored to your business' particular needs. Our aim is to optimize and improve your supply chain, helping you gain a competitive advantage.

Wang precisely understood the competitiveness of DHL's supply chains, especially given that the maturity of its business had been proved by the stability of its sales volume in China. Data show that this part of DHL's business generated revenue of ¥3.5 billion in 2017. Wang's strategic goal was quite clear — to make SF Express a standard international integrated logistics solutions provider. According to SF Holding's annual report in 2017:

> Now SF Holding Co., Ltd.is a leading integrated logistics service provider in China. After years of development, it has acquired the capability to provide integrated logistics solutions for customers. SF Express not only provides high-quality logistics services at the distribution end but also extends its services into production, supply, sales and distribution, which are at the front end of the value chain. By attending to customers' needs, the company uses big data analysis and cloud computing technology to offer an integrated logistics service covering warehousing management, sales forecasting, big data analysis and financial management. The company's logistics services mainly include various express services, such as time-definite express, economy express, inter-city distribution, warehousing services, international express and other types; freight services,

such as standard logistics shipping, heavy freight shipping and other types; and cold chain transport services for customers in the fields of food and medicine. In addition, SF Holding provides value-added services such as price insurance and collection of payments to meet customers' individual needs.

Over time, based on the diversified needs of different industries, customer groups and situations, SF Holding has upgraded product design and has shifted to the principle of "providing user-centric and demand-oriented services." The company focuses on the characteristics of the express industry, investigates customers' needs for end-to-end services in different situations, designs high-quality and differentiated products and services that are suitable for different customer groups, and reallocates internal resources and optimizes its products through product design.

Therefore, Wang has succeeded in providing customers with multi-categorical and all-round logistics services according to their needs.

It can be seen from the 2017 annual report how Wang has been planning and how he has succeeded in this field.

Wang's strategy is that any attempt at acquisition must obey the capital logic of 1 + 1 > 2. In May 2017, UPS an Morning Delivery SF Standard Express SF Economy Express Logistics Cargo Service Heavy Freight Package Samll-size LTL Heavy Freight F TLEC-ShipSF Economy Express (International) SF E-Parcel International Heavy Freight SF Buy Direct Signature Service (DSS) SF Overseas Fulfillment/ Warehouse Go to SF International (SPP) Highly Secured Express Service Cash on Delivery (COD) Return Proof of Delivery Packaging Service Pickup Authorization Service Reverse Logictics Change of Address for Intra-city Delivery Change of Payment Mode Acceptance Return Under Original Way bill Fixed Time Delivery Insurance Policy Delivery Special Warehousing Service To-door-Largesize-Shipment Delivery Holiday Service Door-to-door Delivery ResidentialSurcharge Fuel Surcharge SF Certified International Shipping (SF CIS) Shipment Storage Surcharge Remote Area Surcharge nounced that it would establish a joint venture with SF Holding in Hong Kong. Then, in August 2018, SF Holding established a joint venture with HAVI Group to form New HAVI. Finally, in October 2018, SF Holding bought DHL's supply chain business in China. Whether in the form of joint ventures or acquisitions, the purpose of SF Express is to cooperate with the frontrunners in various fields and ultimately, by combining their advantages, to effectively realize synergies between the market and technology. Meanwhile, through such investment, it can also obtain the rare resources required for its strategic growth.

In this way, the asset-heavy SF Holding, which was different from the asset-light DHL, would gain access to the latter's sophisticated management and technology for a modern enterprise. For DHL, the advantage was the ability to use the basic resources of SF Holding, such as lands, warehouses and transport facilities, to reduce its costs.

Frank Appel, CEO of DPDHL, said:

> The combination of our advantages will enable DPDHL Group and SF Holding to create a unique platform to meet the market need for a high-quality end-to-end supply chain provider in China. SF's local market expertise is an advantage for us to cater to our customers across a multitude of industries from technology, healthcare, retail and automotive to e-commerce. With DPDHL Group's global operating standards and all-covering network support, this will greatly facilitate our supply chain business and will provide a solid foundation for us to further explore and to find more opportunities in the Chinese market during the coming years.

## BE INNOVATIVE

Between the quality of its services, on the one hand, and its market share and business volume, on the other, Wang Wei clearly pays more attention to the former, especially to high-quality services for middle and high-end customers. Correspondingly, Wang has directed a series of reforms in SF Express. In 2014, in order to provide better-quality services, SF Express made a series of bold changes, such as proposing the "Heike" business mode for serving customers offline (see below) and acquiring high-grade local distribution enterprises all over the country.

In the process of reform, Wang has never felt complacent and has rationally concluded that half of SF Express's innovations have been failures. He reflected on the reasons for such failures and managed to find solutions:

In 2014, SF has experienced the most innovations and changes in over 20 years. Many business departments have been established, and many new businesses have been created. At the same time, the total business volume has experienced explosive growth. Although there have been many innovations, in my opinion, almost half of them have been unsuccessful. The main reasons for our failures are inadequate preparations and planning, which are manifested in the following aspects.

First, insufficient preparation in terms of the resource of talent. When entering a new field, we must be well prepared and have all kinds of talents. But we almost failed to do so.

Second, there are variations when undertaking new businesses. We have indiscriminately applied the innovations to the whole of our network, letting each part undertake new business, so there was a dilemma – on the one hand, for the original members of staff, these new businesses were too difficult to handle and required too much change in themselves; on the other hand, too much attention has been paid to promoting new business, which has inevitably affected the quality of traditional business.

In Wang's view, the focus of competition between enterprises currently is to improve operational efficiency and the strategy for new businesses. In order to enact a successful relocation, SF Express must pay particular attention to the trio of "operation, capital and innovation." In order to better work on these three aspects, SF Express should accelerate its processes of innovation and self-transformation through mergers, acquisitions and joint ventures.

As for the cooperation with DPDHL, Wang said:

SF has been actively improving its capabilities in the field of enterprise services for a long time, and is moving towards the goal of becoming the best integrated logistics solution provider in the eyes of customers. The cooperation with DPDHL Group will enhance the strength of SF's supply chain services in various industries. At the same time, it will enable us to transplant the leading management experience into the operation of supply chain business, and make us a supply chain solution service provider who knows more about customers. ... By working with DPDHL Group, a leading global company, this agreement will help us realize our vision of a global development.

## FORGING NEW CHAINS OF INDUSTRY

In several of his speeches to the company, Wang Wei has repeatedly stressed that "adventurous spirit" "innovative attitude" and "commitment" are essential qualities of an employee. These are advocated in SF Express's culture.

In Wang's view, "adventurous spirit" and "innovative attitude" are inseparable. Consistently, Wang has not only invested heavily in innovation but has also promoted innovation with the support of science and technology, so as to improve SF Express's service speed. Wang once said in an interview with the financial channel of CCTV:

In fact, I have been constantly emphasizing investment in science and technology. That means, I think, to rely on science and technology to re-evaluate all these resources, to manage them systematically, and then to regulate in the background with artificial intelligence. Because in the future, AI and big data will reshape all walks of life, and will forge new chains to substitute the unfit ones. This process can be an opportunity for many enterprises, yet it will be a great risk for many others, who may die out in the process. So we have to look closely at the changes to industry that will be brought by future technologies.

If you can get connected with future technology, you will be able to catch the opportunity, otherwise you may be driven out. That is to say, you should focus on how to get connected with the internet, with high tech in this area. A stir of air can either indicate a breeze or foreshadow a tornado. I have constantly emphasized this point.

Therefore, according to our definition, our requirement of "being fast" does not merely mean delivery speed. First, I don't think that's the correct definition. It should be the speed at which we respond to customers' needs. Second, the issue is whether we can keep up with the pace of technological development. I think this is the second most important meaning of "speed."

Without these two definitions, the so-called speed is of little value, as you know. Because if these two speeds are achieved, the speed of delivering will not be any problem. Either it will be easier to achieve, or we can say, we will better meet the needs of our customers: we can be fast or slow according to our customers' demands.

Wang knows that, to promote real speed, SF Express should not be too radical. This means he should not make large-scale and disruptive innovations, but enact change in a continuous way and in accordance with the actual situation of the company.

A large number of cases have proved that any largescale disruptive innovation is unsuitable for giant enterprises, which should rather schedule change in a continuous way. Under this premise, if a giant enterprise like SF Express wants healthy and sustainable growth, it can only apply disruptive innovations on a small scale, in such a way as to serve its long-term prosperity.

In contrast to the giant companies, start-ups tend to be more radical in the process of innovation. In order to break the blockade set by mega-enterprises against competition, they often choose to adopt disruptive innovations to make themselves stand out.

So-called disruptive innovation is a concept that derives from a theory put forward by Clayton Christensen, the founder of Innosight and a professor of business management at Harvard Business School. According to Christensen, the theory aims to describe the impact of new technology (revolutionary change) on the survival and development of enterprises.

Christensen first proposed the term "disruptive technologies" in 1997 in *The Innovator's Dilemma: When New Technologies Cause Great Firms to Fail*. In the book, Clayton Christensen states that "from recurrent facts we can see that the enterprises, which have perished as a consequence of the emergence of new consumer-supply paradigms, should have foreseen the significance of disruptive technologies, yet they remained indifferent until it was too late."

Christensen's reasoning is that the leaders of these big companies only concentrate on what they think they should do, such as serving their most profitable customers and focusing on the most lucrative products with the most alluring profit margins. As such, they always choose to follow a path of mild and continuous innovation, which opens the door to their own destruction as a result of disruptive technologies. This tragedy occurs because the existing process of allocating the company's resources is always oriented towards sustainable innovations and maximization of profit. So the focus is mostly on existing customers and the proven market. However, once disruptive innovations occur — perhaps offering a cheaper and more convenient substitute for existing products, targeting low-end consumers or fostering a completely new consumer group — the existing companies immediately become paralysed.

Christensen suggests that entrepreneurs' response is often to turn to the high-end market rather than actively getting involved with these new technologies and sticking to the low-end market. But disruptive innovations will keep on growing and progressing, and will gradually erode the market share of traditional enterprises until they finally overcome the dominance of traditional products.

Based on this theory, any enterprise that seeks new business growth tends to achieve it through two forms of innovation. The first is sustaining innovation, through which they can seize the market out of the hands of market forerunners. The second is disruptive innovation, which enables them to open up a new market or take root among the lowest-end customer groups that consume their present products.

## FAULT-TOLERANCE MECHANISMS IN INNOVATION

Express delivery is a traditional industry. And, as a leader in such an industry in the era of Internet+, what Wang Wei has been particularly concerned about is that his company must maintain a highly intensive degree of innovation, especially guarding against the impact of disruptive innovations. There are two reasons for this.

First, due to the trend of leading through technological innovation, no matter whether company managers believe itor not, their rivals are surely attaching more and more importance to technological innovation. As a result, these rivals' interest in innovation will strengthen their competitiveness. Yet for those who do not invest or invest very little in innovation, this situation is undoubtedly unfavorable.

Second, innovation concerning disruptive technologies will lower an industry's threshold. Some small cross-industry companies may carry their own disruptive technologies into the express industry, start from a particular market segment, and then quickly become a hidden champion in a certain region, thus threatening the survival of the entire industry.

For this reason, if SF Express wants to keep its competitiveness, it must have sufficient insight into current technological innovation trends. Wang believes that the most effective way to keep SF Express innovative is to meet customers' needs and establish a supportive management system.

When interviewed by the media, many managers of SF Express have said that their company has changed rapidly, both in its organizational structure and in its business. For example, one manager said: "It's mainly because there is a relatively well-functioning fault-tolerance mechanism. Wang Wei encourages innovations in any new business. And in the two most recent years, he has talked more about corporate transformation in company-wide speeches than before."

A review of SF Express's innovation history tells us that the company has always been trying to break through various business bottlenecks. In June 2012, the new brand SF Best was launched, with high hopes placed on it. This move indicated that Wang was beginning to tap into e-commerce, especially by focusing on the business of medium and high-end food, and the move drew wide attention from the media and scholars.

In 2013, supervised by Wang, SF Express made another move — it opened SF Heike stores in communities around the country. Several years before the initiative, SF had set up business divisions (e-commerce, supply chain and so on), and the company had been providing many integrated services, including express logistics, e-commerce logistics, auto-mobility logistics, food and medical services, financial and insurance services, and international e-commerce services. The purpose was to provide one-stop integrated logistics solutions for customers.

However, not all of these innovative efforts paid off, and some even became costly lessons. For example, SF Heike was created to deal with the "sore point" of the last 100 meters at both ends of logistics (picking up and delivering). But, instead of solving this issue (often called the offline-to-online problem), the result was not satisfactory. After two years of endeavor, the stores had to change their name to SF Home in 2015. And later, in September 2016, SF Home was again changed to become part of the existing brand SF Best and merged with the online e-commerce business, so as to be included in SF Holding. The story reveals little-known hardship experienced by Wang in his exploration of new business.

In an article titled "Innovation and Change: From 'SF Express' to 'SF Service,'" Wang wrote:

> When I founded SF Express in Shunde in 1993, I was only 22 years old. I still remember the hard years when every day I had to commute between Shunde and Hong Kong by land, carrying a huge backpack full of contracts, letters, samples and customs declaration materials. At that time, I dared not expect that SF Express would grow up to its current scale, with annual sales over ¥20 billion and a valuation of ¥32 billion. Now it is a private enterprise that can compete with EMS of China Postal Express and Logistics.
>
> Although the company has undergone rapid development, I still have a sense of crisis if there is no innovation or change over three months. Many people would ask, well, does an express company need that much innovation?
>
> In company-wide speeches, I have emphasized many times that the spirit of adventure, innovation and commitment must be advocated as the culture of SF Express. It has been 21 years since the company's establishment in 1993. SF Express has witnessed its own changes year by year. Here, what is never changeable is change itself. For example, we dared to break free from the franchise mode and promote regular chains. Another example is that we started to build our own freight airline in 2009 and became the first express company to transport parcels using its own aircraft in the same year.
>
> The year of 2013 is a year of change, both for me and for SF Express. This year, we have experimented with several important things that SF Express has never tried in the past 20 years, one of which is to promote strategic transformation.
>
> On 19 August 2013, SF Express signed contracts with Oriza Holdings, China Merchants Group and CITIC Capital, agreeing that the total investment of the latter three would not exceed 25% of SF Express's shares, which totalled ¥8 billion. This was the first time in 20 years that SF Express had introduced outside investors. It allowed SF Express to gain stronger financial support for ongoing land purchases to expand its

transit depots and the aviation hub, as well as for upgrading our automatic systems and automation equipment.

Today, SF Express has more than 200,000 employees. Without excellent managers, it would be impossible for me to direct the operation of all of our businesses. In order to enact transformation, the most critical thing is to make changes to employees' mentality and the whole corporate culture.

This shows that what Wang really cares about is competitiveness in the future. He believes that despite any number of challenges, SF Express should be able to return to the apex after every round of ups and downs.

The reform of SF Express advocated by Wang has been no less than an enlightenment to many Chinese entrepreneurs. In any era and in any industry, entrepreneurs must take the initiative to change, forget about their old advantages and break the old rules, so as to win in the oncoming competition.

# CHAPTER 5

# RENAMING SF HEAVY GOODS AND GOING PUBLIC

In our domestic express industry, we are constantly facing competition from the four international express giants. Once a company goes public, it will have to disclose its information and become almost transparent to investors. … So, as a business owner, you have to know why you're going public. Otherwise, you will be caught in the dilemma described by the Buddhist saying, "If you act against the original mind and forget the existence of Truth, you will be entangled in puzzlement about Truth itself."

– Wang Wei, founder of SF Express

## HEAVY FREIGHT EXPRESS, THE MOAT OF THE FORTRESS

Facing fierce competition in China's express delivery market, Wang Wei had to adjust his strategy, which was reflected in the renaming of SF Heavy Goods Group as SF Heavy Freight Express Group.

In August 2018, SF Express started this adjustment and made a series of organizational rearrangements. The seemingly minor change of name actually revealed Wang's recognition and affirmation of the role that heavy freight plays. Such focused attention illustrated the importance of the heavy freight business in Wang's mind.

### FROM SF HEAVY GOODS TO SF HEAVY FREIGHT EXPRESS

According to an in-house announcement, SF Express issued a "Notice on Renaming the Heavy Goods Group and Its Structure Adjustment," officially changing the name of SF Heavy Goods Group to SF Heavy Freight Express. The notice was as follows:

> In order to adapt to the changes in the market and express industry, to meet the needs of strategic development for express business, to further integrate and optimize resources, and to enhance the brand value and market competitiveness of the express business, the company has decided to change the name of the Heavy Goods Group to Heavy Freight Express, and accordingly adjust the relevant organizational structure.

In order to better promote the competitiveness of the business group, SF Express also carried out a comprehensive and integrated strategic adjustment of SF Heavy Freight Express.

According to this notice, the objective of the change was to better meet market demands. At the same time, it had another impact by reorienting the company towards the heavy freight business. That is to say, the expectation was that the renaming would enhance the brand value and market competitiveness of the company's express business.

According to the company's official website, SF Heavy Freight Express is divided into two parts. The first part is the business in the mainland of China.

Throughout the development of SF Express's heavy freight business since its initiation in 2014, its service products have gone through four stages. First, in 2014, SF Express launched its Logistics Cargo Service. Second, from 2015 to 2016, SF Express successively launched its Heavy Goods FTL (full truck load) and Heavy Goods Express (air transportation) services. Third, in June 2017, SF Express launched dedicated ordinary transport services for the professional markets. Fourth, in January 2018, SF Express launched the 20 ~ 100 kg Heavy Freight Package and the 100 ~ 500 kg Small-Size LTL (less than truck load) services.

From the evolution of SF Heavy Freight Express, we can see that the first three stages cannot be regarded as those of a real express business. The reason is that the logistics cargo service of SF Heavy Goods had been operating within a lower weight range of kilograms for a long time.

Looking back at SF Express's development of its heavy freight business, it is not difficult to see that the company began to strengthen this sector in the second stage. The introduction of two modes of transportation (FTL and air transportation) was not merely an extension of the existing services with a higher weight range. In the third stage, SF Express began to expand its dedicated ordinary transport services. The key advantage was that the dedicated services facilitated direct transportation between professional markets. However, goods above 100 kg only accounted for about 10% of everything that was transported. Therefore, SF Heavy Goods was at best dealing with large packaged products in the early two stages.

This situation did not change until the end of 2017. It is known that, by the end of 2017, only 25% of the goods accepted for carriage by SF Heavy Goods were above 100 kg. Compared with Ane Express and Best Express, of whose goods 70% to 80% are above 100 kg, SF Heavy Goods was still lagging far behind. Data show that before 2018, when comparing their accepted goods above 100 kg, there was a huge gap between SF Express's logistics cargo service and its dedicated ordinary transport services, and those of the traditional LTL companies.

Having completed these four stages, SF Express introduced a new service — 100 ~ 500 kg small-size LTL — breaking the ceiling of 100 kg. With this, it entered the realm of heavy goods express transportation.

With this mending of shortcomings, SF Express started to greatly improve its heavy freight business in two ways.First, it improved its operative capability. Before this reconstruction, owing to an inadequate operative capability and a relatively high damage rate, it was natural that SF Express could not effectively meet the strict requirements for delivering large cargos. Previously, for a long time, in order to provide customers with excellent service, SF Express had not extended the kilogram weight range it handled. Although small-size LTL had been launched, it still needed to solve the problem of handling large cargos.

In order to solve this problem, SF Express cooperated with Xinbang Logistics, a traditional LTL enterprise, which had a unique capacity to cope with large cargos. In April 2018, the two companies set up Shunxin to undertake small-size LTL and loads above 100 kg via a logistics cargo service. Subsequently, Xinbang began to undertake small-size LTL and logistics cargo services for SF Express. Second, SF Express improved its network coverage. As is widely known, for any express enterprise involved in the heavy freight business, it is a necessity to have a transport network with extensive coverage. In the early stage of SF Heavy Goods, its operative network was connected with that of SF Overnight Delivery.

After several years of development, there was no doubt that SF Express's heavy freight business required more depots and sites. In order to avoid being trapped in such bottlenecks, SF Express began to operate these businesses with separate networks.

By June 2018, SF Express had a total of 899 heavy freight service depots, mainly in East, South and Southwest China. Of course, there was still a great disparity, in the sense of depot numbers, between SF Express and such companies as Ane Express, Best Express, Deppon Express,Yunda Express and ZTO Express.

SF Express's alliance with Xinbang Logistics — to form Shunxin — was intended to combat this disparity and enable SF Express to catch up with its competitors. Xinbang already had more than 1,150 service depots, mainly distributed across East and South China.

The establishment of Shunxin undoubtedly increased the density of depot distribution for SF Express's heavy freight business in East and South China. Moreover, with the development of Shunxin, the number of depots would undoubtedly witness a continuous increase. Shunxin planned to set up over 10,000 depots by 2020.

For SF Express, the increase in the number of service depots was also a key to activating its retailing business (see Chapter 6), and it aimed to eventually operate in a mode akin to "regular chains + franchises." Data show that the number of SF Express's regular chain depots and Shunxin's franchised depots amounted to nearly 2,300 (over 1,300 belonging to Shunxin at present), which exceeded the number of TNT HOAU.

## INCREASED CONTRIBUTION OF THE HEAVY FREIGHT BUSINESS

In the first half of 2018, the heavy freight business accounted for 8.1% of the total revenue of SF Group, and this sector had become one of the main forces behind SF Express's growth. This growth was the determining factor behind the renaming of SF Heavy Goods as SF Heavy Freight Express and the adjustment to the organizational structure of the company. Also, it marked the real entrance of SF Express into the heavy freight express market.

As a latecomer, given its lack of experience in network design, distribution, equipment investment and especially the handing of large cargos, SF Express still had a long way to go to catch up with Deppon Express in the field of LTL.

Certainly, any enterprise that has taken a new strategic path must be decisive and resolute instead of swaying back and forth. If it is not, it will lose the best chance. After all, opportunity seldom knocks twice. What's more, Yunda Ground and ZTO Freight were also growing rapidly with their advantage of price, and this required Wang Wei to burn his boats to take advantage of the new opportunity. The situation for SF's heavy freight business at that moment meant it was better to embrace changes than act passively.

It was just like the spirit exhibited in a popular Chinese TV series named *Drawing Sword*. The hero, Li Yunlong, a regiment commander, shouts to mobilize his soldiers:

> Comrades, let me first explain what the act of "drawing sword" is. In ancient times, when a swordsman met his adversary on a narrow path, no matter how mighty his adversary was, he would not hesitate to draw his sword. Even if the adversary was the best swordsman in the world, against whom he couldn't win! Though he would be defeated, he would at least have had a glorious fight, and that is the "spirit of drawing sword." Every army has its own traditions. What is tradition? Tradition is what is rooted in our character and temperament. Even if we are vastly outnumbered, even if we are encircled, we are brave enough to draw our swords and fight to the last man! In a word, in a deadly fight, the braver man wins! The spirit of drawing sword is our soul! Draw your swords! We are invincible!

Under Wang's leadership, SF Express saw great achievements in 2018. The financial report showed that in the first half of that year, SF Holding had achieved a revenue of ¥42.5 billion, up 32.1% year on year, and achieved 60% of its annual target. The net income for shareholders reached ¥2.2 billion, up 18.6% year on year. The number of delivery packages reached almost 1.9 billion, up 35.3% year on year.

According to the data, the main business of SF Express was now divided into two parts: the traditional sector (time-definite and economy products) and the new sector (heavy freight, refrigerated transportation, intra-city express and international express).

In the traditional sector, time-definite products represent the competitiveness of SF Express and have always been an important contribution to the company's revenue, accounting for over 60% of the total. In the first half of 2018, the revenue of the company's traditional businesses had a growth rate of 18.2%. Moreover, after the company's integration of relatively similar products and optimization of the operative process, the revenue growth rate reached 53.7%.

This round of transformation showed significant effects. The half-year financial report of SF Express in 2018 showed that the company's new business had grown rapidly, with an overall income increase to 16.2% from 12.3% in the same period of 2017. Among this, the intra-city express business had a year-on-year increase of 158.8%, heavy freight saw growth of 95.8%, refrigerated transportation 47.7% and international express 40.8%.

Meanwhile, SF Express kept on expanding into the area of new businesses. For example, it arrived at a strategic cooperation with Luckin Coffee, a popular brand, to deliver its takeaways. In the refrigerated transportation business, SF Express started a strategic cooperation with HAVI Group by establishing a joint venture, New HAVI, in August 2018. To develop the international market, SF Express invested in the American logistics service platform Flexport in April 2018.

It is worth noting that, in the sector of new businesses, Wang paid special attention to heavy freight. In the firsteight months of 2018, the revenue from this business exceeded ¥4.4 billion, which had been the company's revenue for this sector in the whole of 2017.

## GOING PUBLIC

Undeniably, one important reason for SF Express to go public was financing. In contrast to STO Express, YTO Express, Yunda Express and ZTO Express, SF Express has for a long time been a loyal practitioner of the regular chain mode (as opposed to franchises), so its debt-to-asset ratio is higher than the average level for the industry. According to data provided by Wind Financial Terminal, by 31 December 2015, the average debt-to asset ratio in the Chinese express industry was 58.6%, while the debt-to-assets ratio of SF Express was 60.3%.

The reason for SF Express's high debt-to-asset ratio was that it had been investing heavily in its business expansion, including the construction of a transit airport, purchases of aviation equipment, refrigerated trucks and temperature-control equipment, and IT infrastructure. The huge amount of investment, especially on aviation, warehousing and cold chains, had undoubtedly put great pressure on the cash flow of SF Express. It would be difficult for the company to maintain such a high input of capital by merely relying on its own funds and bank loans.

Therefore, the company was in need of other funding sources. Going public was a decisive move that Wang Wei had to take. According to a report in 2015, by the end of the year, SF Holding had in hand monetary capital of ¥3.6 billion, ¥6.7 billion in the form of wealth management products and ¥14.2 billion available for payments in the short term. In terms of liabilities, the company had short-term loans that amounted to ¥6.6 billion, notes payable that amounted to ¥190.0 million, accounts payable that amounted to ¥3.1 million, payroll payable that amounted to ¥2.7 billion, taxes payable that amounted to ¥575.0 million, interest payable that amounted to ¥14.8 million and non-current liabilities due within one year that amounted to ¥673.0 million. All its short-term payment debts totalled ¥13.8 billion.

## THE BRIGHT SIDE OF LISTING

Wang Wei, who had persistently refused outside investors, now had to embrace the capital market, because of the company's adoption of a new operating mode and the successive listing of its rivals. The need was so urgent that in February2017 he finally chose back-door listing through Dingtai New Material instead of an initial public offering (IPO).

One of the benefits of Wang's entry into the capital market was obvious. In only six days, his personal wealth was boosted from ¥13 billion to ¥180 billion, ranking third in China. His wealth surpassed Tencent founder Ma Huateng's ¥167 billion and sat behind those of only Wang Jianlin, the founder of Wanda Group, and Jack Ma, the founder of Alibaba Group.

It was almost unbelievable that, a month earlier, Wang had been an inconspicuous entrepreneur. Keeping a low profile, he had scarcely accepted any interviews and left no traces of himself in newspapers or on TV. His name could not even be found on the China Rich List 2016. However, the necessity of a capital infusion finally urged him to allow SF Express to go public. In 2017, Wang was ranked fourth on the China Rich List. After the listing, Wang and SF Express soon became the frequent subjects of major media headlines.

Data shows that, in the six days after its listing, the shares of SF Express hit the limit six times in succession, reaching a market value of ¥280 billion and ranking 15 on the Shanghai Stock Exchange and the Shenzhen Stock Exchange.

This phenomenon made entrepreneurs in traditional businesses in China feel happy but also distressed. They were happy to witness an era when a company's share value could miraculously increase by over 66% in only six days in the magical A-share market. But they were distressed because they regretted not having entered the capital market earlier and realized they had lost a chance to be accredited by the media and the capital market for their financing and managerial performance.

SF Express had an obvious fundamental advantage over other private express companies in the A-share market. According to a business report released on 22 February 2017, SF Holding yielded a net profit of ¥4.18 billion in2016, which was 1.92 times its previously set target. This excellent performance brought much confidence to the capital market. However, the high price-to-earnings (P/E) ratio of SF Holding was to become the main cause for the following decline of the company's stock value. The P/E ratio of SF Holding in 2016 was 90.9, which was 1.73 times that of YTO Express, 2.1 times that of Yunda Express, 2.45 times that of STO Express and 2.47 times that of ZTO Express. In addition, the P/E ratio of SF Holding was significantly higher than the average of Shenzhen Stock Exchange, which was 30.4 by 27 February 2017.

## AGAINST MERGERS AND ACQUISITIONS

For any developing enterprise, mergers and acquisitions is a topic that cannot be easily bypassed. Generally, when the scale of a company reaches a certain degree, it will either acquire or be acquired by others.

This was exactly the situation when SF Express achieved a certain scale. At the time, after the listing, FedEx, UPS and other overseas giants repeatedly offered olive branches. Knowing these multinational companies' intention was nothing but mergers and acquisitions, Wang again and again refused.

In the golden times of the express industry, some companies were so eager to earn quick money that they turned to other businesses. In contrast, Wang refused these temptations and aimed at improving SF Express's professional and standardized management, the company's efficiency, and customers' experience.

This is why Liu Miao, the former president of SF Best, once told the media that Wang was the richest workaholic he had ever met. The fundamental reason for such diligence is that Wang was both a boss and a courier in his early days, and he still keeps a sense of this dual role. As narrated in earlier chapters, for more than 20 years, Wang has been working more than 14 hours each day, and even regularly goes to the front line of working sites to send and receive packages for customers.

This is inseparable with Wang's sense of crisis.

As an executive of SF Express, Xu Yong believes that Wang's most valuable traits include his insistence on professionalization and his invulnerability to interesting temptations. The strategy of professionalization undoubtedly improved the core competitiveness of SF Express in its initial stage of capital accumulation, which enabled it to concentrate its limited capital and talent resources on the process of information construction and standardization, thus ensuring it would become a hidden champion.

In spite of his bold manoeuvres in corporate management, Wang remains unusually low-key and still rarely accepts interviews with the media. Even the company's in-house magazine, *Communication*, has never published a photo or any exclusive interview.

On the other hand, Wang pays considerable attention to the

personal development of his employees. Even in the most difficult times of financial crisis, he did not lay off one single employee.

Relevant documents suggest that Wang often says things like "couriers are the nicest people in SF Express," both in his in-company speeches and in public meetings. It is true that Wang has paid unprecedented attention to his employees. His refusal of mergers and acquisitions may partly be out of concern that the subsequent management adjustment and change to the corporate culture would be detrimental to the interests of these people.

## LISTING AS A WAY TO SOLVE THE PROBLEM OF A MONEY SHORTAGE

SF Express was officially listed on 24 February 2017, although Wang was not very enthusiastic about it. He once commented:

> Listing is nothing more than obtaining the capital needed for the company's development. SF Express is short of money, but it cannot go public for money itself. After going public, the company will become a money-making machine. Every change in the stock price agitates the company, which is very harmful to the management of the company.

Because of this belief, for a long time Wang had resisted such topics as exterior capital injection or listing. There even circulated various stories about Wang's rejection of investors. For example, in 2004, FedEx intended to expand into the Chinese market and planned to buy SF Express at the price of ¥4 to ¥5 billion. Facing this lucrative offer, Wang resolutely refused, despite the fact that in the same year, the whole volume of SF Express's sales was just ¥1.3 billion.

But venture investors would not ignore such a potential champion. One by one they expressed their willingness to invest in this leading enterprise in the express delivery industry. One of them even spent ¥500,000 on inter mediaryfees, just to invite Wang to have a meal and a chat. In the face of this allurement, Wang did not agree.

A chairman of a consulting company once disclosed privately that many American investors, including Citibank, had asked him to persuade Wang to agree to an investment. Once the investment contract was successfully arranged, the chairman would receive a commission of US$10 million.

From his initial resistance to his acceptance of the need for listing, Wang must have experienced a painful inner struggle — especially after seeing the successive listings of STO Express, YTO Express and Yunda Express, which invigorated their respective teams through the new financing. In addition, after more than 20 years of maturation, the express industry had now reached the tip of the curve and was showing a downward tendency. All these factors determined that the once arrogant SF Express had no alternative but to show respect to the law of the capital market.

In order to quickly raise the needed funds, SF Express skipped the procedure of an IPO and opted for back-doorlisting. There were three reasons for this decision.

First, as SF Express was keen on developing multiple business groups at the time, the problem of the huge lack of operating funds needed to be solved urgently. As outlined in Chapter 4 and earlier in this chapter, the business scope of SF Express used to be focused on four aspects: express transportation, logistics, warehouse distribution, and commerce, thus creating a mature supply chain system. However, in the following reorganization, the original division of business sectors was changed into an express transport business group, a commercial business group (Heike and SF Best), a supply chain business group (ordinary cargo service and cold chain), a warehouse distribution logistics business group (e-commerce and cross-border online shopping) and a financial services business group (SF Pay). All these businesses covered express delivery, fresh food e-commerce, cross-border e-commerce, financial payments and so on.

The purpose of this adjustment was not difficult to understand: the evolution within SF Express required more funds and resources, both to enhance the company's competitiveness and to extend the boundaries of its business.

Second, SF Express's rejection of the franchise mode, and its reliance on its own funds, had undoubtedly put unprecedented pressure on its development.

Looking back on the evolution of the whole express delivery industry, STO Express, YTO Express, Yunda Express and ZTO Express were gaining large shares of the market by fighting a price war on the foundation of their uses of the franchise mode. In addition, after each was listed, they also began to make their own strategic arrangements. Given that these competitors were successively making gains in the capital market using the franchise mode, they were a real threat to Wang.

To deal with the competition, which was becoming more and more fierce, SF Express had nothing to rely on but its own capital distribution.

Third, financing through listing could alleviate SF Express's high asset–liability ratio. The asset-liability ratio of SF Express remained around 50% (as of the end of 2012). Compared with international logistics giants, this number was better than that of UPS and similar to those of FedEx and EMS. Additionally SF Express's liquidity ratio and quick ratio were even superior to those of EMS. However, one problem that could not be ignored was that SF Express's asset-heavy mode needed to be based on sufficient funds to ensure steady development.

## LISTING OR NOT? TWO REASONS ARE ENOUGH

In the business circle of China, there used to be four entrepreneurs who were famous for not going public: Ren Zhengfei, Tao Huabi, Zong Qinghou and Wang Wei. NowWang has left this idiosyncratic club.

Zong Qinghou, the founder of Wahaha, who had previously claimed that "we don't lack money and we won't go public," began to change his previous attitude, sayingthat he would consider going public at an appropriatetime. Suddenly, there were media reports that Wahahawas ready to go public.

Rumors continued to spread about Wahaha and the other three members of the "Non-listing Club," suggestingthat they would make the decision to go public. On 25 July 2018, Wang Hong, the deputy general manager of Shenzhen Stock Exchange, joined up with Guizhou Securities Regulatory Bureau and Guizhou Provincial Finance Office, and went to Guizhou for a research tour of Guizhou Freight Car Band Technology Co., Ltd. Guiyang Nanming Laoganma Flavor Food Co., Ltd.and Guizhou Yishu Chain Pharmaceutical Co., Ltd. Since this visit was understood by many to include training programs for the three companies, people naturally believed that these companies were preparing for listing. From that point, rumors that Laoganma (founded by Tao Huabi)) would go public spread widely over the market. On 8 August 2018, Liu Tao, Tao Huabi's secretary, responded that "Shenzhen Stock Exchange just paid a visit. Laoganma will not go public, and there is no plan to go public in the future."

Usually, everything goes back to normal when a rumor is dispelled. However, the investment institutions would not let go of such an opportunity for hefty profits, which they felt were within the reach of their fingertips. Once again they spread the news that Laoganma would go public, which drew the public's attention another time. Having no choice, on 12 November 2018, Tao Huabi herself dismissed the rumor in an interview on Guizhou Radio TV Station: "Loans, equity participation, fundraising and listing are not in our plan. We develop as much as our own money can support."

Objectively speaking, in this gilded age, going public had already become a means for many enterprises to amass money. However, Laoganma's insistence on developing with its own money was undoubtedly a wisp of fresh air in the business world.

In an interview, Tao told the media her reason for not listing:

> I told my son to be a good person and do business step by step. I asked him to promise that he would never buy any shares, never sell shares, never go public and never apply for loans. The four principles should be held by my children and grandchildren. So as long as any government official talked to me about listing, I would tell him: "Don't even talk about it! No way! I won't squander my money, I swear on my life."

Tao is very cautious about listing. She has always adhered to the policy of "no loans, no financing, no listing." Just as she said, even if the government tries to persuade her, she still dares to refuse.

For any enterprise, there are normally two reasons to go public: first, internal reasons, such as ownership structure, sufficiency of funds to expand the business and social demands, and second, external reasons, such as participating in projects advocated by government officials or adjusting to other market factors in the mainland of China.

Ren Zhengfei and Tao Huabi have been much admired by the business community in the mainland of China since 2014, because the two successful entrepreneurs both adhere to a common principle of not going public. Although they share the same idea, their reasons are the opposite. Tao once said: "I am determined not to go public. Once you go public, you may go broke. Going public means swindling people out of their money. People invest, and when the time comes, the market will suck their money away. Then it will be my responsibility to pay off their debts. I won't buy it." There have been many lengthy reports about Tao's determination and her belief that going public is like fraud, and these have made her the target of varying comments.

Tao Huabi founded Guiyang Nanming Laoganma Flavor Food Co., Ltd.in 1996. Over nearly 20 years of development, this enterprise transformed a common brand of cheap pepper sauce into an internationally famous one on US luxury. retail websites. Tao has also become the icon of the largest pepper sauce enterprise in China.

Data show that in 2017, according to China National Radio, the annual revenue of Laoganma was ¥4.6 billion and its annual tax reached ¥755 million, ranking second among the top 100 private enterprises in Guizhou, after the ¥834 million paid by a local real estate developer.

In February 2018, Tao's secretary revealed at a media conference that:

> In the past five years, the total sales revenue of our company has exceeded ¥20 billion, and the taxes paid have reached ¥3.2 billion. At present, the company's daily production capacity in making pepper products has exceeded 3 million bottles, with 24 series of products.

Ren believes that the employees of Huawei are also owners of the company. They tend to take a long-term view and therefore are not eager to leave.

Ren once told the *Wall Street Journal*:

> First of all, I don't know if the proposal from Poland will work or not. Poland is a small country, so it may not have such a big influence on the market. Germany and France may be more influential, by the way.
>
> Whether Polish companies can make a difference, I don't know yet. Even if Poland could achieve its goal, it would not be so vital for us. Because Huawei is not a listed company, and we don't need any attractive financial statement. If we lose markets in these countries, we would tune down our expectation accordingly. As long as we can support our employees, we have a future.

There were various internal reasons for Huawei's not going public. Owing to the large number of original owners, Huawei's ownership structure was not very concentrated. Going public obviously meant that the management could lose control over the company. Even though the possibility was only faint, such things could happen and had been happening. Also, once Huawei became a listed company, many employees (as internal shareholders) would become millionaires and could lose their passion for working.

There is no denying that the most important reason for Laoganma and Huawei not to go public was that they had abundant liquid capital. When a company does not lack money for expansion or routine operations, it has no incentive to go public. This is because, once a company goes public, its strategic decisions and investment initiatives, as well as a lot of internal information, must be made public and monitored by shareholders and the media. Such information transparency is undoubtedly not very enticing for a private enterprise that has emerged from obscurity.

When entrepreneurs were lining up to list their enterprises in order to gain money, Tao Huabi refused to do so.

Her so-called eccentric behaviour not only enabled Laoganma to survive financial crisis but also led to the company outshining those that listed their companies after forging financial reports and those who were desperate to cash out when their business performance plummeted.

Some media reports suggested that Laoganma refused to go public because of Tao's own experience and her business perspective. That is, her mindset was to feel content with a small fortune. Yet they saw in SF Express a more attractive objective for investment capital. This was especially the case given that SF Express had more specialized business divisions and, in its aim of constructing a complete ecosystem, would need huge amounts of funds. Therefore, going public became the natural choice for SF Express.

Wang Wei was very clear that SF Express's going public was intended to accrue money for its future development. Indeed, he had said earlier: "The benefit of going public is nothing more than gaining the money needed to develop the company."

Data show that by 31 December 2015, SF Holding had a total of ¥14.2 billion available for payments in the short term and needed to pay only slightly less than ¥14.1 billion over the same period. The liquid capital of SF Holding was then only ¥360 million. This was obviously insufficient when compared with the company's scale and sales volume.

Data also show that the debt ratio of SF Holding was 33.4% in 2013, 47.34% in 2014 and 60.3% in 2015. In comparison, other express enterprises had not witnessed such a drastic rise. YTO Express even saw a decline in its debt ratio in 2015. After careful consideration, Wang finally chose to allow SF Express to go public, because at the time he had no other choice in the face of his rivals. Insiders admitted in an interview: "In an era when capital is king, the choice of back-door listing is definitely best for financing. They who first seize the benefits brought by listing will have an opportunity to beat their rivals."

6

CHAPTER

# COMMITTING TO RETAIL AND BUILDING A BUSINESS ECOSYSTEM

In the future, we will participate and be deeply involved in various industries instead of being limited to "last mile logistics," for the latter will never make us deep-rooted in any industry.

– Wang Wei, founder of SF Express

## COMMITTING TO RETAIL

Wang Wei has concentrated on the strategic layout of retailing for more than ten years. For example, in SF Express's offline retail sector, both Heike and SF Home ended in failure, and most of the stores under the two brands were transformed into SF Best stores, in the mode of express delivery and convenience stores.

In regard to the current e-commerce boom, Wang is not willing to be left behind and is thus actively taking part in it. Although SF E-business Circle, a previous e-commerce platform, has been closed, and the only survivors are SF Best (an e-commerce platform for fresh commodities) and SF Overseas Online Shopping (a cross-border e-commerce platform), whose business achievements are not very remarkable, SF Express keeps on trying to be more involved in the retail sector.

### SF EXPRESS'S ATTEMPT ON RETAIL

On 13 October 2016, Jack Ma, founder of Alibaba, put forward the concept of "new retail" for the first time at the Apsara Conference. Ma said:

> In the next 10 or 20 years, there will be no e-commerce. Only the concept of new retail businesses will survive. That is to say, online and offline logistics must be combined to create a new form of retail business. Offline businesses must go online, and online businesses must go offline. Such a new retail model can only be achieved by combining online and offline retail with modern logistics.

In Ma's view, against the backdrop of upgraded consumerism, new technologies (which consist of artificial intelligence, big data and cloud computing) are intended to enable a link between online and offline businesses, efficient logistics and innovations of the whole retail industry chain, thus naturally leading to "new retail." The emergence of new retail is certainly beneficial to consumers, and is more so to businesses and the real economy as a whole. The reason is that new retail may affect the business pattern in the next 10 or even 20 years. Wang Wei, who has been undertaking initiatives in the retail sector, thus naturally understands its commercial potential.

Based on this, Wang has set up a layout to develop in the retail sector, and this layout can be traced back to about 10 years ago. During the Dragon Boat Festival in2009, a courier working at the SF District in Jiaxing City, Zhejiang Province, successfully sent out more than 1 million *zongzi* (a traditional Chinese type of glutinous rice dumpling) made by Wufangzhai. This seemingly accidental success consequently gave Wang a lot of confidence in getting onto the e-commerce platform.

In 2010, Wang officially launched SF E-business Circle, SF Express's e-commerce platform, which was mainly established to sell food products, and it also launched a payment platform, SF Treasure. However, what Wang then experienced can be described by two famous lines from a traditional Chinese poem: "I used to crave the bright moon, but the moon shines solely downward on the ditch." Due to the setbacks in the fields of e-commerce and payment, SF Express later embarked on another painful transformation. In 2012, Wang adjusted SF Express's business direction, seeing cold chain technology as a breakthrough and even treating it as the company's core competitive edge. The company set up SF Best, a fresh food e-commerce platform, which required high technology in terms of cold chain transport.

Wang had attached so much importance to this new project that, before the launch of SF Best, he flew from Shenzhen to Beijing to discuss the significance of this strategic move with some senior executives. He repeatedly stressed that "SF Best is a project that must succeed."

Under his supervision, SF Best gained a good record.

On Double-Eleven Day (11 November) 2014, the sales volume of SF Best reached ¥70 million in a single day.

Unfortunately, though, the platform still failed to attain high-frequency consumption.

Subsequently, SF Express began to seek a breakthrough in offline retailing. On 18 May 2014, it began to develop offline retail sales, launching Heike, a brand of community stores with network services. The business of Heike covered four major directions: commodity ordering, offline experiencing before online shopping, convenience service and express self-service.

Of course, Wang's decision to set foot in offline retail, which was especially exemplified by the Heike online community stores, aimed to solve the problem of the "last mile" in logistics and also to seize the blue ocean market of residential communities. Shortly afterwards, Heike expanded into a network of more than 2,000 stores. During this rapid expansion, some problems were exposed. Despite officially being a retail brand, Heike was functioning more like a chain of express delivery stores where customers could collect express goods. The goods in the stores were only provided for display. When customers wanted to buy goods, they still had to place an order online. Therefore, the brand was criticized by customers, researchers and the media.

Yang Daqing, a contract research fellow at the China Logistics Association, said: "The main reason for the failure is that the company tried to do business based on a mode of thinking grounded in express delivery. … SF Express does not understand the community economy. The biggest advantage of the community economy lies in convenience, fast speed and satisfactory experience, all of which are lacking in Heike."

He Wen, a partner at Chunxiao Capital, shared similar views when he said: "For offline stores, the most important thing is 'to experience.' Given that there is no real commodity to be purchased and no services to be experienced, this shop does not conform to the rules of community retailing."

In He's opinion, the approach of Heike went completely against the essence of community retailing, namely efficiency, experience and cost control. Because of this, in 2015, SF Express had to close most of its Heike stores, and the remaining stores had to be renamed as SF Home. In the same year, SF Express had started the process of listing, so it needed to strip away its commercial sector, which was responsible for online and offline retail business.

In 2017, SF Express was listed through the back door of Dingtai New Material. It disclosed relevant financial data showing that SF had respectively lost ¥126 million, ¥614 million and ¥866 million in the three years of 2013 and 2015 in the "stripped sector of commerce," with a combined loss of ¥1.6 billion. The reason for the loss, the report said, was "mainly due to SF Commercial's concentration on developing offline stores since 2014."

## A HARD FIGHT FOR THE "LAST MILE"

Although SF had encountered a series of failed attempts in terms of its retailing strategy, Wang Wei did not give up hope about the retail business.

In order to revitalize SF Express's retailing business, Wang began to serve as the CEO of SF Commercial Co., Ltd (in charge of operations such as SF Best and Heike) in 2015. Wang said: "In the future, we will participate and be deeply involved in various industries instead of being limited to "last mile logistics," for the latter will never make us deep-rooted in any industry." Wang, then CEO of SF Express, emphasized at various meetings on sales performance that SF Express should not only be an express delivery company but should also get involved in gaining new profits and extending into new business on the basis of the express delivery business.

Based on this, SF Express not only set forth to establish e-commerce platforms and offline retail stores but also set foot in cross-border e-commerce platform construction.

In 2015, SF Haitao (now renamed as Fengqu) came into being. As a cross-border e-commerce supply chain platform, it tried to adopt a customized direct mail mode for non-standard products.

Giving full play to SF Express's advantages in logistics and supply chains, this new business mode aimed to compete for cross-border e-commerce market share. In spite of its ambitions, it encountered problems similar to those of other cross-border e-commerce enterprises. In the process of continuous development, problems such as fake goods, false advertisement, unauthorized cancellation of orders and inconvenience of returning goods were repeatedly exposed by the media.

In the fierce competition with its rivals, Fengqu has been blocked and almost strangled by Tmall Global, JD Worldwide, NetEase Kaola and other giants. Compared with Tmall Global, which boasts a market share of 27.8%, Fengqu's achievements were almost negligible.

According to a quarterly monitoring report on China's cross-border import retail in the e-commerce market published by Analysys International, in the first quarter of 2018, the market share of Fengqu accounted for only 1.1% of the whole, ranking ninth among its competitors.

## TAKING ADVANTAGE OF THE FRANCHISE MODE AGAIN

In order to make SF Best more competitive, SF Express gave up its own regular chains mode and adopted the franchising mode for SF

Best. With the expansion of stores, franchisees needed to pay the rent and bear related labor costs, while SF Express provided the costs of decoration and supplies of goods.

Under the franchise mode, it is noteworthy that the franchisee must deposit ¥300,000 as a performance bond, which serves as a means of obligation to the franchiser. However, when there is no breach of contract, the full amount of ¥300,000 should be refunded at the expiration date.

According to SF Express's plan, SF Best intended to set up 4,500 offline stores in 2019 and 10,000 offline stores within 2020–2021. In this regard, readers may wonder whether the franchise mode can meet SF Express's ambitious retailing strategy. Luo Dan, a logistics analyst at Northeast Securities, said in an interview: "Although this practice of attracting investment greatly reduces a company's business risks, itwill be a real test of SF's ability to enact quality control." SF Best sells more than 200 categories of products, including snacks, imported liquors and wines, mineral water, seafood, quick-frozen staple food, rice, flour, grain and cooking oil.

Cao Lei, director of the China E-Business Research Center, has said: "Targeted at high-end customers, SF can only locate its shops in upscale residential areas, where the rents are not cheap. Moreover, upscale communities are defined by people's limited ability to buy the residences, which means there is not a large number of potential consumers. This is a huge test for SF."

According to Cao, 80% of the products that SF Best provides are foreign brands aimed at high-end customers.

However, due to the insufficiency of online transactions at present, the sales cost of SF Best is still relatively high. So far, SF Express has made a lot of bold attempts in the field of retailing, yet without any outstanding performance, whether through its offline stores, fresh goods e-commerce or cross-border e-commerce.

Luo Dan pointed out in an interview: "Although SF Express can connect many large and small firms along the business chain through its own advantages, what it can boast of mainly lies in its long-distance distribution mode, while its daily distribution capacity in retailing is not so prominent."

In Luo's view, although SF Express has a strong distribution capacity, it lacks advantages when it comes to warehousing. The reason is that a company's competitiveness in e-commerce and retail is specifically reflected in its warehousing and distribution, which is exactly SF Express's weak point.

In an interview with the media, Li Chengdong, an e-commerce analyst, frankly said: "Logistics means service capability, not retailing capability. Retailing requires a capability in building supply chains, an insight into consumers' needs and other capabilities. SF retail does not have such core capabilities in retailing, which is the main reason why it has always failed in this sector of business."

Nevertheless, Wang Wei, when he was CEO of SF Express, continued to endeavor to reinvigorate the potential of the company's logistics and commercial dynamics. He said: "That's why SF Express has been so occupied with e-commerce retailing … that is, branding of channels comes first, then branding of products with the support of branded channels." However, such expectations are still to be realized.

## "WE NEED TO EXPLORE NEW PROFIT SOURCES AND EXTEND NEW BUSINESSES"

Undeniably, the repeated setbacks in the retail industry affected SF Express's overall strategy. Having already spun off the commercial sector just before SF Express went public, Wang had to start his company's commercial exploration. "We need to explore new profit sources and extend new business branches on the basis of the express business,"

Wang said at SF Holding's annual performance meeting in 2016.

## INITIATING NEW BUSINESSES

In 2017, in recent years, more and more competitors had been vying for SF Express's market share, so Wang had to initiate new lines of businesses. According to its publishedfinancial statements, SF Holding's major sector (express business) was under fierce attack from competitors. In the early days after the company went public, the enthusiasm of its investors caused its stock price to soar and made it the most valuable express delivery company in China.

Unfortunately, soon afterwards, the share price underwent a roller coaster-like sharp decline. In the first quarter of 2017, the price once reached a peak of ¥73.34. After a period of turbulence, it significantly declined. By 14 June 2018, its share price had fallen to ¥46.32, dropping by36.8% when compared with its peak price, and more than ¥90 billion was wiped off SF Holding's market value.

The decline of SF Holding in the capital market was related to its rivals' rapid growth. According to the statistical bulletin on the development of the postal industry published by the State Post Bureau in 2017, the volume of goods transported in the express delivery business in China reached 40.6 billion pieces, with a year-on-year increase of 28%.

There is a big gap between the growth of SF Express and the average growth of the whole express industry. According to statistics provided by All-Weather Science and Technology, SF Holding's market share of the express industry in 2017 was only about 7.62% (a decrease of 0.63% from 8.25% in 2016). It was left far behind by ZTO Express, STO Express, YTO Express, Yunda Express and Best Express, whose market shares were 15.5%, 12.6%, 11.8%, 9.73% and 9.4%. SF Express, the former hegemon of the express business, had now retreated to number six among China's express enterprises, although SF Holding had achieved just over 3 billion express deliveries in 2017, with a year-on-year increase of 18.29% according to its 2017 financial report.

The direct cause of SF Holding's decline was that Best Express, STO Express, YTO Express, Yunda Express and ZTO Express had been listed one after another, and had been expanding smoothly after their successful financing. For example, on 6 June 2018, STO Express announced that it had invested about ¥240 million to merge Shenzhen's transit assets, about ¥350 million to acquire transit assets in Guangzhou and about ¥60 million to acquire transit assets in Changsha. The large-scale expansion of STO Express suggested that it was intending to gradually transform to use the mode of regular chains in these key urban transit centers.

Additionally, China Post (another of SF Express's many rivals) was planning to integrate the resources of the company EMS into its main business. And an old opponent of SF Express, YTO Express, had launched its own brand of regular chains — OTP Express — which aimed at the medium and high-end express markets and had the advantage of an aviation licence. This meant that YTO Express was directly competing with SF Express for the high-end business market.

Previously, in contrast to SF Express, the other major Chinese express companies (such as STO Express, YTO Express, Yunda Express and ZTO Express) had chosen the mode of franchising, which meant that they would only focus on the procedure of collecting deliveries, whereas their franchisees would focus on transferring, dispatching and delivering procedures. Over years of operation, express companies had seen the drawbacks of this mode and finally ended up increasing the proportion of their regular chain stores.

The second direct cause of SF Holding's decline was that new players, such as Cainiao and JD Logistics, had joined the express industry, making it more competitive. JD Logistics is considered to be a strong competitor of SF because of the strategy promoted by Liu Qiangdong, the founder of JD.com. In 2017, Liu said in an interview with China Central Television: "In the future, only JD and SF will be able to gain a foothold in domestic logistics." Although this was a bold prediction, it showed Liu's determination to divide the market with an equal rival.

In August 2018, JD announced that it had built a logistics and warehousing base totalling 2.5 million square meters, enlarging its total storage area in the mainland of China to 12 million square meters, with logistics assets worth billions of *yuan*.

In comparison, up to 30 June 2018, SF Holding possessed a total land area of about 4,603 *mu* (approximately 3,068,667 square meters), a total planned construction area of 3,006,100 square meters, and a total construction area of 848,800 square meters. Its net book value of logistics resources was about ¥9.1 billion.

More than that, as a new rival, JD Logistics had not only been involved in the personal express business of three metropolises (Beijing, Guangzhou and Shanghai ) but had also competed on price. According to data from the JD Business Deliveries Project, the previous pricing strategy applied by JD for this project was "to make a discount according to the volume of commercial deliveries on the basis of SF's prices." Whether SF or JD, both were defending their territories.

As of 2019, SF continued to maintain its advantages inair transport, and the number of its full cargo fleet had exceeded 50, reaching the standard of medium-sized airlines. The new rival, JD, announced that its first full cargo plane successfully made its maiden flight on 6 November 2018.

While SF's growth rate gradually slowed, its rivals, including old ones such as STO Express, YTO Express, Yunda Express and ZTO Express, plus some stronger companies, were also joining the competition.

In September2017, Alibaba announced that it had invested ¥5.3 billion to increase its shares in Cainiao. This increased Alibaba's equity share from 47% to 51%. According to the valuation at that time, Cainiao's value reached ¥132.5 billion, which was close to SF's ¥144.5 billion in December 2018.

In May 2018, Jack Ma, the founder of Alibaba, expressed that Cainiao would invest ¥100 million as a strategic move in the future to build a "National Intelligent Logistics Backbone Network." Later, he showed his determination: "If ¥100 billion is not enough, we shall invest more hundreds of billions, and the most part will be invested in logistics as much as we can."

## MORE INVESTMENT IN THE HEAVY FREIGHT EXPRESS MARKET

The third reason for the decline of SF Holding was that its own mode of regular chains had led to a continuous rise of operating costs. Data shows that in 2017, the operating cost of SF Holding's express logistics sector had reached ¥56.6 billion, a year-on-year increase of 22.93% compared with 2016.

Among all the costs, the biggest is labor costs, which in SF can be sorted into outsourcing costs and wage costs. In 2017, the expenditure on these two items was ¥27.9 billion and ¥10.1 billion respectively, accounting for more than 60% of the total.

The implementation of a new national social security policy in 2019 also cast a cloud over labor-intensive delivery companies. The listed express companies were sure to bear the brunt. Sinolink Securities predicted that the net profit decrease of express companies such as Best Express, STO Express, YTO Express, Yunda Express and ZTO Express, caused by the impact of the new policy, would range between 5% and 10% on average. The 2017 annual SF Holding report showed that the total amount of employee wages was 136,000, and the proportion of awards for employees accounted for a large part in the whole system of salaries. The market was quite concerned that the new social security regulations would have the most unfavorable impact.

Yang Daqing, a contract researcher at the China Logistics Association, once said:

> Nowadays, the express industry is shaped by advanced technologies. With unmanned technologies underway, the express industry as a labor-intensive industry will be transformed into a capital-intensive and technologically intensive one. If SF fails to make a timely adjustment in the advancement of AI technologies, its 400,000-plus employees (according to SF's financial report, the number includes regular, dispatched and outsourcing employees) will become a huge burden.

Faced with these challenges, Wang Wei the founeler of SF, accelerated his pace of business development in such sectors as heavy freight express, intra-city distribution and other businesses, while expanding into new retail business.

On 12 May 2018, SF launched a strategic cooperation project with Xinbang Logistics and jointly held the Brand Launch and Partner Recruitment Conference in Guangzhou, making inroads into the LTL (less than truck load) express market through the franchising model.

Sun Yan, a logistics analyst at Northeast Securities, told the media that the then current market scale of heavy freight express in China had reached ¥1.1 trillion, more than twice the size of the express business, which was ¥500 billion. He stated: "Although Deppon Express has been a leader in the express sector, this industry features a low concentration of market shares (Deppon Express has less than 2% of the market), which is an opportunity for SF."

In Sun's view, more investment in the heavy freight express market was a chance for SF to improve its competitiveness. Yang Daqing also mentioned in an interview: "The express market is sure to encounter more formidable challenges in the future. SF needs to keep on upgrading itself and trying to break through the barrier." He emphasized that more effort should be placed on constructing an AI network for warehousing and distribution, and that it was necessary to seek new space for survival of the express industry in the logistics market through investing in the new retailing and manufacturing industries. In addition, the acquisition of high-quality service providers was an important option to help SF make breakthroughs in its growth.

## VENTURING INTO THE RETAIL SECTOR, DETERMINED TO WIN

Wang Wei's retail business, especially his e-commerce business, can be dated back as early as 2011. In that year, he set up SF Best online, expecting to realize the dream offered by the retail business. Unfortunately, SF Best's mediocre performance failed to meet the company's strategic targets. Yet, Wang did not give up his plan. In 2014, Wang began to set up Heike convenience stores all over the mainland of China, except Qinghai Province and Tibet autonomous Region. There were 518 stores in the first batch of openings, and by the end of 2014, SF had established nearly 3,000 Heike stores. This definitely proved Wang's determination to expand into the retail business.

However, real products were not initially presented in Heike stores. Customers only saw QR codes on the walls. When they needed to buy something, they could only place an order by scanning the QR code and then getting the product afterwards. As a result, the Heike stores didn't become popular despite huge investment.

Later, as previously outlined, the Heike stores were renamed SF Home and were integrated with SF Best. On 30 September 2015, SF Holding transferred 100% of the equity of SF E-commerce and SF Commerce to SF Holding Group Trading Co., Ltd. The transfer price was ¥1.

On 30 May 2016, Dingtai New Material Co., Ltd announced that the net profits of SF Holding's offload businesses were respectively –¥126 million, –¥614 million and –¥866 million in 2013, 2014 and 2015, mainly because of their relatively large investments in the early stages. Also, there was a big change between 2013 and 2014, which was due to the fact that SF Commerce began to set up offline stores at a quick pace in 2014, leading to a sharp increase in related costs.

By the end of 2017, SF was still continuing his exploration of the retail business and launched a project to offer self-service vending of snacks (E-nough Foods). At the 2017 SF annual meeting, Wang reflected on the previous failures:

> SF made abundant innovations and changes in the past two or three years, giving many of our employees in strategic departments a hard time. Our colleagues from different business groups had to deal with various difficulties, due to the constant change to our organization structures. I am really sorry for that. Many people have left SF because of this. Everything seems to be normal from an outsider's perspective, but great changes have taken place inside our company.

In 2017, the revenue of SF Commerce was only ¥79 million, with a year-on-year increase of 287.1%, but its costs grew as high as 302.9%.

SF did not give up his experiments after this series of failures. This is exemplified by the frequent personnel changes in the CEO post of SF Best. On 26 September 2018, Quan Guoshan became the CEO of SF Commerce. He was to be fully responsible for the daily management, strategic planning, business operation and other matters of SF Best, among other business groups.

As a senior manager with more than 30 years' experience of cross-industry business operation, Quan was previously a senior manager in retail business (including supermarkets, superstores, department stores, home decor and e-commerce) as well as in the marketing and service industries, and had served several of the world's top 500 enterprises, including A.S. Watson (part of Hutchison Whampoa), Walmart, Home Depot, B&Q and Dairy Farm International Holdings (part of Jardine Matheson). He had also worked as a professional mentor in the Hong Kong Retail Management Association and co-chair of the European Chamber of Commerce in Taiwan.

Facing the aforementioned difficulties in the retail business, Wang decisively invited Quan to be his business partner, which obviously reflected his expectations. It was still SF's strategy to continue its expansion into new businesses. In April 2017, Wang said at a roadshow about the company's performance: "SF's future will lie in its involvement in many industries, and it will become specialized in many industries. We will not be limited to 'last mile' distribution, which will not make any further progress, but will use technologies to improve the whole industry. This is SF's future direction."

## BUILDING A FULL-CHANNEL ECOLOGY OF BUSINESS

In March 2018, a commercial rivalry was launched between Meituan and DiDi. Meituan was a specialized fast-food delivery company and had more than 600 million users, while the specialized taxi service provider DiDi had 450 million users. The reason was that on 21 March 2018, the taxi service project Meituan Dache was officially launched in Shanghai after obtaining a licence to operate in Hangzhou, the capital of Zhejiang Province. Not to be outdone by Meituan, DiDi quickly launched the DiDi Delivery app to march into the delivery business.

As of this writing, neither Meituan Dache nor DiDi Delivery had lived up to their expectations, but they do provide a case for further study. In the era of Internet+, the all-channel business mode remains popular among Chinese enterprises, including DiDi, Meituan and SF, because only those that dominate the all-channel market will have a say in China.

Taking another look at the above-mentioned competition, the overlap ratio between Meituan and DiDi app users reached an astonishing 19.46%. Such a high overlap ratio means a high conversion rate between the two apps. This was why Wang Wei was so eager to enter the retail marketand tried to build an all-channel business ecosystem despite repeated setbacks.

According to Wang's strategic vision, SF was increasingly trying to activate all types of resources, including commerce, logistics, channels and finance. The destination was to realize the company's business blueprint by providing customers with customized business solutions.

## A FULL-CHANNEL ECOLOGICAL ENVIRONMENT

Currently, there are two enterprises that have triumphed in the ecosystem-based construction of business: one is Apple Inc and the other is Xiaomi Corporation in China. Jia Yueting, the founder of LeEco, is a follower of Steve Jobs and has been striving to explore the idea of the business ecosystem in his own mind despite its many difficulties, putting forward a so-called "chemical reaction of ecological businesses" strategy. He made the following statements while attending the LETV annual meeting at LETV Ecological Sports Center in Beijing:

> On their journey to the ecological world of business, I hope every LETVer is determined to forge ahead, since only the brave can truly appreciate the magnificence of this new world.
>
> It is no exaggeration to say that 2015 has witnessed a milestone for LETV. In the past year, we defined the future with the future per se, and then the present with the newly

defined future. Relying on the new ecological model of the internet, we have kept on breaking through boundaries and witnessing the chemical reactions of ecological business. We have forged ahead bravely, fulfilling one promise after another to create a new economic form — the internet ecological economy. There are three major characteristics of this ecological economy, namely, value reconstruction, sharing and globalization. The destination is to form a complete ecosystem composed of closed vertical ecological chains and opened up horizontal ecological circles.

In 2015, LETV has witnessed its initial success in the ecological economy. With more than 20 million paying members, LETV has become an internet enterprise with the highest individual value for its membership. The total revenue of the company has exceeded ¥20 billion, and the total ecological valuation has exceeded ¥300 billion. Among these achievements, the internet and cloud ecosystem businesses have become a surprise hit, making LETV Cloud the best brand of global video cloud and ecological cloud. LETV Mall has made its way into the first tier of the industry.

As for the service content, self-made products have become a dominating power. In competition with TCL, more than 3 million Super TV sets have been sold, beating all foreign TV brands and making this the number one brand in the market. LETV's Super Mobile Phones were the biggest dark horse of 2015, with over 5 million units shipped in 245 days. Consequently, LETV has taken a stake in Coolpad Group and implemented an opened-up ecological strategy.

We have completed the strategic layout of internet financing and have built our team for it; LETV Sports now ranks first in the industry, and our Series B financing is nearly complete. The Super car has completed its strategic layout, with top talents joining our forces. Product definition, as well as the basic research and development of the first generation of Super car, have been completed. So we have arrived at the painstaking stage of production preparation ... With the joint efforts of all LETVers, a solid foundation has been laid for the globalization of LETV. A shared ownership for all employees and the implementation of global partnership plan are attracting more and more global leaders in various industriesto join the LETV ecosystem.

Jia knew too well the difficulty of building a business ecosystem.

In this speech, he admitted that there was no such thing as "easy" in the ecological world of business. He reviewed his own path of development:

Over the past year, we have achieved unprecedented success. However, the road of reform and innovation in the ecological economy is bound to be painstaking and will inevitably be resisted or pressured by vested interests. Therefore, there is no such things as 'easy' in the ecological world.

To conquer the world, we must never cease to create brand new values! It is necessary to break free from common sense, conventions and traditions. It is also necessary to innovate in all aspects and throughout the whole process, and create brand new values in every dimension. So, the difficulties and resistance we are facing are tremendous, but I believe no one can beat us except ourselves.

We are facing insufficient supplies of capital. The internal reason for this problem is that we hope to leave the equity to the employees who are growing together with LETV's ecosystem, so that they can share the ecological values. The external reason is that only a few people can understand the complexity and advancement of LETV's ecosystem.

The development of the internet in China during the past 20 years is but a history of replication! It has just copied the successful model of the US, without any idea of innovation. Therefore, LETV's ecological model, which is original in a global sense, is not understood by others, but we will justify its cause with our efforts and results.

Strategy determines the method of organization, and organization leads to success. This is the second difficulty we are facing on our road to the ecological world. If the organization cannot innovate continuously, and the organization cannot be truly ecological, our ecological integration will face great challenges. In addition, we also need to strengthen the chemical reactions between organizations and coordinate closely with other ecosystems around the world.

Despite many obstacles on the way to the ecological world, no one can stop us from forging ahead. As long as all LETVers keep this solidarity and prioritize the interests of users all the time, we are sure to overcome all difficulties, to provide excellent ecological services for global users and to enjoy their applause.

Several other Chinese entrepreneurs — such as Lei Jun, the founder of the Xiaomi Corporation, and Wang Wei — are also exploring paradigms of ecological construction in their respective business worlds.

*National Business Daily* reported on Wang's notion of ecological building:

Together with SF Buy (a platform of SF for cross-border shipment), SF Pay, a third-party payment platform through which consumers can pay for shipments, made a low-profile appearance in May 2014. In the same year, Shunyin Finance (part of SF) was developing into an infrastructural division, providing value-added services for the whole life cycle of express delivery. Thus, a cross-border ecosystem of SF, which integrated logistics, information flow and cash flow, was taking shape.

Some insiders commented that the integration of cash flow, information flow and logistics was the ultimate goal that Wang Wei pursued. In the blue oceans of cross-border business, SF intends to provide its international business partners with solutions featuring a global supply chain that includes cross-border logistics, full-channel sales, operational promotion and local customer services.

As for SF Commerce, its structure has been streamlined into two parts. The first is an online e-commerce platform – SF Best. In order to better perform its role as an online e-commerce platform, SF Best has worked together with the company's offline community stores, aiming to build an efficient business system to provide all-channel services.

The second is offline community stores — SF Home and Heike. SF Home and Heike are intended to not only improve the customer experience but also solve the "last mile" problem. At the same time, they provide customers with selected foods in season, global commodities, overseas online shopping services for maternal and infant supplies, quality day-to-day goods, express logistics and all kinds of convenience services. In this way, these offline stores can provide quality products and services for community customers and effectively meet their needs.

Li Dongqi, the vice president of SF Group and the president of SF Commerce, explained in an interview: "SF Commerce should be regarded as a whole, and in that way SF Group is able to integrate its online and offline resources. We want to be a full-channel operator that includes commodity sales, transportation and services to promote residential community consumption."

In Li's view, the commercial ambitions of SF and its strategic layout can be realized by the company's commerce business group through its cultivation of a full-channel ecological environment: "The integration of online and offline resources, combined with services such as delivery, cold chain transport and financing, can help various firms to fully connect with their end customers."

By integrating relevant channels, SF can even provide different firms with couriers for direct sales in the future. Li told the media: "There are 210,000 couriers in SF, who in total can reach 10 million customers within a day. This is a very important channel. Frankly speaking, SF Business plays a leading role at every link in the circulation within Internet+."

## COMMUNITY DISTRIBUTION AS A SOLUTION TO THE "LAST MILE" PROBLEM

Incurring costs is almost unavoidable in exploring a newbusiness form, and this is especially true in offline business. Heike has been criticized harshly by researchers, media and commentators since its initiation because of its sparse customer flow, problematic business model and many other problems.

In response to this situation, Li Dongqi said:

> Although Heike is not perfect, it is a necessary stage in the development of SF Commerce. The success of Heike lies in the fact that it has installed collection and delivery services within residential communities, thus extending logistics into these communities. Only on this basis are we able to enhance our commercial and service functions. One of the problems in e-commerce, which has been solved by Heike, is how to cope with delivery by appointment. The strategic significance of Heike, which is often neglected by outsiders, is much more important to us than the current gains and losses. The industry is well aware of the costs of end-to-end distribution. Without these stores, it would be empty talk to claim that we had solved the "last mile" problem in delivery. What would be the use of that?

In Li's opinion, the ongoing competitions in the express industry cannot be compared with those in the past. Therefore, a tougher competitive stance will be needed to win in the future. He said:

> We could not make it in the absence of offline stores. If SF Commerce is endowed with more commercial functions, customers' experience is sure to be improved, so we really need physical stores to achieve this. With these stores, we will see infinite possibilities under the derivative functions of commerce. For example, some customers will ask whether SF Commerce can provide feedback within one week after a transaction. This will only be possible when we have optimized our offline stores to increase consumers' trust and fulfil these demands.

Therefore, as previously outlined, SF Express launched SF Home, which is actually a second iteration of Heike. According to Li, its purpose is to "transform to a more commercial and service-oriented model with enhanced functions based on the needs of the community."

It is undeniable that rather than waiting passively for a better chance to march into the offline business, SF Express has actively carried out a transformation by itself. In an article titled "Innovation and Change: From 'SF Express' to 'SF Service,' " Wang Wei wrote:

In the past two years, I have been talking about "transformation" very frequently. Compared with the past years, when we mainly focused on the express business, there are indeed many new businesses in the landscape of SF Express.

In June 2012, SF Best, which mainly focuses on medium and high-end foods, was launched, marking SF's big move into the e-commerce field. In 2013, SF initiated Heike, a brand of residential communitystores that soon covered most regions of the country. At the same time, SF added several business groups such as e-commerce and supply chains. In addition, it has provided more integrated services, including express logistics, e-commerce logistics, auto-mobility logistics, food and medical transport services, financial and insurance services, and international e-commerce services, hoping to provide one-stop integrated logistics solutions for customers.

As a matter of fact, SF has no previous experience in the business of contract logistics, which in my view is a must now, because the needs of some large group customers have changed. They want to straighten out the entire supply chain by outsourcing all their logistics services from one reliable logistics company. We should refer to the organizational structures and business models of today's four international express giants for our medium and long-term development. Now in China, the logistics industry has been accustomed to a decentralized business model — one supplier for domestic commodities, another supplier for express, and still another for warehousing and e-commerce distribution. But this will change in the near future. Therefore, we now must invest resources to prepare as well as we can for the change.

Our goal is that, in five years, we will make our customers understand our new service concept and acknowledge that SF is not just an express company. When they think of SF, they will call it SF Service instead of SF Express.

Next, SF will create a "logistics department store" concept. "Customers come with needs, and SF provides solutions." This is the goal we must achieve in the future.

To Wang, the core value of SF Express is "service" rather than "express." This is a voluntary choice rather than passive acceptance of the company's fate.

# CHAPTER 7

# A TRANSFORMATION INTO THE REALM OF LOGISTICS REAL ESTATE

In the past two years, I have been talking about "transformation" very frequently. Compared with the past years, when we mainly focused on express operation, there are indeed many new businesses in the landscape of SF Express.

– Wang Wei, the founder of SF Express

## SUPPLY CHAIN FINANCE

Alongside its large-scale development, SF Express, as if suffering from a midlife crisis, has begun to experience a painful process of growth. Describing the process of its transformation, media reports have straight forwardly described its situation as "SF's Midlife Crisis" and "SF's Transitional Pain," also referring to "Unblessed SF."

Such media's comments were based on SF Express's unsatisfactory half-year earnings and its stock price. Some experts even wrote: "Its income growth cannot keep up with its cost growth." Faced with such a situation, Wang Wei, while reducing various of the company's costs, was actively looking for new areas of profit growth. Supply chain finance began to attract his attention.

In 2015, Wang began to set foot in supply chain finance, one of the new businesses that he betted on. Certainly, his involvement in supply chain finance was based on SF Express's core features.

As mentioned earlier, Wang founded SF Holding in Guangdong in 1993. As of 2019, its scale had grown a great deal, and it had established regional distribution centers in Beijing, Shanghai, Guangzhou, Chengdu, Wuhan, Shenyang and Xi'an, with hundreds of warehouses in 50 key cities, tens of thousands of distribution outlets, nearly 2 million square meters of storage area, and a coverage of 2,500 districts and counties in China.

This set of data suffices to show that the warehousing system built by Wang is an incomparable advantage over the company's competitors. Additionally, SF has improved its efficiency through accruing information and introducing high-tech and advanced equipment, which has effectively decreased the number of errors caused by manual operation. By applying an automatic sorting system, ithas reduced its dependence on manual work. By tracing the transportation process through GPS (the Global Positioning System), SF is able to configure and adjust cargo transportation, thus optimizing the use of vehicles and reducing excessive vehicle purchase costs.

In Wang's view, it is crucial to constantly improve the company's infrastructure, systematically optimize its network construction, develop and apply new technologies and equipment, and effectively apply these technologies and equipment to process management. This process includes, for example, section of customer services, collecting and dispatching, warehousing, transportation and customs declaration — in other words, the whole life cycle of delivered goods.

With its warehousing and distribution network, which covers the whole country, and its high degree of information management, SF possesses a large quantity of B-terminal and C-terminal customer data and relatively complete logistics, capital and information flow. This provides strategic support for Wang's involvement in supply chain finance.

## THE BUSINESS MODE OF SUPPLY CHAIN FINANCE

In 2015, under Wang Wei's guidance, SF Group set up a business group for financial services and formally established adepartment of supply chain finance.

This was not the first time that SF had been involved in supply chain finance. Zhang Hui, director of SF's supply chain finance department, said in an interview: "SF actually participated in logistics finance as early as around 2013 in the form of collection on delivery, which is the starting point for most logistics companies aiming to carry out supply chain finance."

Since then, the company has launched four modes of supply chain financing products: purchase order financing, accounts receivable factoring financing, warehousing pledges and credit loans.

First, purchase order financing. It is understood that SF Express may provide its purchase order financing businessto customers with whom the company has had a long-term cooperation. When such customers have signed sales contracts with their downstream customers, they may apply for order financing because they do not have enough funds to purchase raw materials for production. Subsequently, SF Express will pay the funds needed by its own customers. In addition, it can also provide warehousing, transportation and distribution of goods for its customers in whole process.

Second, accounts receivable factoring. It is understood that SF Express mainly provides this service to partners that have receivables and payables within their supply chains.

Certainly, SF Express has its own advantages in terms of the long duration, low threshold and low costs of this service. The specific process of operation is that, after SF Express buys out the customers' accounts receivable, the purchasing partner pays the money directly to the factoring company's account.

Third, warehousing pledges. It is said that the warehousing pledge business provided by SF Express was the earliest supply chain financial product that the company launched. It is mainly aimed at customers who stock up in SF warehouses in advance, and usually provides credit lines ranging from ¥1 million to ¥30 million to customers.

Zhang Chunhong, product manager of the supply chain finance department of SF Financial Services Group, once commented on this business mode: "This mode is related to the rapid development of e-commerce in recent years. Relying heavily on internet sales, e-commerce tends to choose a light asset mode, which makes it more difficult for them to obtain loans from banks, whereas SF warehousing financing can meet their needs."

Of course, in this business mode, customers can choose to make payments either before or after receiving goods. That is, they could apply for a loan first, pledge the goods purchased with the loan to SF

Express's warehouse service, and then use the sales proceeds to repay the loan. Alternatively, they could pledge the goods to SF's warehouse service for a further loan and use the sales proceeds to repay the initial loan. SF Express warehouse financing also includes dynamic pledges. When the company began to provide financing loans to customers, warehouse management system would monitor the daily inflow and outflow of customers' goods and the value of the remaining goods, and adjust the credit lines according to the dynamic records.

Fourth, credit loans (or SF Small Loans). It is understood that the credit loans business provided by SF is mainly aimed at dealers of substantial economy or e-commerce corporate customers who have good cooperation with SF and are engaged in commodity sales. In this business, SF usually provides these enterprises with credit loans ranging from ¥50,000 to ¥1 million.

## RISK CONTROL

It is undeniable that any express delivery enterprise involved in supply chain finance must manage its risk well. Chu Xuejian, executive deputy director of the Modern Logistics Research Center at Shanghai University, stated in an interview that "it will be a trend for logistics enterprises to develop the business of supply chain finance, but they need to have a strong sense of risk control, such as the selection of collateral, value assessment, liquidation pointselection, and control of the flow of goods."

In Chu's view, risk control would determine whether SF's supply chain finance would succeed or not. Such being the case, how has SF reduced the risks in its supplychain finance?

First, in order to better control risks, SF has completed the design of financial products encompassing the whole supply chain, by referring to transaction data, logistics data, system docking and the company's rating monitoring system.

Second, SF has referred to big data analyses and applications by some mainstream platforms, and has investigated how traditional banks have carried out their risk control and designed their scoring systems. In this way, SF has learned how to improve on these models and apply them to its own products.

Third, SF has applied its unique risk control strategy according to different financing modes. For example, in the warehousing pledge business, much attention is paid to the customer's purchase information and payment information, as well as to the evaluation and inspection of incoming merchandise. It is also necessary to manage and control the storage and transportation of these customers' goods. Another example can be found in the factoring financing business: SF needs to conduct a thorough study of the supply relationship and supply cycle between the two sides, and analyse and verify the multi-dimensional data.

Obviously, SF enjoys its own advantages in terms of risk control. The role it plays determines its degree of involvement in inventory management and mainline transportation at the front end, and terminal distribution as well. Thus, Song Hua, an expert at a Chinese logistics financial think tank, frankly stated:

> Logistics belongs to a passive third-party industry, the core of which is goods. Delivery companies can only realize the sustainable development of supply chain finance after they have in hand the data of cooperative customers, such as operating products, the popularity of products, market distribution and customer maintenance. Then they can provide customized warehousing and distribution services, and finally get linked with the industrial chain.

In Song's view, customized warehousing, transportation and distribution services are key points to ensure the sustainable development of supply chain finance. These services are also SF's greatest advantage in this area.

In order to effectively control risk, SF tried to achieve its technological breakthrough by means of a strategic alliance. In April 2018, SF announced that SF Holding and Tongdun Technology would jointly establish Beijing Shunhetongxin Technology Co., Ltd. Information about Tongdun can be found on the company's official website:

Tongdun Technology Co., Ltd, founded in 2013 and headquartered in Hangzhou, Zhejiang Province, is a professional provider of intelligent risk control, analysis and decision-making services in China. Tongdun adheres to the concept of AaaS (intelligent analysis as a service) risk control. It combines artificial intelligence with business scenarios, thus providing services for more than ten industries, such as banking, insurance, auto finance, non-bank credit, funds, tripartite payments, electricity, air travel, O2O [online to offline], games and social networking platforms. Its services include smart marketing, smart credit risk control, AI anti-fraud, AI operation, etc. So far, more than 10,000 enterprise customers have chosen Tongdun's products and services.

While highly trusted by its clients, Tongdun Technology has also been praised by the media, investment communities and various industries both in China and abroad. The company has completed five rounds of fundraising and has accumulated hundreds of millions of dollars of investment. Tongdun has clinched numerous accolades, including Best Cloud-Based Application in 2017 (awarded by *The Asian Banker*), the 2015 Red Herring Global Top 100 in Technology Innovation, Forbes China's FinTech 50, 2017 KPMG China's FinTech 50, Asia Money China's Leaders in FinTech, China AI's Top 50 (unveiled at the World Economic Forum, commonly known as the Summer Davos Forum), the Ram Charan Management Practice Award, and CSR [Corporate Social Responsibility] Rising Star (unveiled at China's Corporate Social Responsibility 100 Forum). Last but not least, it has marched into some prestigious lists, such as the 2018 World AI Industry Development Blueprint (published by Gartner) and the 2018 CB Insights Global FinTech Unicorns list.

Tongdun Technology has offices in Hangzhou, Beijing, Shanghai, Shenzhen, Guangzhou, Chengdu, Xi'an, Chongqing, Singapore and Jakarta. Over 80% of the members of Tongdun's team are veterans in artificial intelligence, cloud computing, risk management, anti-fraud, business decision-making and other professional fields. Tongdun Technology hopes to leverage the three core technology systems of artificial intelligence, big data analytics and cloud computing to empower the financial, internet, logistics, medical, retail and other industries to establish an intelligent business decision-making platform, and finally realize the vision of "Intelligent Decision-Making Life Better."

From this introduction, we can see that Tongdun Technology has a good reputation in anti-fraud and intelligent risk control. That is why SF chose Tongdun to jointly establish Shunhetongxin Technology Co., Ltd and to explore in depth the data value of logistics, information flow and capital flow. The purpose was to provide risk control and data analysis products and services for the logistics industry, the retail industry and the supply chain finance industry. Moreover, together with another eight supply chain enterprises (such as Eternal Asia), SF has jointly established a large supply chain data platform to build an efficient and collaborative intelligent supply chain system. It was suggested in 2018 that this would definitely improve the company's competitiveness.

## TRANSFORMATION AND OPTIMIZATION

One reason that many companies are reluctant to transform is that they are obsessed with their previous successes. Kodak, for example, was the first company in the world to develop digital photography technology, yet it was eventually beaten by Japanese digital companies because of its unwise adherence to the film production business. Zhang Jindong, the founder of the Chinese electronics giant Suning Appliance Group, candidly commented: "The biggest obstacle to business transformation is that many people are obsessed with their past success."

Zhang's caution was derived from his own management practices. One scholar spoke highly of Suning (among other companies):

> Suning once ranked first among private enterprises, Haier is a leader of household appliances in China, while Wanda is the benchmark of commercial real estate. These enterprises were formed in the 1980s after China's reform and opening-up, and they were the earliest beneficiaries of the dividends of reform. Studies have found that as long as enterprises do not experience transitional crises, they are unaware that they are just at the top of a parabolic curve. This could have been the case for all three. Success can be exciting, but it can also be a burden of transformation — this is a truth for almost everyone. However, there exists a phenomenon of "self-anaesthesia," also known as "pretended sleeping," which is common among disparate groups of people and institutions.

Indeed, every time such a giant company undergoes a transition, it is undoubtedly very difficult, especially when it has already climbed to the top of the curve. The three companies mentioned above faced the same problem in their transformation. Restrained by their own success, while taking into consideration their industrial advantages, they needed to learn how to get rid of these heavy burdens. In that sense, the biggest obstacle is not uncertainty about the unknown but the success of the past. It was exactly under such circumstances that Wang Wei initiated SF's reform attempt and thus kicked off its initiative of transformation and optimization.

## INTERNAL AND EXTERNAL FACTORS OF CHANGE

In the express industry, discussions are always focused on the merits and disadvantages of the regular chains mode and the franchising mode. Of course, this debate affected the reform and transformation of SF Express.

Considering the drastic changes in the market environment, Wang Wei and his executives had to address such problems as how to adapt to the business mode of the Internet+ era and enable SF to maintain the same rate of development that it had seen in its first 20 years.

According to Xu Qian, vice president of SF Group and president of the East China region of SF Express, the company's future development was concerned with two aspects.

First, some external factors needed to be addressed, such as the in-depth development of globalization, the new economic wave and the evolving state of the express industry itself.

Second, there were some significant internal factors. After more than 20 years of development, SF had acquired its own competitive advantages. In its reform, it needed to carefully weigh the pros and cons of each move, including such factors as circumstances, customers and self-development.

SF had formed a network management model based on the integration of different business sectors. Xu's judgement was based on his unique perspective from his experience before he joined SF in 2016. Prior to this, Xu had worked in the banking industry, serving CB (Standard Chartered Bank) from 2003 and Deutsche Bank from 2007. In July 2016, he joined SF as an assistant CEO.

Xu concluded that:

> Over the past 25 years, along with the expansion of the market, the layout of depots, the demands of customers and SF's specific demands relating to distribution and bulk cargo management, the company has come all the way from southern China to the east, the north, the midwest and other regions as well. It has gradually formed a management model based on the disparity of each single region.

The formation of SF's network management model originated within its process of development, which is quite clear when you look back at its history. SF started in southern China and now it has developed into a courier enterprise covering almost all cities above the county level in China.

This development also meant that, in the process of expansion, SF needed to become more and more specific about its target customers, because different services are required by different industries in different regions. Therefore, it needed varying regional management.

Thus, over a period when other express delivery companies were building their own networks on a large scale, SF set up a framework of more than 60 business regions.

In order to match its competitors' development, SF began to improve itself by further dividing up its regions into units while reforming and optimizing its system for piecework commissions. In an interview with the media, Xu said frankly:

> The advantages of the regional management model are obvious. To name just a few, it can help a company to understand the situation of specific regions, integrate the corporate policies with the local environment and manage the investment of various resources. But at the same time, some drawbacks have also been exposed. for example, there might be interest conflicts between different regions.

Xu also stated:

> At the same time, this mode has caused disconnections between regional operating frameworks, customer service systems, pricing systems and the actual needs of customers. Sometimes, we do not provide a delivery service to our customers in the best way. On other occasions, we fail to invest our resources where they should go. As a result, some regions will only look after their own local interests and forget the company's common interests. Some regions will be obsessed with developing their own customers, forgetting

to share the resources with other regions, while other regions will just focus on SF Group's allocation of resources, forgetting the actual needs of customers. Not to mention the stagnation of talent flow and so on. Therefore, an experimental system of integrated operation has been adopted in Jiangsu, Zhejiang, Shanghai and Anhui provinces, to try to overcome these shortcomings and solve these problems. The customers do not see the business unit or regional divisions of SF. All they can see are SF and SF's services.

## AN ATTEMPT AT A ZONING SYSTEM

At present, there exist many controversies around the regular chains mode and the franchising mode, both of which have commonly been applied in the express logistics industry. SF Express, which ultimately adopted the regular chains mode, has always relied on an asset-heavy strategy and has inevitably purchased a large number of movable and immovable assets, which has invited much criticism.

However, my opinion is opposite to that of many researchers. Personally, I believe that SF Express's asset-heavy mode will be the key to it winning against the competition in the future. Owing to this mode, SF Express can provide customers with the best services. Although the franchise system can reduce the costs of the whole process and maintain strong flexibility, it also has many drawbacks.

The regular chains mode actually dwarfs the franchise mode in such areas as the efficient execution of headquarters' decisions, unified services and competitive pricing. However, the disadvantages of regular chains are also obvious. For example, the whole system is much bigger, there are high costs from the movable and immovable assets and other aspects, and some barriers intentionally result from the design.

To overcome the disadvantages of the regular chains mode, Xu Qian's solution was to turn them into advantages. The newly adopted zoning system was an effective method the company adopted to solve the problems existing in SF's regional management mode. "This doesn't mean the abolition of regional divisions," Xu said. "For different regions, the new system is intended to achieve an effect of 1 + 1 > 2."

According to Xu, the 16 business regions of SF Express in East China were regrouped into five major zones: Shanghai, southern Jiangsu (including cities such as Suzhou, Wuxi, Changzhou and Nantong), the Jiangsu–Anhui zone (including Nanjing, northern Jiangsu, southern Anhui and northern Anhui), northern Zhejiang (including Jiaxing, Hangzhou, Shaoxing and Ningbo), and southern Zhejiang (including Wenzhou, Jinhua and Taizhou).

The original intention of implementing the zoning system was to realize medium and long-term development in East China. The idea was that the interactions between these zones, their common policy, their resource sharing and their collaborative development could effectively optimize the allocation of resources.

Xu explained that the systemic reorganization through this Jiangsu–Zhejiang–Shanghai–Anhui integration was the first step of SF Express improving the overall competitiveness of these 16 regions in East China. To decide which areas should be grouped together, the company considered the ability of the regions to coordinate and synergize. He said:

> For example, Nanjing, northern Jiangsu, southern Anhui and northern Anhui are integrated into one single zone to optimize our operation. Prior to this regrouping, parcels from Anhui province had to be first sent to its capital city, Hefei, and then to Xuzhou and other cities in Jiangsu Province. Now, with the new operation mode, the parcels from Anhui Province can be sent directly to Xuzhou, which has brought obvious effects in both cost reduction and efficiency improvement. Therefore, it was appropriate to regroup these four separate regions into one.

Xu stated that the allocation of resources in different regions must be fully utilized. For example, if the resources in Suzhou, Wuxi,

Changzhou and Nantong were fully utilized, southern Jiangsu (the region they represented) could benefit more from the operation model updates and its warehouse construction, and would better support Shanghai. Likewise, the newly established zone of northern Zhejiang (including Jiaxing, Ningbo, Shaoxing and Hangzhou) has a higher economic vitality as a result of the changes. Once the resources within the same zone are fully utilized, there are considerable benefits. Another example is the southern Zhejiang zone (including Jinhua, Taizhou and Wenzhou), which has a large output of fresh Chinese bayberry. Wher the regions within the zone set up common standards and prices for the fruit industry, they are undoubtedly more competitive than before.

Of course, Shanghai plays a vital role in utilizing the resources of the northern Zhejiang and southern Zhejiang zones. Xu said: "Some of our customers locate their headquarters in Shanghai, while their production bases are in other regions. In such cases, Shanghai could help to be a driving force in improving their coordination."

Xu thinks that the zoning system is a bold attempt to solve the current problems of SF Express. Once the system is successfully implemented, the following three positive results can be expected.

First, there will be more efficient resource allocation. When the resources of all these regrouped regions are fully utilized, the company's investment will be mostly directed to meet the market and customers' demands, which will help to break through regional boundaries.

Second, SF's market competitiveness will be enhanced. In the past, each region had its own way of settling accounts. Consequently, parcels had to be transited several times to accommodate different operational rules. However, once the zoning system is activated, there will be fewer transits and higher loading rates, thus naturally increasing the efficiency.

Third, such arrangements will increase the flow and exchange of talents. In the past, the free exchange of talents could not be realized because of regional boundaries. After the adoption of the zoning structure, the personnel, financial and material resources will be fully utilized, which will readily promote talent exchange.

## FURTHER EXPLORATION OF THE ZONING SYSTEM

The adoption of the zoning system has brought many new ideas to SF Express. The functioning of the East China zone has not only brought much collaborative thinking and many new initiatives into full play in the region but has also stirred up the enthusiasm of all regional directors, who commonly meet to brainstorm and elect the leader for each zone.

Xu Qian said: "In fact, East China has nurtured a good atmosphere of reform over the past year. The zoning system is not a whim, but has drawn on the wisdom of all 16 regions in East China. And its formation is based on a large amount of statistics, facts and research."

In Xu's opinion, the formation of the five major zones (containing the 16 regions) was based on the power of team spirit. Moreover, when this practice has solved the problem of business stratification, what will remain is the appointment of a new leader for all five zones. He said: "Whether Shanghai has the ability or any willingness to lead will be decided by further assessments. We should decide when and how to make use of existing performance mechanisms and talent pools, to help Shanghai to play the leading role. So, the empowerment of Shanghai is much more important than just making some requests."

Xu holds that the zoning system is going to break the restraint of some existing frameworks and rules of SF Express in a bottom-up way. Throughout Chinese history, no matter when and how reforms happened, almost all were carried out in a top-down approach. This means they were dominated by the ruling class, such as Shang Yang's reforms in the State of Qin (in 356 BC and 350 BC), King Wuling's reforms in the State of Zhao (starting in 307 BC), Wang Mang's reform in the Xin Dynasty (AD 9–23), Emperor Xiaowen's policy of Sinicization during the Northern Wei Dynasty (472–499), the 'Two Wangs and Eight Supervisors of Military Affairs' reform (also referred to as the Yongzhen Reform) in the Tang Dynasty (in 805), the New Policies in the Northern Song Dynasty (1069–1085), Zhang Juzheng's reform in the Ming Dynasty (1573–1582) and the Westernization movement in the Qing Dynasty (1861–1895).

Here, we will review the background and achievements of Shang Yang's reforms. In the early Warring States period (475–221 BC), the economy and military power of Qin lagged behind the other six states, namely the states of Qi, Chu, Yan, Zhao, Wei and Han. Faced with the pressure of being defeated, Duke Xiao of Qin strove to elevate the status of Qin in the struggle for hegemony. Hence, he issued an announcement calling for talents of reform to aid him in strengthening the state.

Subsequently, Shang Yang's reforms took place. These have influenced China for thousands of years. Fearing criticism by his subjects, the duke convened court meetings to discuss the matter. In the debate, Gan Long and Du Zhi, who represented the old nobles, denied the necessity of reform. They held that a reform should not be implemented if it would bring no more than 100 times the benefit of the current system. And a new utensil should not be used if its functions would be no more than ten times those of the old one. After all, "It would be no mistake to model oneself on the ancients [*fa gu*] and no harm would come from following the old rituals [*xun li*]."

Shang Yang responded defensively:

> Which ancient laws should we abide by when each of the previous dynasties had their own institutions? Which kind of old rituals [li] should we follow when previous emperors

and kings never repeated the way of their predecessors? We must not govern the state in one fixed way and copy the ancients. As long as the practice is beneficial to the state, we should complement it. Emperors Tang and Wu did not follow the ancient laws, yet they made their states prosperous. The old rituals were followed in the Shang and Xia dynasties, yet both ended in chaos. Therefore, those who oppose the ancient rituals are not necessarily wrong and those who follow are not necessarily right.

In this way, Shang Yang advocated that "laws and decrees should be issued according to the times; rituals should be based on social reality." With this thinking about historical evolution, Shang Yang refuted the principles of *fa gu* (to model oneself on the ancients) and *xun li* (to follow the old rituals), which were advocated by the old aristocrats, and prepared well to publicize the reform.

After two phases of reform, the old system of Qin was completely abolished and the state witnessed an economic boom. After a period of development, it gradually became the most powerful state in the Warring States period, which laid a solid foundation for the later Qin Dynasty to unify all other states in China.

There is no denying that reform is extremely important for both countries and enterprises. As Xu Qian said:

There is no experience from which we can learn about the zoning system. But as long as there are innovations and improvements in resource coordination, talent exchange and business cooperation, the benefits of the system should be recognized. At the same time, we need to ceaselessly explore and reflect, in order to finally set up a mature system.

Xu had to admit that it would simply be impossible to rely on a single system, because each region has its own unique features. Nevertheless, SF Express has explored a new path in its development through technological innovation. Xu said:

When the zoning system is activated and supported by technology, whether it will be more effective to apply a broader mode of management will be left to SF Express itself to explore. Up to now, we haven't had any ready answer yet, since the overall technological capability of the company needs to be further tested. What about the future? The possibilities of the current times offer an irresistible pull!

## BEING AN INTEGRATED LOGISTICS SERVICE PROVIDER

The nature of strategic transformations are often determined by an enterprise's own business features and scale, and SF Express is no exception.

SF Express, a company dedicated to building a comprehensive ecosystem, has not only actively diversified its business on the basis of express delivery but is also accelerating its pace of innovation, thus becoming a member of the industrial circle of new logistics. On the basis of this status, SF Express is intent on becoming an integrated logistics service provider under the principle of being "logistics based, financially integrated and interconnected in business."

Certainly, SF Express's involvement in logistics real estate is closely related to the acceleration of China's industrial upgrades and new urbanization. Logistics real estate served as a strategic breakthrough for SF Express, and this promoted the transformation and upgrading of regional industries by integrating natural, social and economic resources, thus effectively fuelling the economic growth of various regions.

### INTO THE REALM OF LOGISTICS REAL ESTATE

As is commonly known, the rapid expansion of both e-commerce and the retail market may promote the construction of large manufacturing bases. This will undoubtedly serve as an engine for the rise of e-commerce and the improvement of logistics and storage facilities, playing a decisive role in the development of regional economies.

Faced with this situation, SF Express, as a leading enterprise in the express industry, has planted its feet in the realm of logistics real estate, in order to improve its capability to integrate its logistics service and explore a larger blue oceans market.

In 2013, SF Express established an operations center for its industrial parks and expanded this mode nationwide through the strategy of "self-construction + cooperation." By 7 November 2018, SF Express had built 16 industrial parks in 34 cities. With these industrial parks, SF Express wished to activate and make good use of the company's internal and external resources, so as to effectively optimize their allocation.

On 6 September 2017, SF Express signed a strategic cooperation agreement with Vanke Logistics Real Estate at the Shenzhen Dameisha Vanke Group headquarters. According to their agreement, the two parties intended to strengthen their interaction and coordination, give full play to their complementary advantages, and seek strategic cooperation in logistics warehousing, cold chain exploration, smart parks and commercial facilities. At the same time, they would further explore some new models and opportunities for cooperation, so as to provide new ideas and solutions for the development and improvement of their urban facilities. They decided to cooperate in such areas as long-term lets, product innovation, central housekeeping, community entrances, smart parks and cold chain logistics.

On 11 September 2017, SF Express signed a "strategic partnership letter of intent" with Global Logistics Properties to deepen their collaboration in logistics transit, supply chain warehousing, cold chain development, logistics facilities and finance.

Then, on 14 November 2017, SF Express announced that it had signed a strategic cooperation agreement with Goodman to jointly develop and build warehouse facilities in the Hong Kong Special

Administrative Region.

By sharing knowledge and information, SF Express and Goodman would cooperate to ensure that SF Express had the best logistics and warehouse facilities.

In addition to the business giants mentioned above, SF Express has also agreed strategic cooperation with a number of well-known logistics real estate developers.

## BUILDING LOGISTICS PARKS

One key reason for SF Express to strengthen the role of logistics real estate is to meet its own business needs. This is because the construction of logistics real estate is an imperative for improving efficiency and the links between each stage in logistics. This is also true for other express companies.

Therefore, in order to gain more of a competitive advantage, SF Express started to build logistics parks, expand its distribution centers and establish aviation logistics centers.

According to *China Post News*, other companies (including Ane Express, China Post, Deppon Logistics, JD Logistics, STO Express, YTO Express, Yunda Express and ZTO Express) have also been developing logistics properties.

Meanwhile, the aforementioned Suning Appliance Group has also followed the trend, launching a series of high-profile projects in logistics real estate. On 13 November 2017, Suning.com made a public announcement stating that its wholly owned subsidiary Jiangsu Suning Logistics and Shenzhen Capital Real Estate had agreed to jointly establish a logistics real estate fund to invest in high-standard warehouses and logistics facilities, while seeking to acquire those facilities provided by other market players. With a final target of raising ¥30 billion and an initial target of ¥5 billion, the fund was to be invested in the warehouse project, which had a scale of 12 to 15 million square meters. The company planned to sell up to 5.5 million shares of Alibaba, or 0.22% of Alibaba's total shares, after which it would hold 0.82% of the shares of Alibaba.

In comparison, JD Logistics was on a higher level in terms of its development of logistics real estate. By the end of 2016, JD Logistics had acquired land totalling 3.9 million square meters in 15 cities across the country for warehouse construction. Later, on 8 August 2017, JD Group bought two plots of land in Beijing Economic and Technological Development Area (Yizhuang) at a price of ¥3.85 billion. On 24 October of the same year, JD Group launched its real estate business. Not to be outmanoeuvred, Cainiao, a subsidiary of Alibaba, also built its own logistics real estate in China, which now meant there were eight such logistics real estate bases in total.

# 8 CHAPTER

# BEFRIENDING THE FAR AND ATTACKING THE NEAR

We hope to take an active part in both the Belt and Road Initiative and the Guangdong–Hong Kong– Macao Greater Bay Area construction. According to the Belt and Road Initiative, it is our next priority to 'go global' together with our customers. At present, SF has rapidly broadened its scope of international business, but it remains true that more than 90% of its income still comes from the domestic market. Our global strategy is to start from zero, which will really take some time. Of course, enterprises can also accelerate the development with the help of capital cooperation. But we hope to continue at a more stable and steady pace, rather than becoming too radical.

– Wang Wei, the founder of SF Express

## AN ATTEMPT AT INTERNATIONALIZATION

With the entrance of in the world corporations multinational, many Chinese enterprises are facing competition not only from these foreign companies (which have abundant capital and incomparable technical advantages) but also from their domestic rivals.

When the once stable market in China had been relentlessly divided up by multinationals, in order to win room for survival, many Chinese companies were compelled to advance into the international market.

Since the1990s, Huawei, Gree Electric Appliances, Haier, TCL and some other Chinese enterprises have begun to seek access to the international market. Despite many difficulties and obstacles, they have successfully planted their feet in the new territories.

Since then, Alibaba, Tencent and many others have also embarked on processes of internationalization. For example, Alibaba has taken advantage of its e-commerce capabilities and Alipay, using them as two major strategies to expand its foreign markets in Japan, South Korea, Malaysia, India and Singapore.

Unlike Alibaba, Tencent has expanded its international market with QQ and WeChat, two instant messaging programs. In addition, Tencent has increased its investment in overseas e-commerce and has bought a US$1.4 billion stake in Flipkart, an Indian e-commerce company.

The above mentioned represent only a microcosm of how some Chinese companies have expanded into international markets. SF Express, as one of those companies, has notably aspired to become an internationalized "FedEx of China" (see Chapter 3).

Due to the necessity and urgency of internationalization, SF Express has accelerated its pace, taking cross-border e-commerce as its start point.

In October 2013, SF Express set foot in the Thai express market and opened a special cross-border delivery line from China to Thailand. Subsequently, SF Express set up a branch in Thailand and a division in Bangkok, the capital city. Later, it also set up a branch in Vietnam.

Nowadays, SF Express has rolled out its logistics and distribution network across Southeast Asia, covering Singapore, Malaysia, Vietnam and Thailand. It has also provided two-way express services between Thailand and China, Japan, South Korea, Singapore, Malaysia and Vietnam, and guaranteed that such deliveries will be completed within three to four working days. Its official website has also added a Thailand site, using English instead of the local language.

There are two reasons why SF Express has been able to expand its market in Southeast Asia so quickly. First, there are geographical advantages. Second, the existence of the Association of Southeast Asian Nations (ASEAN) means there is a large potential market. Owing to these factors, SF Express has decisively expanded into Southeast Asian markets and has undoubtedly seized a commanding position, setting an example for itself in terms of expansion into other international markets.

## OVERSEAS OPPORTUNITIES AND DOMESTIC COMPETITION

With the popularization of the mobile internet and the rapid rise of cross-border e-commerce in China, many Chinese express companies, including SF Express, have acquired a solid foundation on which to expand into the international market.

Data show that up to 2014, China's express business ranked first in the world for four consecutive years, with an annual business volume exceeding 45% of the total volume of the rest of the world. Overall, China had contributed more than half of the world's express growth rate.

Even now, China's express business remains a huge and growing market. In terms of the growth rate of China's major express companies, there is no sign of fluctuation or slowing down. According to data releasedby the State Post Bureau of China, from January to November 2018, the business volume of the express service enterprises in China totalled almost 45.3 billion pieces, compared with 40.6 billion in 2017. The growth rate is quite obvious.

However, although the industry maintains rapid growth momentum, it is quite difficult to ignore the increasingly fierce competition. On 31 May 2018, Jack Ma, the founder of Alibaba, attended the Global Intelligent Logistics Summit and said: "We will invest hundreds of billions of *yuan*. If ¥100 billion is not enough, we could add several hundreds of billions *yuan*. We need to reduce social logistics costs, which account for 15% of China's GDP, to less than 5%."

In Ma's view, it is Alibaba's mission to reduce logistics costs. Additionally, there is potential business value in making such a move. Ma is not the only one who covets a piece of this huge cake. Liu Qiangdong, the founder of JD.com, is also actively planning and building an independent logistics system. On 18 October 2018, JD Logistics formally announced its entrance into the personal express business.

With both Alibaba and JD Logistics encroaching on the high-end express market, SF Express is bound to be involved in fierce competition.

In Wang Wei's view, since the competition in the domestic market is very fierce, it is necessary to expand into the international market. In order to survive better, SF Express must go global.

Compared with the rapid growth of China's domestic market, the potential growth of Chinese companies in the international express market is more promising. According to data released by the State Post Bureau, from January to October 2018, the year-on-year growth of China's intra-city express business was 23.9%, with 27.1% for intercity business and 38.4% for business in international markets including Hong Kong, Macao and Taiwan.

In an interview with *China Business News*, Yang Daqing, a contract research fellow at the China Logistics Association, said that although the competition in the express market in China was fierce, the mighty rise of the Chinese middle class was providing opportunities for the internationalization of Chinese express delivery.

Previous research findings show that SF Express was a pioneer in going global. In an interview with *China Business News* A person of SF said that, as early as 2010, SF Express had already set up branches in more than ten countries, including Singapore, Korea, Malaysia and the United States. In December 2016, it was officially granted membership of the International Air Transport Association. In 2018, SF Express's air routes to Japan, the United States, India and Singapore were opened.

There are two direct potential benefits of SF Express's going abroad. First, it could reduce the competitive pressure from the domestic market and, second, the company may benefit from the process of internationalization.

In addition, SF Express has deeper reasons to go abroad. Internationalization could integrate DHL's supply chainsin the mainland of China, Hong Kong and Macao (see Chapter 4) as well as enable SF Express to build Ezhou Airport in Hubei Province in Central China (see Chapter 3). Obviously, Wang has a clear strategy in mind to build a nationwide and global airline network with Ezhou Airport as the hub.

## A COMBINATION OF 'LIGHT' AND 'HEAVY' ASSETS MODES

Although SF began its international adventure earlier than other Chinese express companies, it has followed a narrow path. In Yang Daqing's opinion, other than advantages on the demand side,

China's private express delivery companies have not enjoyed obvious advantages in the process of internationalization.

Xu Yong, director of the China Logistics Association, admitted in an interview with the *China Business News*:

> At present, China's international express market is dominated by the world's three largest express delivery companies. From an international perspective, the low-end markets are dominated by the postal services of each country, while the high-end market is occupied by the world's three major express services. If Chinese express enterprises want to snatch a certain share from the international market, especially to shake the existing market, they need to pay a great price for the change. Yes, they should be prepared to spend a large amount of money.

In terms of size and revenue, SF is still far behind DHL, FedEx and UPS (United Parcel Service), the three largest international express companies in the world.

According to *Fortune*'s list of the world's top 500 companies in 2018, DHL ranked 119th with a revenue of US$70.5 billion, UPS ranked 138th with US$65.9 billion and FedEx ranked 180th with US$60.3 billion.

UPS and FedEx account for about 85% of the US express market. In Europe, DHL has a strong presence, with about 70% of its revenue coming from overseas. Moreover, these companies have maintained relatively high growth rates. Data show that in 2017, FedEx's freight tonnage kilometers reached 16.8 billion, with a year-on-year increase of 7.2%.

According to FedEx's fourth quarter report for fiscal year 2018, the company's revenue was US$17.3 billion, with a year-on-year rise of 10%, and its operating profit was about US$1.5 billion. This set of data suffices to illustrate FedEx's fast acceleration in business. In mid-2017, FedEx ordered 12 Boeing 767F freighters and 12 Boeing 777F freighters.

According to SF's financial report in 2017, its annual revenue was ¥71.094 billion, with a year-on-year increase of 23.7%. Its net profit was ¥4.771 billion, with ayear-on-year increase of 14.1% over the previous year.

Thus, it could very easily be concluded that SF is only about a sixth of the size of the three aforementioned big global express companies in terms of business revenue. SF now exclusively owns 49 aircraft, but there is a significant gap between this number and FedEx's over 600 delivery aircraft.

In order to narrow the gap, SF has adopted a flexible strategy in going global. To expand into overseas markets, it has applied a combination of light and heavy assets in its business mode. This means that in different markets, SF will choose to either establish its own depots, with its own investment, or seek strategic partners. More specifically, in some nearby markets, such as Southeast Asia, it has mainly established its own branches and self-operated depots. However, in more distant markets, it has mainly cooperated with international giants and local express delivery services.

In order to effectively promote its internationalization, SF has also resorted to joint ventures. On 26 May 2017, SF began cooperating with UPS (whose business covered 124 countries and regions around the world) by establishing Global Express Holdings Ltd, with each company holding a share of 50%.

## FROM THE COUNTRYSIDE TO URBAN AREAS

In the process of going global, Huawei, Gree Electric Appliances and SF Express have all expanded into the international market with a strategy called "surrounding the city from the countryside". This view is supported by the above-mentioned Yang Daqing. In an interview with *China Business News*, Yang said: "From the perspective of the investment market, the ASEAN countries, South Asia, Russia and Africa are all high-growth international express markets. Meanwhile, they are also markets that the European, American and Japanese international express giants have not intensively explored."

In Yang's view, underdeveloped areas, exemplified by the Indian market, are often the locations where Chinese enterprises like SF will employ their internationalization strategies. According to the India Brand Equity Foundation under the Indian Ministry of Commerce and Industry, the number of internet users in India is expected to grow from 475 million in 2017 to 830 million in 2021.

This indicates that e-commerce will be an impetus to India's economic growth. The agency predicts that India's internet economy will be about US$250 billion by 2020.

Its huge e-commerce market has undoubtedly led to the doubling and redoubling of the growth of India's mailing business.

Of course, SF would completely agree with this. In 2018, the company saw a relatively significant increase in the business brought by its China–India special airline. While helping Xiaomi Corporation to improve the efficiency of its logistics system, the special airline also successfully transported 8 tons of anti-myocardial infarction medicine from India to China via an international cold chain on 15 November 2018. This was the first time that SF provided its customers with solutions in the field of international medicine transportation.

Subsequently, it was reported by *China Business News* that "in 2019, SF will accelerate its internationalization process, and will continue to launch new airline routes which include those in the Middle East, Indonesia andSoutheast Asia."

Of course, on the road to going global, SF not only needs to compete directly with multinational express enterprises overseas but also needs to find a breakthrough in expanding its international market, soas to develop steadily and gain a foothold in the international market.

## HITCHHIKING THE BELT AND ROAD INITIATIVE

On its journey towards internationalization, SF has taken advantage of the Belt and Road initiative to expand its market in countries along the Belt and Road. In the past three years, the company's international business has increased more than 70%, with its market value soaring from ¥270 million to ¥1.1 billion in 2016 alone. Although it accounted for less than 2% of the company's total revenue, the year-on-year growth was more than 300%, making international business the company's fastest-growing sector. Now, the overseas sector has about 93,000 corporate customers.

This coverage includes several countries along the Belt and Road. During the 2016 Double 11 (11 November) Shopping Festival, SF carried cross-border e-commerce parcels between China and many foreign regions, the top six of which were Russia, the European Union, Ukraine, the United States, Belarus and Brazil. Three of these are countries along the Belt and Road. The reason why SF was able to achieve such a good performance is that the company had sowed and tilled for many years before the Belt and Road initiative was proposed, and now it was time for the company to enjoy its harvest.

### THE MOMENT OF GOING GLOBAL

In recent years, more and more Chinese enterprises have initiated a going-global strategy and there has been a boom in cross-border e-commerce. In September and October 2013, the Chinese president, Xi Jinping, launched an initiative to build a "New Silk Road Economic Belt" and a "21 Century Maritime Silk Road." These jointly becameknown as the Belt and Road initiative.

In this new era, in which China has decided to embrace the converging world with a more open attitude, huge business opportunities can be found. Many Chinese enterprises, including those in logistics and the express industry, have seized opportunities for internationalization.

In 2009, Wang Wei, who had always focused his attention on the express industry, sensed the commercial value of the international express business and began to systematically build an infrastructure for it. In the same year, the Double 11 Shopping Festival (launched by Alibaba) made its debut. One year later, SF had already set up its business branches in Singapore, sounding the trumpet of overseas expansion.

In the following years, SF made every effort to broaden its international market and it is now providing express services in 51 countries, including Australia, Cambodia, Canada, India, Indonesia, Japan, Malaysia, Mexico, Mongolia, Myanmar, Singapore, South Korea, Thailand, the United States and Vietnam. SF Express's business network covers Chinese communities in many countries. Such services mainly include international standard express, international economy express, international small-size LTL (less than truck load), bonded warehousing, overseas warehousing, transit delivery, and other import and export services of various types and time-definite standards.

Of course, the success of SF is indispensable from Wang's precise strategic judgement. Wang believes that the Belt and Road initiative is bound to accelerate the pace of Chinese enterprises' going-out strategy. After President Xi launched the Belt and Road initiative, Wang resolutely accelerated SF's internationalization by gradually expanding its international market. Its service extended to more than 200 countries and regions. Lin Zheying, the deputy chairman of SF Holding, thus told a reporter: "After SF goes public, its internationalization will definitely be a top priority."

In Lin's view, SF's adoption of its internationalization strategy was mainly due to its own needs. First, SF's customers need it to provide fast, good-quality international services. Second, the business opportunities brought by the Belt and Road initiative enable SF to have more choices and more stake in the market. Lin explained:

> In recent years, we can see the Belt and Road policies have had very clear effects on the businesses of SF. The Belt and Road initiative and national strategies provide a shortcut for us to open up the international market. Our projects to set up warehouses in Europe and branches in Southeast Asia were carried out smoothly. I believe that in addition to the company's own efforts, the success should be attributed to the prosperity and strength of the country, its strategic position in global politics, and the positive effects of new policies. With the help of our country's fundamental polices, private enterprises will indeed be benefited.

In the process of internationalization, SF also cooperates with the national postal administrations of other countries. Lin exemplified this practice by citing SF's cooperation with the Estonian Post. In September 2015, SF established a joint express company with Omniva (Estonia's national postal service) to transport goods purchased online by consumers from China to Estonia, Finland, Latvia, Lithuania, Russia and other countries in northeastern Europe.

Undeniably, it was the Belt and Road initiative that provided SF with opportunities to cooperate with some sovereign countries. In this regard, Lin said frankly: "It is because of SF's efforts and business negotiations that these countries would prefer to cooperate with SF, and more importantly, I think it is also because they see the support of a strong China."

Lin's opinion is derived from SF's experience of expanding its international market:

With so many logistical institutions sponsored by the government to support our development, I feel secure. With the Belt and Road initiative, China has taken into consideration some major difficulties faced by enterprises that are eager to go global. This makes us feel much more confident and secure in going out. The next step we will take is to improve the company's business capability, to make it compatible with supportive policies of our nation.

## EMERGING MARKETS ALONG THE BELT AND ROAD

Objectively speaking, even without the Belt and Road initiative, there would be no turning back for the internationalization of Chinese enterprises. To some extent, the initiative merely serves as a catalyst for the enterprises' decisions. The fact is that entrepreneurs of Chinese logistics companies, including Wang Wei, had been trying their best to capture any kind of opportunity in international markets even before the proposal of the initiative.

Lin Zheying said: "In fact, if there were no the Belt and Road initiative, I believe that many locations would not be suitable for setting up logistics nodes. But now the initiative has given us new opportunities that we didn't expect to have."

In China, SF has a strong home-field advantage. However, in the international field, SF is a latecomer that has had to adjust its strategies to compete with the big four international logistic giants, FedEx, UPS, DHL and TNT.

Lin thus stated: "Well nurtured by the Chinese market, the strengthened SF now has enough confidence to compete for market share with the four express giants. However, it is not as simple as it seems, even though we have the financial resources and the ability to go global."

Lin believes that SF must adopt the combined strategy of "befriending the far while attacking the near" and "emphasizing heavy assets while not neglecting light assets" when it comes to the competition with FedEx, UPS, DHL and TNT.

The combination of light and heavy assets is SF's key strategy. For a long time, SF has used the self-operative mode in China, especially in the mainland of China, and has allocated its resources correspondingly. Therefore, in addition to purchasing vehicles and aircraft, SF has been devoted to the construction of its own airline hub, which is the first specialized freight airport in the Asian delivery industry and the fourth in the world. Naturally, this is part of the company's heavy assets strategy. However, in the process of internationalization, the overseas market, culture and economy are quite different from those in China. Therefore, there exist many uncertainties. In this regard, SF has adopted various strategies. Specifically, SF has employed the regular chains mode in such regions as Southeast Asia and areas with a relatively strong Chinese cultural base. However, in regions such as Europe and America, SF has applied a cooperative mode, in which it mainly cooperates with local express enterprises or international giants.

Lin further explained: "In my understanding, we have adopted a market-for-market strategy in distant places. In other words, we help each other to build each other's market." According to Lin, in the future, SF may well adopt the strategy of in-depth cooperation at the capital level, to realize its internationalization goals and eventually achievea market exchange with its foreign counterparts.

In the process of internationalization, SF has attached great importance to commercial values when providing logistics services for countries along the Belt and Road.

Lin said frankly:

We will keep a relatively clear mind in deciding whether there are reliable partners or not. Meanwhile, we should also judge which countries have relatively stable trade policies. We will not participate in speculations and will attach more importance to efficiency while exploring overseas markets. ... I will try to highlight SF's competence while making strategic plans. For example, before SF achieves the capability to start scale operations with unmanned aerial vehicles, I will not plan to seek our market in island countries such as Indonesia. But if we had the capability, Indonesia would be my first choice. At that time I'll fully use our advantage to invest enough resources in Indonesia to solve the problems that the country finds unsolvable.

In Lin's view, SF should expand the markets in countries along the Belt and Road, because logistics connectivity has undoubtedly become the main focus of these countries. As a logistics enterprise, SF will explore the potential values in this sector as much as possible. Lin said: "The growth in cross-border e-commerce markets gives us more opportunities, and we should not hesitate to seize them. I believe it will be a new growth point for SF. Our overseas business is booming, and I expect that our international business will continue to grow exponentially in the future."

# APPENDIX

# WANG WEI'S SPEECHES

## WANG WEI'S INTERNAL SPEECH I

Since the beginning of 2012, some serious problems have arisen in the operation of the company, which are mainly manifested in two aspects.

First, the slowdown of income growth. In June 2012, the year-on-year increase in the number of express deliveries was 24.2%, 19 percentage points lower than the same period last year (42.85%), and revenue increased 32.21%, 7 percentage points lower than the same period last year (39.29%). What is worthy of our attention is the fact that the whole industry has maintained a rapid growth rate in the same period of time. In the first half of 2012, the year-on-year growth in the number of express deliveries of the whole industry was 51%, and the revenue increased 39.7%. Comparatively speaking, in the first half of 2012, SF's growth rate was significantly lower than the industry level. Our income growth also slowed down and was lower than the industry growth, which meant that SF's market share declined (from 28.19% in June 2011 to 26.7% in June 2012) and the company faced a very serious situation.

Second, the declining profitability. Since April 2010, the cost growth rate has begun to exceed the income growth rate. Also, the gap between the cost line and the income line became wider and wider. As of June 2012, the cost line was still above the income line. The increase to cost and expense was higher than that to income, which means that we have no effective measures to improve the efficiency of resources and to promote the rationality of various costs and expenses. Without effective measures, profitability will be our major concern.

Why do these problems arise? How should we deal with them? I will first make a few comments about the causes of the problems, then provide some possible solutions.

## CONSERVATIVE AND RIGID MENTALITY

First, our people are ignoring the external situation. Over the past few years, the company's business has been growing at a high speed. Naturally, managers at different levels have been used to concentrating on internal work and working hard to build up internal strength. Yet they have ignored market changes and customer needs, holding the view that if the internal management is good, they don't have to worry about business development. However, as the external situation changes, such inertial thinking patterns obviously become out of date, which is hindering the development of the company.

Second, we are not interested in gaining merit, just trying to avoid making mistakes. Is it because it is difficult to innovate? Or is it because our managers are not good at innovation? No! To be frank, we dare not innovate simply because we are afraid of making mistakes and shouldering responsibilities. Over time, our staff become accustomed to such a mentality, and innovation will merely become a slogan.

Third, there is a stifling office atmosphere. People at the management level are incompetent in implementing the company's mission. Believing "the less trouble the better," they are unwilling to air their opinions. As a result, ordinary staff are holding a negative and passive attitude, and poor communication of information and buck-passing may arise between different departments. The situation is worsening, which has resulted in a stifling working atmosphere and internal friction.

Such a mentality has aggravated the current situation.What should we do? First of all, I want you to realize that the current business situation is not rosy, that we are losing our due market share. The management level must set up a market-oriented, customer-centerd business concept, unlock the ideological shackles, and achieve a mentality transition from "I can do what the headquarters lets me do" to "I can do whatever as long as it is not prohibited by the headquarters and the headquarters should help me do it." As a matter of fact, we encourage any innovation that does not violate the law, nor deviate from the basic strategy.

## FAILURE TO ESTABLISH A MARKET-ORIENTED AND CUSTOMER-CENTERD SYSTEM

First, there is limited understanding of the market. This year, a large number of business sectors failed to realize their estimated revenue, and many of them attributed the failure to the poor economic situation. But my questions is, "Why is the whole industry growing quite well?" The economic situation is not good, so fewer people use express delivery; or we cannot provide satisfactory services, so fewer people choose to use SF? Which is the real picture?

Second, there is indifference to the needs of customers. How many managers know who their most important customers are? Have you maintained face-to-face communication with them to understand their service needs? Have you examined whether "SF Service" has been substantially improved in recent years? Have you tried to be the only express service provider for your customers?

Third, we are doing superficial competitor research. We always only regard four international express giants or five domestic major companies as our competitors and summarize some simple dynamic information about these companies, which can hardly play a supporting role in business decision-making. The fact is that in different market stratifications, we face different competitors. Taking key customer development as an example, we find that some large domestic enterprises often choose small delivery companies and freight forwarding companies as their service providers. These small companies get the "total package" business volume from their customers and then "subcontract" some or even most of the business to us. In fact, these companies are providing "solutions" to customers, offering highend services, while SF has unfortunately just become a porter, offering low-end services. Who are our competitors for our target customers and target markets? What do you know about their quotations, operations, services and management? Why do customers choose them instead of us? These questions need to be deeply understood and analysed.

I think the solutions are as follows. First, we should establish a working mechanism to understand customers' needs and meet them in time. Our couriers are SF's eyes and ears as they can gain first-hand information about customers; meanwhile, the management should listen to the voice of couriers, so that good ideas can be translated into new and better services.

Second, we should provide "package solutions." We should provide a one-stop service for key customers, change the customer structure and enrich our service types. As a result, the revenue from our key customers will become the main source of revenue, and we should never ignore their demands and push them to our competitors. What we learned from our visit to Yokogawa Electric Machinery in Singapore shocked and inspired many of our colleagues. It is feasible to drive production from fully customized demands. Customized service can be realized on a standardized platform. Moreover, providing customized service does not require super-high-quality employees; they just have to work hard on system integration, process design and corporate culture.

Third, we should test our quality management with the value realized for customers. Unlike what we used to do, we should no longer equate a quality index with a failure rate index and should instead focus on customers' needs and improve management quality.

## FAILURE TO TRANSFORM FROM "SF CAPABILITY" TO "SF OPPORTUNITY"

First, our strong operational capacity has not been translated into market share. The company's operational advantages (time-limited control, industry leading, terminal distribution advantages derived from huge operating resources, etc.) are not integrated as solutions so as to meet customers' needs. For example, a large B2B [business-to-business] customer chooses both FedEx and SF as its logistics suppliers because "SF has no time limit commitment and FedEx has it," yet later on the customer finds that SF could have provided a faster service than FedEx. I can cite one more example. On the one hand, we push hard from top to bottom, and still don't know who our target customers are. On the other hand, a large number of customers have various demands, but they are not sure what services are provided by SF and what can be offered by SF.

Second, we don't have an innovative service model based on our brand advantage. After years of accumulation, SF has established a reliable and competitive brand image among its customers. For example, we have a purchasing agent service called "special and economic." When customers choose this service, SF is not only a trustworthy transportation provider but also a trustworthy buyer for ourcustomers, and SF's brand can guarantee product quality.

Therefore, it is not difficult to imagine the great potential of brand value in the fast-moving consumer goods market.

Third, we haven't maintained the closest relations with customers through service innovation. At this stage, domestic customers' demand for service innovation is not unattainable at all. If we can make small improvements on the basis of existing capabilities, we can take the lead in customer satisfaction, improve customer loyalty and establish a "flesh-and-blood" relationship with customers. For example, while researching the "land allocation" services in the market, we can build an open service platform with strong competitiveness and integrate such capabilities as direct operation, warehousing services and system docking.

To break this passive situation, we need to take action in the following respects. First, we should clarify our strategies. We need to have clear answers to the following questions: Who are our customers? Who are our competitors? What are we good at? What market opportunities can we seize? What market share should be acquired and can be acquired? How should we acquire these opportunities and shares? If we don't have a clear vision of these strategic aspects, it may directly hinder people's courage in innovation.

Second, we need to solidify decision-making procedures. Our current working procedures regarding product design need to be changed urgently. Product design should either meet or lead customer needs and must be subject to rigorous business logic reasoning. For each product plan, at least three questions should be answered. Who is the target customer (to determine the market capacity and sales target)? Who is the competitor (to examine the competitive advantage and formulate a marketing strategy)? What about our competence (to design the operation mode and determine the break-even point)?

Third, we should adjust our organizational labor division. Adjustment of the division of functions and responsibilities would enable us to contact customers more efficiently and to face the market and serve customers more attentively. The establishment of a demand management mechanism would provide a convenient channel for innovative needs in operation. I call on you to further understand and make good use of these two points.

## A MISCONCEPTION ON PROFIT

Profit can be gained by reducing expenditure. This is a common misconception among SF management personnel.

When the profit margin is emphasized, most managers can only resort to cost control and investment control. This is a totally wrong viewpoint. It only considers the immediate interests and reduces investment in exchange for high profit margins, and it may result in the loss of sustainable development.

We need to realize that every functional departmentand every business unit of a company should be responsible for gaining profit, yet they may adopt different means.

For example, operating units should have the correct profit concept. We should consider the relationship between input and output when making business decisions. Through in-depth study of regional market characteristics, we can grasp customer needs and constantly improve the effectiveness of input by leading innovation and development, so as to create profit. As for the functional departments, they should create their own standard of resource input, taking into account the relationship between quality and cost.

While constantly improving resource efficiency through streamlining and optimizing working procedures, they should take such measures as upgrading tools, equipment and technology systems so as to create profit. To sum up, profit can be gained through a scale effect, resource efficiency, process efficiency and technical tools.

## INSUFFICIENT INCENTIVES AND PRESSURE

We should reform our management mechanism and establish a performance-based mechanism.

To resolve the problem of insufficient incentives, we will thoroughly reform the current salary system next year and abolish fixed annual salaries regardless of the work done. The fixed salary and extra bonus should be separated. The former should be linked with the responsibility of the position and the length of service, while the latter should be linked with the targeted income and the approved profit margin.

To resolve the problem of insufficient pressure, we will set reasonable revenue goals next year. Previously, each business district created budgets by simply reducing the growth rate based on the historical data, but now we will determine business goals based on the total market volume, market share and the company's development strategy for each district on a year-on-year basis, and make periodic reviews and evaluations. For areas with the worst operating results in the same region, the regional leader will make corrections within a time limit. Those areas that cannot improve their performance will be eliminated.

Today, we are faced with a very severe business situation in which "risks" and "opportunities" coexist. All kinds of pressure will only make SF Express burst out more energy.

"Today's choice creates tomorrow's SF Express." Let us encourage each other in our endeavors.

## WANG WEI'S INTERNAL SPEECH II

The year 2014 has witnessed SF Express's most drastic reform since the company was founded more than 20 years ago. We have set up many new business divisions, explored some new businesses and experienced an explosive growth in our total business volume. Yet, in my opinion, almost half of these practices have been unsuccessful. The main reason for the failure is our inadequate preparation and planning, which can be seen in the following aspects.

First, a poor talent pool. When stepping into a new field, we must have various talents, but we don't.

Second, deviated new business implementation. We generally carry out new businesses with rigid uniformity, which presents a dilemma. On the one hand, the new business calls for numerous changes, which is very difficult for the old personnel. On the other hand, promoting new businesses with great effort will harm the quality of traditional business.

Generally speaking, we took a brand new look in 2014, but we are still a long way from true success. I believe, with the exploration of new businesses, in 2015, we will achieve stable progress because we have a clearer mind in adjusting and optimizing businesses.

## THE "EXPERIENCE" YOU TREASURED MIGHT BE YOUR 'BURDEN'

In the past year's business development and transformation, I have valued my colleagues' attitudes, opinions and self-improvement the most. We didn't recruit too mang new employees but gave many opportunities to our own employees instead, by which we hoped that our people could seize the opportunities, quickly improve their ability and master some new technologies needed to make their careers better.

But in the process, I think many of our colleagues have carried too many burdens, which limited their development. To be more specific, our employees have formed a mindset of simply delivering goods and unconsciously applied this mindset in new business development. I used to tell many colleagues: "Don't regard previous experience as 'treasure,' because the 'experience' you value is likely to be a 'burden.' " When we step into a new area, we should have a new mentality. Blindly following the past practice was one of the most important factors that limited our development in 2014.

The second thing I value greatly is the business culture of SF Express. SF Express values respect and inclusiveness. But in some new business areas, many colleagues show a sense of self-importance, which makes many outsiders, even our customers, uncomfortable. The first impression you give to others is ignorance and arrogance rather than confidence, which makes me surprised and confused. How can people trained by SF Express be like this? Many of our new businesses are still in the exploratory stage, so we should be very humble so as to learn from others and communicate candidly with our customers, rather than play the role of experts. Otherwise, they will have a bad impression of SF Express.

The third point I lay emphasis on is the management of new businesses. We had poor management of new businesses, which was understandable, because we needed to learn the features and operating patterns of the new businesses from scratch. But it is unacceptable to make mistakes at some very basic levels.

Thus, I always ask myself questions such as these: Why did our team make these silly mistakes? Why did the whole group fail to see the signs of these problems in daily operation to prevent the mistakes from occurring? Remember, even small mistakes can cause big problems over time, which can make a company miss out on market opportunities and thus cause big losses.

## CUSTOMER SATISFACTION INDEX THIS YEAR? I DON'T BUY IT

The more business we have, the more attention we should pay to service quality. We have been insisting on hearing the real voice of customers from different channels. But as things stand, the means through which we get customers' opinions are questionable, and consequently the authenticity of the data presented is questionable too.

The data, either monthly or annual, is very impressive, but to be honest, I can't really feel the improvement of our service quality. On the contrary, I think it is declining.

This was a terrible blow to me. SF Express has always taken integrity as the basic industry standard for employees. Why is there still cheating on some internal reports and data? This is totally unacceptable. It is under such circumstances that I think it is questionable that our customer satisfaction had increased this year. You may believe the data or not, but I don't buy it.

What goes wrong must be fixed, but how? First of all, the information we get from customers must be timely, authentic and accurate. Otherwise, we will not know the real needs of our customers or the problems they actually face. Consequently, there will be no way to improve the service. In addition, if we have no knowledge about our customers, how can we launch new products and new services with higher quality or added value, in such a way as to affect the achievement of the strategic goal of the company?

People like flattering data. But if they are not real and cannot reflect reality, what's the point of having them? The last thing we need is self-deception. A good reputation is derived from good service. SF Express did not have a marketing team in the first 18 or 19 years, and we promoted our business relying on word of mouth, which was the most effective marketing tool. Today, we have had our professional marketing team for more than three years. Do we still need to do marketing by reputation? All of us need to think about this. The brand value of SF Express must be supported by high service quality.

## SF EXPRESS SHOULD NOT BE A COMPANY OF MANUAL LABORERS

Someone asked me, what is the biggest problem I have encountered in the process of company transformation? For me, it is neither the management of more than 300,000 employees nor the strategic direction in the transformation process, but how to reduce the workload of frontline employees while ensuring their income or even improving their income when the company's profits are thin.

The express industry is a very tough industry. Couriers on the front line are intensively hard-working. If we can't get rid of the traditional labor-intensive model, SF Express will never transform successfully. My biggest regret in 2014 was not being able to come up with some effective solutions in this regard. It is hoped that in 2015, not only will we have a plan but also we will start pilots to implement it. I really don't have the heart to see my colleagues work in such a harsh and tough way.

Why have we tried so many new value-added services since 2014? Some colleagues may not truly understand this practice. Actually, we are looking for new business models to create more benefits, by which we could reduce both the working hours and labor intensity of front-line employees. It is not intended to hassle our staff. I have always believed that it is not SF Express's destiny to resort to physical labor in delivering goods. Our next target is to shift our focus from muscle work to brain work, from building SF's brand image to the creation of the personal image of employees.

The shift is a must. If each of our colleagues can change their thinking pattern and play an active part in the implementation of the company's strategy, our success will be around the corner. By then, all of us will be benefited, and SF Express will make great progress.

## A SERVICE-ORIENTED ENTERPRISE WITH INTERNET THINKING

SF Express is determined to transition from a logistics enterprise to a service-oriented enterprise with internet thinking.

Now we live in the era of the internet. Some people say that if traditional logistics enterprises like SF Express want to keep up with the pace of the times, it is necessary to recruit people with internet thinking. Yet I don't think simply bringing in such people can solve our current problems. More importantly, all of us should have internet thinking.

I think that the so-called internet thinking in the express industry means that we should respond more quickly, flatten the organization and try all means to meet customers' needs. This will bring great impact and challenge to traditional enterprises.

In the past, we provided highly standardized products and services. In order to respond quickly and provide more customized services, we must change our management and operation mode. This is the challenge we face.

Take Cantonese morning tea as an example — is it standardized or personalized? Both make sense. You go to a restaurant, open the menu and see hundreds of kinds of *dim sum* and snacks for you to choose from. You order what you like and all you need to do is to wait for three to five minutes, after which the *dim sum* will be served to you. This is a very personalized process. However, there is a fairly standardized process when making the *dim sum* in the kitchen. Everyone there has their own work, and food materials, ingredients and cooking time are specified. There is a scientific and standardized system in the kitchen.

Let me show you how the internet is applied in the industry nowadays. Before arriving at the restaurant, the customer has ordered via an app on their phone so that the chief can prepare in advance and the dishes can be served shortly after the customer arrives. This is a seamless process. The highly flattened supply chain will reduce costs and improve efficiency to the greatest extent and will improve customers' satisfaction in terms of price, service and personalized products.

What I have talked about above is part of internet thinking. One must see the whole industrial chain instead of one link, focus on upstream and downstream products instead of an individual product, and observe customers' needs instead of only your own business. At the same time, personalized products or services should be provided for customers to choose from. SF Express aims to transition from a logistics enterprise to a service-oriented enterprise with internet thinking.

What role will we play in the future? A hotel, a hotel's logistics provider, a hotel's information system or simply a consultant? I would say all. The key is to strike a balance so that we can meet customers' demands by providing suitable products. Meanwhile, the quantity and the customization of standard products will be adjusted in a dynamic way accordingly.

Take crispy durian pastry, a Cantonese dessert, as an example. Many people do not like its special smell. Hence, the sales volume is limited because only a limited number of people will come to order it in a local restaurant. But now, with express logistics and the internet sales model, this same restaurant may cover customers from the whole city. There may be only a dozen people who like crispy durian pastry in a community, but thousands of people may like it in the whole city. Naturally, the sales will be higher.

Today, internet thinking, just like sunshine and dew, has become an organic part of public life. Most of us are enjoying all kinds of services and conveniences brought by the internet every day. What kind of internet services do customers need? As long as we put ourselves in our customers' shoes, we will find the answer.

## EMPLOYEES FIRST, COMPANY SECOND

No one knows what changes will take place in the market, let alone the policies and economic environment in the future. SF Express will actively try new models when facing these changes and will constantly make adjustments. But no matter how it may change, one thing will never change:that is, the company will always treat all employees with integrity, genuineness and sincerity.

Everything we do, including restructuring internal departments, gives priority to our employees. Of course, there are conditions for the employees too. The premise is that the employees are sincere about the company, supportive of the development of the company and ready to embrace change. Consequently, our employees will not worry about being marginalized during changes and adjustments; instead, they will get more opportunities. We will resolutely crack down on those who are dishonest and unwilling to contribute, as well as those who seek illegitimate interests.

Everything we designed in the process of transformation has taken both the interests of employees and the development of SF Express into consideration. I will never prioritize the company's interests over those of the employees. As long as I am in SF Express, I will carry out the company's strategic plans and daily management with such an attitude.

In 2015, we will continue to optimize the reform we carried out in 2014. It is impossible to change strategic planning on a yearly basis. We will maintain the current plan for three to five years. We need to further develop many capabilities, including those of the supply chain, standard transportation, refrigerated transportation and the B2C [business-to-consumer] market service. As far as I am concerned, 2014 is a starting point, after which problems will occur inevitably. It is normal to have problems. The key is to find ways to solve them in time. Next, we will optimize and strengthen our business units, reduce our losses, improve our service quality, expand our scale and highlight our advantages in some new industries.

## WANG WEI'S INTERNAL SPEECH III

I have talked a lot about innovation, change and service previously. Today I want to talk about the supporting soft powers — namely, our belief, culture and morality.

## BELIEF MAKES PEOPLE SELF-DISCIPLINED AND GRATEFUL

Many of my colleagues know that I believe in Buddhism. Why did I choose this belief ? What has it brought to me? After my explanation, I believe you will have a better understanding of what Wang Wei and SF have done, and the future development of SF.

First, I set up SF at the age of 22. At the age of 25, the company started to take shape, and I earned my first barrel of gold. Some people may say "Wang Wei is talented, young and ambitious, but he doesn't have the brain to become a 'local tycoon.'" Frankly speaking, I was a typical upstart when I was 25 years old.

Let me share with you the background and reasons behind this story. When my family moved to Hong Kong from the Chinese mainland in 1976, we were quite poor and had to start from scratch. My parents used to be university professors, but their diplomas were not recognized in Hong Kong, so they had to work as manual laborers to earn low wages.

So we were poor, and knew quite well what it was like to be penniless and discriminated against. Later, when I was 25 years old and earned the first barrel of gold in my life, I felt a bit superior. I wanted to tell the whole world that "I am no longer what I used to be. I am a rich man!" I became a typical upstart.

Fortunately, this did not last long, for three main reasons. First, as one's career continues to rise to a new level, one's vision and mind become different.

Second, I must thank my wife for pouring cold water on me to keep me awake and calm when I am too complacent.

Third, I found spiritual support and was converted to Buddhism.

In life, 99% of things you can't control, leaving only 1% under your control, and that 1% is your attitude of doing things. Your attitude contains two different choices. It is up to you to decide whether to adopt a positive attitude or a negative one — whether to accept mindfulness or evil ideas. If you make the right choice in this respect, you will magnify this 1% 100 times to make up for many other deficiencies.

Why do I want to talk about this? Because in the process of enterprise development, I gradually realized that my so-called success today is actually something accumulated in my previous life. In this process, the so-called ability is not the key point, but just a lucky reward stemming from the time, the place and the people gathered together.

Frankly speaking, I don't believe in coincidence. Why is there coincidence? Because ignorant people tend to believe in something accidental. When they suddenly win a prize, they do not know the reason behind it and just attribute it to a coincidence. However, if all the causes and effects are brought together, you will compare, and you will know that everything that happens is inevitable. What we need to do now is to use SF as a good platform to turn many seemingly accidental things into certainties in the future.

## CULTIVATING COMPANY CULTURE TO ATTRACT TALENT

There are many Dharma stories in Buddhism. The purpose of these stories is to help people in the world "know rightly, become mindful and practice rightly." Although these are metaphysical principles, they can give people *samyak-smrti*, or mindfulness, a positive outlook on life and values. At the same time, they can be spread through the words and deeds of the recipients. These are more meritorious than giving people money and food directly, and a good corporate culture should also have such functions.

Every year, many people may get recruited by SF Express; meanwhile, we also have some staff choose to leave. Why do some employees enter the company with great expectations and then walk away after a while? The reason is simple. Either they are treated unfairly or they are unable to get their needs met (both material demands and career development). But there may be a problem: it is not because the company cannot offer those leaving employees the things they need; rather, it is simply that we are not clear about their needs.

It's terrible. We can only transmit the corporate culture to the current employees. But the problem is that people cannot fully understand our culture in the two or three months before they leave. Soon we need to repeat what we have been saying to new employees. It's like raising a child. When he's two or three years old, you tell him to love his parents and study hard. He just doesn't understand your point and knows only to reach out for food. Then when he reaches the age of puberty, he learns to rebel.

People grow up in this way, and it's the same for employees in a company. First of all, you have to recruit and get them on board. Then let them really integrate into the whole team, find a sense of belonging, and get a sense of honor by inculcating corporate culture, providing training and offering incentives.

Every one of us has been young, and please recall your mentality when you were young: What we were thinking about at that time? What did we want to do? What did we hate most? Naturally, we should learn to put ourselves in others' shoes and have an equal dialogue with young people in ways that are acceptable to them. We should never talk in a condescending tone and criticize them harshly.

We understand that different people may have different needs. Those who have some material gains and those aiming at survival may have different pursuits, and their daily needs and focus will also be quite different. How should we treat senior managers, new employees who have just been on board for one year and those who have served the company for more than ten years, respectively? We should take the following factors into consideration: age group, gender, years of serving the company and job-related rankings. Instead of attending to big and small matters all at once, we should pay attention to details and finish our tasks more systematically.

## THE ISSUE OF MORALITY

Today's society has witnessed great economic development, yet people are becoming more impetuous. Many people are consciously or unconsciously pursuing *wei* (short for *weishui* in Cantonese, which means showing off and being arrogant). But few people clearly know the precondition for *wei*. Some people think that as long as people have money and authority, they can be *wei*. But that is totally wrong. It is not based on money or power, but on virtue. One walks in the street with one's head held highand people show respect and friendship rather than envy and hate. That is the essence of *wei*.

Here I want to tell all our colleagues in SF that we should understand its connotation correctly. Many people like to show off their wealth and power. This seems to me to be quite ignorant. They misunderstand the meaning of wealth and power.

In recent years, newspapers and media have been discussing that our people are discriminated against when they go abroad because foreigners are jealous of our wealth. What I want to say is that possibly they are jealous of us, but more importantly, they are not accustomed to our ignorance and improper behaviors. It is quite sad that a person's wealth is not proportional to their character and accomplishments.

If we want to be respected when we go abroad, we must first have moral integrity and learn to respect others. How to respect others? First of all, you should respect their rules and regulations. No spitting nor littering. Second, you should respect people's living habits. Be quiet in public places. Queue up while shopping or waiting for a bus. Finally, you should show respect to people's culture, different religious beliefs, different systems and regulations. Avoid provoking or offending others in everyday activities.

If you don't care about these details and "do whatever you want to do" in a foreign country, you are doomed to be despised. Now SF has more and more overseas outlets, and more and more employees are travelling abroad. I hope you don't have such bad habits.

I also have my own standard to show respect — that is, to make the people who serve you happy. When I go to a restaurant for dinner, I will take the initiative to greet everyone I meet, no matter whether they are the manager or the waiters. The waiter also enjoys serving me because I am polite when talking with him. I want to make the waiter happy because of the message I have conveyed,

which is called "respect." In contrast, some people are arrogant when they enter a restaurant. They shout at the waiter and have a very bad attitude. It is very difficult for such people to gain real respect from others.

Wang Wei

# AFTERWORD

*Two roads diverged in a yellow wood,*
*And sorry I could not travel both ...*
*Somewhere ages and ages hence:*
*Two roads diverged in a wood, and I —*
*I took the one less traveled by,*
*And that has made all the difference.*

These lines are quoted from "The Road Not Taken," written by Robert Frost, an American poet. Some readers may think that it is not appropriate to cite these lines when telling Wang Wei's story, but I take a different view.

Wang was born into a well-off family and had an enviable childhood. When he moved to Hong Kong with his parents, he intended to work hard and be enrolled in the University of Oxford or the University of Cambridge, thus becoming the world-famous scientist he dreamed of being. However, fate played a big joke on him. Because his parents' diplomas were not recognized in Hong Kong, his family led a hard life.

Thus, Wang knew quite well what it was like to be penniless and discriminated against when he was young.

After graduating from high school, instead of studying at a university, he resolutely entered the workplace.

Like most children from grass-roots families, Wang became an apprentice, working in his uncle's factory. Later, the tide of going north and investing there gave Wang hope. It was at this moment that Wang started his small business. At first, he, like other Hong Kong business people, invested in the printing and dyeing business, but unlike them, he saw the potential for the express market. Thus, Wang "took the one less traveled by, and that has made all the difference."

The thing was, with so many people immigrating to Hong Kong, only a few of them became successful. Why did this happen to Wang? One of the key reasons was that he saw the business opportunity and seized it immediately. In 1993, Wang founded SF Express in Shunde, which began the history of SF Express. After Wang established the headquarters in Shenzhen, the company experienced leapfrog development. Wang told *Nanfang Daily* about the choice of this location:

> I actually didn't think too much at that time and only came up with the following reasons. First, Shenzhen is close to Hong Kong. It is convenient for people and goods to go through customs, and it is also convenient for me to go back home. Second, compared with other cities, Shenzhen is more vibrant. In the late 1990s, it was an immigrant city. People there were quite energetic. Third, there is no "burden" in Shenzhen. When young people come to this brand new land, their priority is to work hard and start their own career.

In Wang's view, entrepreneurs need both innovation and courage. Therefore, under his leadership, SF Express has experienced several reforms, shifting its business mode from franchising to direct operating, which was the prelude of SF Express's reform. Later, Wang introduced full-channel ecological environment, invested in logistics real estate and launched the strategy of going global.

However, SF Express, insisting on the heavy assets mode, began to be overtaken by its rivals due to fierce competition. At that time, Wang had to resort to the power of capital to meet these challenges by going public through back-door listing. At the same time, Wang launched a series of reforms to keep SF Express a leading power in the delivery business.

Under Wang's leadership, SF Express has made progress each year. On the evening of 26 February 2019, SF Holding released its 2018 performance report, which showed that the company's total revenue in 2018 was ¥90.9 billion, an increase of 27.6% over the same period in 2017. The net profit to be paid to its shareholders was ¥4.6 billion, 4.57% less than that in the same period in the previous year.

# ACKNOWLEDGEMENTS

I would like to express my deepest appreciation to the excellent staff working for the Fortune Business School Book Series, who participated in the preliminary planning, market analysis, data collection, manuscript proofreading, text revision and chartmaking for this book.

I would also like to extend my gratitude to the following people for their contributions to this book: Zhou Meimei, Wu Xufang, Jian Zaifei, Zhou Zhiqin, Wu Jianglong, Wu Chaonan, Zhao Lirong, Zhou Bin, Zhou Fengqin, Zhou Lingling, Jin Yi, Wang Yang, Lan Shihui, Xu Shiming, Zhou Yuncheng, Zhou Tiangang, Ding Qiwei, Wu Yufeng, Zhang Zhushu, Jiang Jianping, Zhang Dade, He Qing, Li Jiayan, Chen Desheng, Ding Yunyun, Xu Si, Li Aili, Li Yan, Huang Kunshan, Li Wenqiang, Chen Fang, Zhao Xiaotang, Xiong Na, Gou Bin, She Wei, Ouyang Chunmei, Wen Shuxia, Zhan Xiaohong, Shi Xia, Chen Desheng, Yang Danping, Shen Juan, Liu Bingquan, Wu Yulai, Wang Jian, Pang Zhidong, Yao Xinyu, Zhou Jingjing, Cai Yue, Jiang Lingling, Huo Hongjian, Zhao Lijun, Wang Yan, Li Rong, Li Wenqiang, Ding Wen, Li Aijun, Ye Jianguo and others.

One can never write a book without learning from previous research. In the process of writing, I have referred to relevant information in TV sources, books, the internet, video, newspapers, magazines and others and would like to express my heartfelt thanks to the authors of the relevant literature. Please excuse me for any careless omissions.

Many professors, experts in business management, people working in media and marketing, and editors of the publishing house have given their unparalleled support. I gratefully acknowledge their help.

Last but not least, I wish to give my special thanks to my legal adviser, Ding Yingqiao from Dajian Law Firm.

Due to my limited time and knowledge, some mistakes and errors in this book are unavoidable, and I would like to welcome readers to offer kind criticism and correction.

Zhou Xibing

18 March 2019, Caifu Shufang

# BIBLIOGRAPHY

Baidu Library. "SF Express Logistics Service Operation Analysis." Last modified 19 January 2016, https://wenku.baidu.com/view/dd2880f4376baf1ffd4fadb5.html.

Chen, Jiahe. "Leadership and Modeling: Unveiling the Veil of Competitive Advantage of Enterprises." *Securities Times*, 16 February 2019.

Chen, Shanshan. "Private Express Transition: SF Spends Hundreds of Millions on Scientific Research Every Year." *First Financial Daily*, 20 October 2017.

Chen, Shi,ai. "SF Expansion Sequelae: Market Value Wiped Out 163

Billion, Payable Bonds Increased Nearly 10 Times." Last modified 25 December 2018, http://finance.sina.com.cn/stock/s/2018-12-25/doc-ihmutuee2601354.shtml.

Christensen, Clayton. *The Dilemma of Innovators*. Trans. Hu Jianqiao. Beijing: CITIC Press, 2010.

Cui, Ningning. "Ruan *Yuanyuan*, a Hong Kong Man with 94 iPhones Was Seized by Shenzhen Customs." *Guangzhou Daily*, 13 January 2015.

Dai, Xiaoxiao, Hu Liangguang and Lu Li. "Dialogue with Wang Wei: SF Technology is the 'Boss' of SF Express." *Nanfang Daily*, 27 May 2018.

DHL, "DEUTSCHE POST DHL GROUP AND S.F. HOLDING IN RMB5.5 BILLION LANDMARK SUPPLY CHAIN DEAL," last modified 26 October 2018, https://www.dhl.com/global-en/home/press/press-archive/2018/dpdhl-group-and-sf-holding-in-rmb-5-5-billionlandmark-supply-chain-deal.html.

Dong, Jie. "SF's 'Protracted Retail War': Why Are They Repeatedly

Defeated?" Last modified 14 June 2018, https://tech.sina.com. cn/ i/2018-06-14/doc-ihcwpcmq8347321.shtml.

Du, Liang. *Drawing Sword*. Beijing: PLA Literature and Art Press, 2006.

Gold Rush. "How SF Helps Itself." Last modified 9 October 2018, https://www.sohu.com/a/258337958_100183344.

Foshan Shunde District People's Government Network. "Basic Survey of Shunde." Last modified 2019, http://www.shunde.gov.cn/ zjsd/jbgk/1.

Huang, Zhan. "At the Foot of the Lion Rock." Last modified 2019, https://baike.baidu.com/item/ 狮子山下 /6241560?fr=aladdin.

"The 'International Style' of SF Express the Maker: Launching SF Buy, a Cross-Border Ecological Circle is Taking Shape." *National Business Daily*, 16 March 2015.

Li, Hongxia. "Who Gave Shunfeng an Opportunity." *China Business* 3 (2017). Li, Huaqing. "SF Holding Had a Revenue of Over 42.5 Billion *Yuan* in the First Half of 2018, with New Businesses Growing Rapidly." *Economic Observer*, 24 August 2018.

Luo, Min. "SF Intends to Issue Debt Financing Products Not Exceeding ¥16 Billion at Home and Abroad." *Shanghai Securities and Exchange*, 3 January 2019.

People's Network. "Brief Introduction to the Third Plenary Session of the Eleventh Central Committee of the Communist Party of China." Last modified 12 March 2019, http://cpc.people.com.cn/GB/64162/64168/64563/65371/4441896.html.

"The Reply of National Development and Reform Commission to the Feasibility Study Report on the Construction of the New Hubei Ezhou Civil Airport Project." Last modified 2018, http://www.ndrc.gov. cn/ gzdt/201901/t20190116_925677.html.

SF Holding. "Annual Report of SF Holding Co, Ltd 2017."

SF Holding. "Notice on Renaming the Heavy Goods Group and Its

Structure Adjustment."

Shao, Hao. "SF 43.3 Billion Backdoor Case Holographic Scanning: Equivalent to 1.25 Times of STO + YTO." *Shanghai Securities News*, 24 May 2016.

Sina. "Wang Wei is 70 Million *Yuan* Less than Ma Huateng: SF Holding Takes 400 Million *Yuan* as the Dividend for Shareholders." Last modified 28 February 2017, http://finance.sina.com.cn/stock/s/2017-02-28/doc-ifyavrsx5367625.shtml.

Sina Tech. "SF Best Changed its Head Again: Quan Guoshan as CEO." Last modified 26 September 2018, https://tech.sina.com.cn/i/2018-0926/doc-ifxeuwwr8443031.shtml.

"State Post Bureau's Notice on the Results of Express Service Satisfaction Survey 2017." Last modified 30 January 2018, http://www.gov.cn/ xinwen/2018-01/30/content_5262087.htm.

Tongdun Technology. "Company Profile." Last modified 2019, https://www.tongdun.cn/info/company.

Wang, Wei. "Innovation and Change: From 'SF Express' to 'SF Service.'" Zhongguancun 12 (2014).

Wang, Xiaowei. "SF Holdings Explains the Doubt of '30 Billion Liabilities': Related to the Direct Logistics Model, It Is Lower than the International Counterbid Giant." *Securities Times*, 18 January 2019.

Xiu, Boyu. "Sustainability of SF Retail E-Commerce Business." *Financial Economy* 2 (2019).

Xie, Dandan. "In the Express Industry with a Turnover Rate of 70%, Why Do Deliverymen of SF Express Work so Hard?" *Chinese and Foreign Management* 7 (2017).

Xu, Wen. "The Story of SF Express Going Out: 'The Belt and Road' is a Shortcut to Explore International Market." Last modified 18 May 2017, http://finance.sina.com.cn/chanjing/gsnews/2017-05-18/docifyfkqiv6511101.shtml.

Yao, Yan. "Competing for the B-End Voice in the Logistics Industry,

Shunfeng Throw 5.5 Billion DHL Integrated Supply Chain Business in China." Last modified 29 October 2018, http://www.sohu. com/a/271903216_419187.

Yu, Fangqian. "EMS and SF's PK." *Modern State-Owned EnterpriseResearch* 2 (2019).

Zhang, Cheng. "Express Pattern Fission: From Quantity to Quality." *Prosecution* 2 (2019).

Zhang, Huiqin. "Strategic Analysis of SF Express Against the Background of High-Speed Development of E-commerce." *Market Weekly* 2 (2019).

Zhao, Xiaoyan. "Tmall's Turnover Reaches 213.5 Billion on 2018 'Double 11' Day." *China News Agency*, 12 November 2018.

Zhao, Yue, and Tong Haihua. "SF's Oversea Journey: Significant Gap Between the Old Bidders and the Big Ones in Emerging Markets Has Huge Potential." *China Business News*, 30 December 2018.

# ENDNOTES

1. The policy means: "We resolutely uphold whatever decisions are made by Chairman Mao. We unswervingly follow whatever instructions are given by Chairman Mao."
2. People's Network, "Brief Introduction to the Third Plenary Session of the Eleventh Central Committee of the Communist Party of China," last modified 12 March 2019, http://cpc.people.com.cn/GB/64162/64168/64563/65371/4441896.html.
3. Huang Zhan, "At the Foot of the Lion Rock," last modified 2019, https://baike.baidu.com/item/ 狮子山下 /6241560?fr=aladdin.
4. The brand was founded in 1985. The founder of the brand, Nian Guangjiu, who is known as the 'King of Vendors' in China, is a self-employed man in Wuhu City, Anhui Province. He became rich by employing workers to process and sell baked melon seeds.
5. Laoganma or "The Old Godmother" is a brand of chili sauce made in China. It was established in 1997 and is one of the most successful corporations to introduce foreigners to Chinese cuisine.
6. Li Hongxia, "Who Gave Shunfeng an Opportunity," China Business3 (2017).
7. The "Four Tigers of Guangdong" are Dongguan, Nanhai, Shunde and Zhongshan. They are four small and medium-sized cities with rapid economic development that rose in the Pearl River Delta of Guangdong in the 1980s.
8. Foshan Shunde District People's Government Network, "Basic Survey of Shunde," last modified 2019, http://www.shunde.gov.cn/zjsd/jbgk/1.
9. Ibid.

10. Ibid.
11. https://www.blueoceanstrategy.com/
12. Zhao Xiaoyan, "Tmall's Turnover Reaches 213.5 Billion on 2018 'Double 11' Day," China News Agency, 12 November 2018. 13. Xie Dandan, "In the Express Industry with a Turnover Rate of 70%, Why Do Deliverymen of SF Express Work So Hard?" Chinese and Foreign Management 7 (2017).
14. Ibid.
15. Ibid.
16. Ibid.
17. Ibid.
18. Ibid.
19. Ibid.
20. Ibid.
21. Ibid.
22. Dai Xiaoxiao, Hu Liangguang and Lu Li, "Dialogue with WangWei: SF Technology is the 'Boss' of SF Express," Nanfang Daily, 27 May 2018.
23. Luo Min, "SF Intends to Issue Debt Financing Products Not Exceeding ¥16 Billion at Home and Abroad," Shanghai Securities and Exchange, 3 January 2019.
24. Wang Xiaowei, "SF Holdings Explains the Doubt of '30 Billion Liabilities': Related to the Direct Logistics Model, It Is Lower than the International Counterbid Giant," Securities Times, 18 January 2019.
25. "The Reply of National Development and Reform Commission to the Feasibility Study Report on the Construction of the New Hubei Ezhou Civil Airport Project," last modified 2018, http://www.ndrc. gov.cn/gzdt/201901/t20190116_925677.html.
26. Wang Xiaowei, "SF Holdings Explains the Doubt of '30 Billion Liabilities': Related to the Direct Logistics Model, It Is Lower than

the International Counterbid Giant," Securities Times, 18 January 2019.

27. Ibid.
28. DHL, "DEUTSCHE POST DHL GROUP AND S.F. HOLDING IN RMB 5.5 BILLION LANDMARK SUPPLY CHAIN DEAL," last modified 26 October 2018, https://www.dhl.com/global-en/home/ press/press-archive/2018/dpdhl-group-and-sf-holding-in-rmb-5-5billion-landmark-supply-chain-deal.html.
29. "State Post Bureau's Notice on the Results of Express Service Satisfaction Survey 2017," last modified 30 January 2018, http://www.gov.cn/xinwen/2018-01/30/content_5262087.htm.
30. Ibid.
31. SF Holding, "Annual Report of SF Holding Co, Ltd 2017."
32. Clayton Christensen, The Innovator's Dilemma: When New Technologies Cause Great Firms to Fail, Harvard Business Review Press; 1st edition (May 1, 1997).
33. SF Holding. "Notice on Renaming the Heavy Goods Group and Its Structure Adjustment."
34. Du Liang, Drawing Sword (Beijing: PLA Literature and Art Press, 2006).
35. Li Huaqing, "SF Holding Had a Revenue of Over 42.5 Billion *Yuan* in the First Half of 2018, with New Businesses Growing Rapidly," Economic Observer, 24 August 2018.
36. Sina, "Wang Wei is 70 Million *Yuan* Less than Ma Huateng: SF Holding Takes 400 Million *Yuan* as the Dividend for Shareholders," last modified 28 February 2017, http://finance.sina.com.cn/ stock/s/2017-02-28/doc-ifyavrsx5367625.shtml.
37. Dong Jie, "SF's 'Protracted Retail War': Why Are They Repeatedly Defeated?" last modified 14 June 2018, https://tech.sina.com. cn/i/2018-06-14/doc-ihcwpcmq8347321.shtml.
38. Ibid.

39. Ibid.
40. Ibid.
41. Chen Shi,ai, "SF Expansion Sequelae: Market Value Wiped Out 163 Billion, Payable Bonds Increased Nearly 10 Times," last modified 25 December 2018, http://finance.sina.com.cn/stock/s/2018-12-25/docihmutuee2601354.shtml.
42. Dong Jie, "SF's 'Protracted Retail War': Why Are They Repeatedly Defeated?" last modified 14 June 2018, https://tech.sina.com. cn/i/2018-06-14/doc-ihcwpcmq8347321.shtml.
43. Chen Shi,ai, "SF Expansion Sequelae: Market Value Wiped Out 163 Billion, Payable Bonds Increased Nearly 10 Times," last modified 25 December 2018, http://finance.sina.com.cn/stock/s/2018-12-25/docihmutuee2601354.shtml.
44. Sina Tech, "SF Best Changed its Head Again: Quan Guoshan as CEO," last modified 26 September 2018, https://tech.sina.com.cn/i/2018-0926/doc-ifxeuwwr8443031.shtml.
45. "The 'International Style' of SF Express the Maker: Launching SF Buy, a Cross-Border Ecological Circle is Taking Shape," National Business Daily, 16 March 2015.
46. Wang Wei, "Innovation and Change: From 'SF Express' to 'SF Service,'" Zhongguancun 12 (2014).
47. Baidu Library, "SF Express Logistics Service Operation Analysis," last modified 19 January 2016, https://wenku.baidu.com/view/dd2880f4376baf1ffd4fadb5.html.
48. Gold Rush, "How SF Helps Itself," last modified 9 October 2018, https://www.sohu.com/a/258337958_100183344.
49. Tongdun Technology, "Company Profile," last modified 2019, https://www.tongdun.cn/info/company.
50. Gold Rush, "How SF Helps Itself," last modified 9 October 2018, https://www.sohu.com/a/258337958_100183344.
51. Zhao Yue and Tong Haihua, "SF's Oversea Journey: Significant

Gap Between the Old Bidders and the Big Ones in Emerging Markets Has Huge Potential," China Business News, 30 December 2018.

52. Ibid.
53. Ibid.
54. Xu Wen, "The Story of SF Express Going Out: 'The Belt and Road' is a Shortcut to Explore International Market," last modified 18 May 2017, http://finance.sina.com.cn/chanjing/gsnews/2017-05-18/docifyfkqiv6511101.shtml.
55. Ibid.